Art at Work The Canada Council Art Bank

L'art au travail La Banque d'œuvres d'art du Conseil des Arts du Canada

ART AT WORK
L'ART AU TRAVAIL

PEGGY GALE

VICTORIA HENRY

PIERRE LANDRY

DAVID P. SILCOX

JEFFREY THOMAS

Sous la direction de
VICTORIA HENRY
Editor

Goose Lane Editions
Canada Council for the Arts Art Bank /
La Banque d'œuvres d'art du Conseil
des Arts du Canada

Cover photo: Louis Archambault, *Famille*, one of 11 sculptures from Personnages, 1967. Canadian Museum of Civilization (2006). 05/6-0015. Lipman Still Pictures
Cover and interior page design by Julie Scriver.
Printed in Canada.
10 9 8 7 6 5 4 3 2 1

Library and Archives Canada Cataloguing in Publication

Art at work: the Canada Council Art Bank / Peggy Gale . . . [et al.]; edited by Victoria Henry = L'art au travail : la Banque d'œuvres d'art du Conseil des Arts du Canada / Peggy Gale . . . [et al.]; sous la direction de Victoria Henry.

Text in English and French.
Co-published by: Canada Council for the Arts Art Bank.
Includes index.
ISBN 978-0-86492-429-2

1. Art Bank (Canada) 2. Art and state – Canada. 3. Canada – Cultural policy. 4. Art – Economic aspects – Canada. I. Gale, Peggy, 1944- II. Henry, Victoria, 1945- III. Art Bank (Canada) IV. Title: L'art au travail.

N8846.C2A783 2007 700.971 C2006-905559-9E

Published with the support of the Canada Council for the Arts and the New Brunswick Culture and Sport Secretariat. We acknowledge the financial support of the Government of Canada through Foreign Affairs and International Trade and the Book Publishing Industry Development Program (BPDIP).

Goose Lane Editions
Suite 330, 500 Beaverbrook Court
Fredericton, New Brunswick
CANADA E3B 5X4
www.gooselane.com

The Art Bank
PO Box 1047
921 St. Laurent Boulevard
Ottawa, Ontario
CANADA K1P 5V8
www.artbank.ca

Illustration de la page couverture : Louis Archambault, *Famille*, une des 11 sculptures de *Personnages*, 1967. Musée canadien des civilisations (2006). 05/6-0015. Lipman Still Pictures
Conception de la page couverture et du livre : Julie Scriver.
Imprimé au Canada.
10 9 8 7 6 5 4 3 2 1

Catalogage avant publication de Bibliothèque et Archives Canada

Art at work: the Canada Council Art Bank / Peggy Gale . . . [et al.]; edited by Victoria Henry = L'art au travail : la Banque d'œuvres d'art du Conseil des Arts du Canada / Peggy Gale . . . [et al.]; sous la direction de Victoria Henry.

Texte en anglais et en français.
Publ. en collab. avec: Banque d'œuvres d'art du Conseil des Arts.
Comprend un index.
ISBN 978-0-86492-429-2

1. Banque d'œuvres d'art (Canada) 2. Art – Politique gouvernementale – Canada. 3. Canada – Politique culturelle. 4. Art – Aspects économiques – Canada. I. Gale, Peggy, 1944- II. Henry, Victoria, 1945- III. Banque d'œuvres d'art (Canada) IV. Titre : Art au travail.

N8846.C2A783 2007 700.971 C2006-905559-9F

Publié avec le soutien du Conseil des Arts du Canada et du Secrétariat à la Culture et au Sport du Nouveau-Brunswick. Nous reconnaissons l'aide financière du gouvernement du Canada par l'entremise des Affaires étrangères et Commerce international et du Programme d'aide au développement de l'industrie de l'édition (PADIÉ).

Goose Lane Editions
500, court Beaverbrook, pièce 330
Fredericton (Nouveau-Brunswick)
CANADA E3B 5X4
www.gooselane.com

La Banque d'œuvres d'art
921, boulevard St-Laurent
Boîte postale 1047
Ottawa (Ontario)
CANADA K1P 5V8
www.banquedart.ca

Epigraphs / *Épigraphes*
Son Excellence la très honorable Michaëlle Jean, Discours à l'occasion de la remise des Prix du Gouverneur général pour les arts de la scène, le vendredi 3 novembre 2006.
Notes for remarks by Dr. Shirley L. Thomson on "Le pouvoir de la culture dans la société contemporaine," Paris, February 28, 2002.

L'espace artistique est un espace de rapprochement. Dans cet espace s'affichent notre diversité, en une explosion de langues, de rythmes et de couleurs, et une volonté bien humaine d'ouvrir aux sens chacune de nos aventures.

Son Excellence la très honorable Michaëlle Jean

The power of culture is like the power of the sea: it is vast, turbulent, and unpredictable in its effects. Its currents set the air moving and shape lives lived half a continent away.

Shirley L. Thompson

Contents

Sommaire

9	**Adrienne** Clarkson **Fore**word	**Avant**-propos
17	**Karen** Kain, C.C. **Pre**face	**Pré**face
19	**Victoria** Henry **Acknowledge**ments	**Remercie**ments
25	**David** P. Silcox **Before the** Art Bank	**Avant la** Banque d'œuvres d'art
39	**Victoria** Henry **The Life** Story	**L'histoire** d'une vie
67	**Pierre** Landry **A National** Collection	**Une collection** nationale
85	**Peggy** Gale **The Cloistered** Nude	**Cachez ce nu** que je ne saurais voir
103	**Jeff** Thomas **Aboriginal Art** in the Art Bank Collection	**L'art autochtone** dans la collection de la Banque d'œuvres d'art
119	**Victoria** Henry **Afterword:** Stepping Into the Future	**Postface :** Un pas dans l'avenir
131	**Contri**butors	**Collabor**ateurs
137	**In**dex	**In**dex

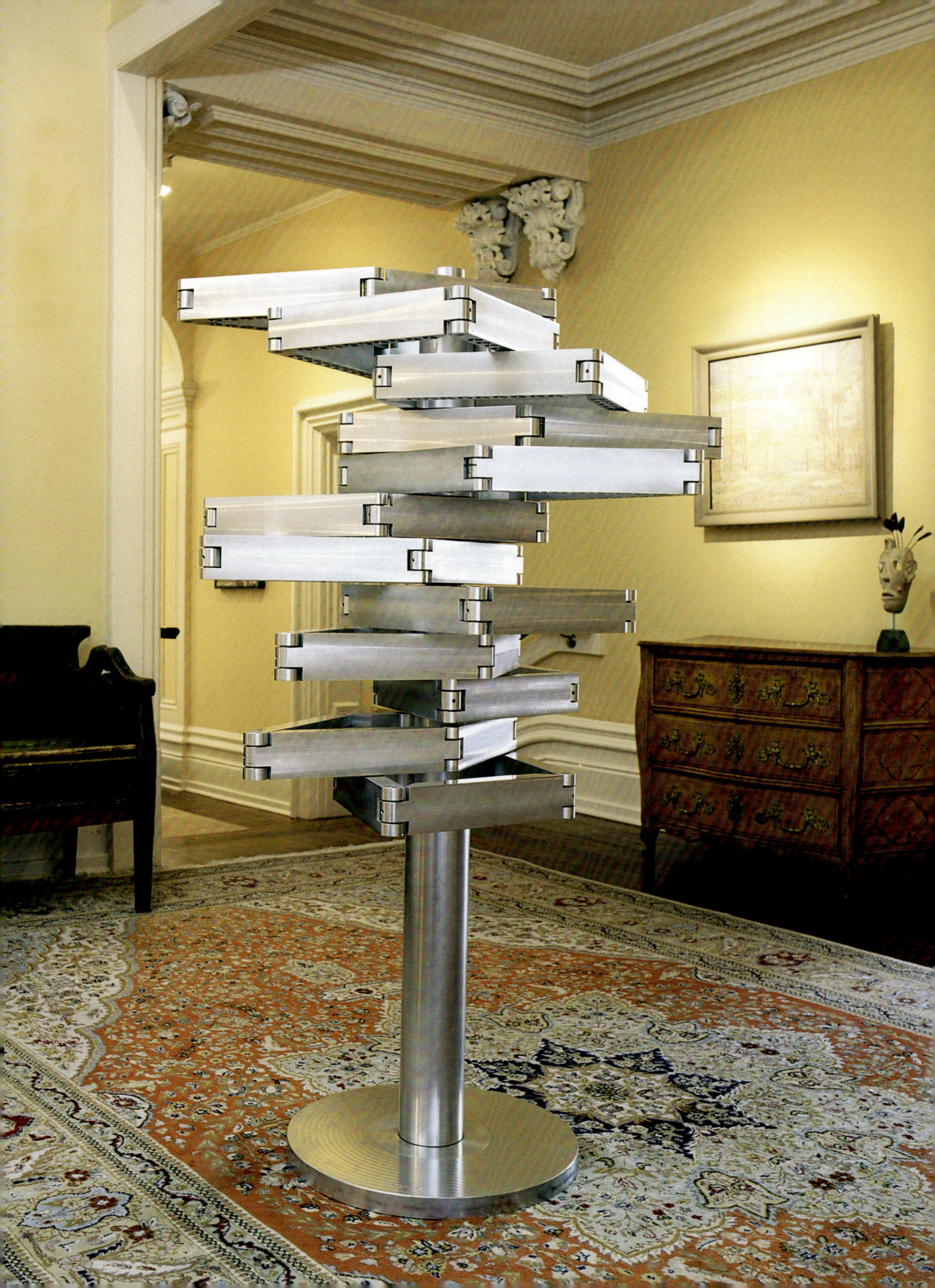

Foreword

It has been a joy to go through the Art Bank's collection on St. Laurent Boulevard in Ottawa. For someone who loves art, this is the most glorious of galleries. The ready availability of these works allows the viewer to make a considered choice among all the delights that are there. If you particularly enjoy something, you can take it with you!

I remember the controversies about the Art Bank. Should it be dissolved or changed? I know the deep concern among artists about what would happen to their works. But the Art Bank has grown and will continue to develop. It was ahead of its time in the 1970s, and it will likely be a somewhat different thing in another thirty years. However, the success of the rental system means that changes can be constructive. It is encouraging to think that the Art Bank will continue to help all of us to experience the energy, quality, and excitement of the visual arts in Canada.

At Rideau Hall, our rentals included two sculptures. *Machine to Live In*, by John McKinnon, a series of linked iron rectangles and curves, sat on a staircase landing, where it suggested that one might climb up and escape through the large Victorian window just above it. Amanda Schoppel built *Brancusi's Cup* – a teacup the size of a basketball – entirely of rubber bands,

Avant-propos

Ce fut un plaisir pour moi de parcourir la collection de la Banque d'œuvres d'art, sise boulevard Saint-Laurent, à Ottawa. Pour quelqu'un qui aime l'art, il s'agit là de la plus glorieuse des galeries. La disponibilité des œuvres permet à qui les regarde de faire un choix judicieux parmi toutes les merveilles qui s'y trouvent. Si quelque chose vous plaît en particulier, vous pouvez l'emporter avec vous !

Je me souviens des controverses qui ont entouré la Banque d'œuvres d'art. Devait-on la dissoudre ou la modifier ? Je sais que les artistes étaient profondément inquiets de ce qui allait arriver à leurs œuvres. Mais la Banque a grandi et continuera de prendre son essor. Elle était en avance sur son époque dans les années 1970 et elle sera vraisemblablement différente dans 30 ans. Toutefois, le succès du programme de location signifie que les changements peuvent être constructifs. Il est encourageant de penser que la Banque d'œuvres d'art continuera de nous aider tous et toutes à connaître l'énergie, la qualité et le dynamisme des arts visuels au Canada.

À Rideau Hall, il y avait deux sculptures parmi les œuvres que nous avions louées. La première, *Machine to Live In*, de John McKinnon, une série de rectangles et de courbes en fer rattachés les uns aux autres, reposait sur le palier

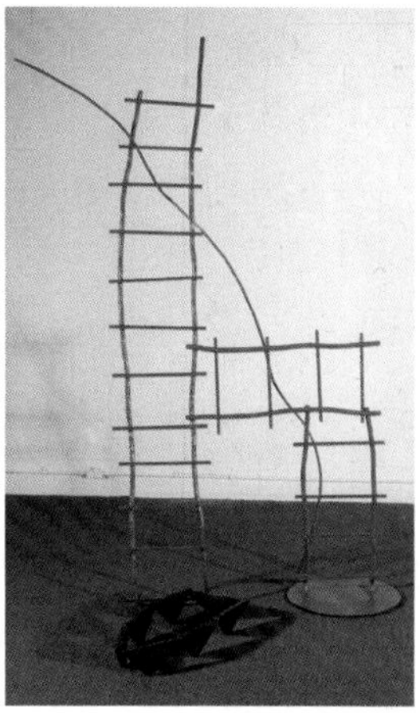

John McKinnon, *Machine to Live In*, 1981. 82/3-0524. Yvan Boulerice

Ulysse Comtois, *12 High Stack of 4-Bar Mechanisms*, 1972, Rideau Hall (2005). 72/3-2168. Lipman Still Pictures

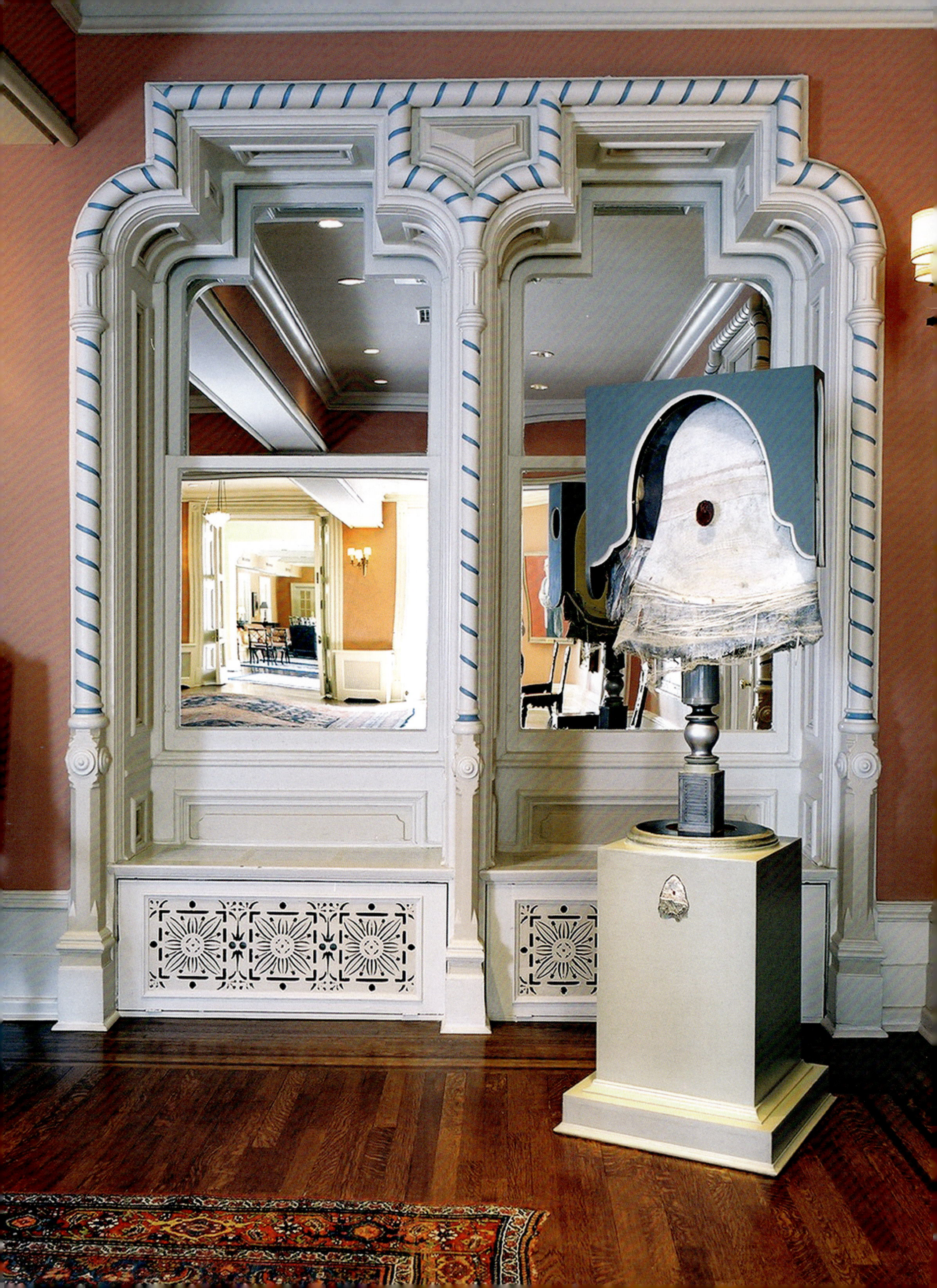

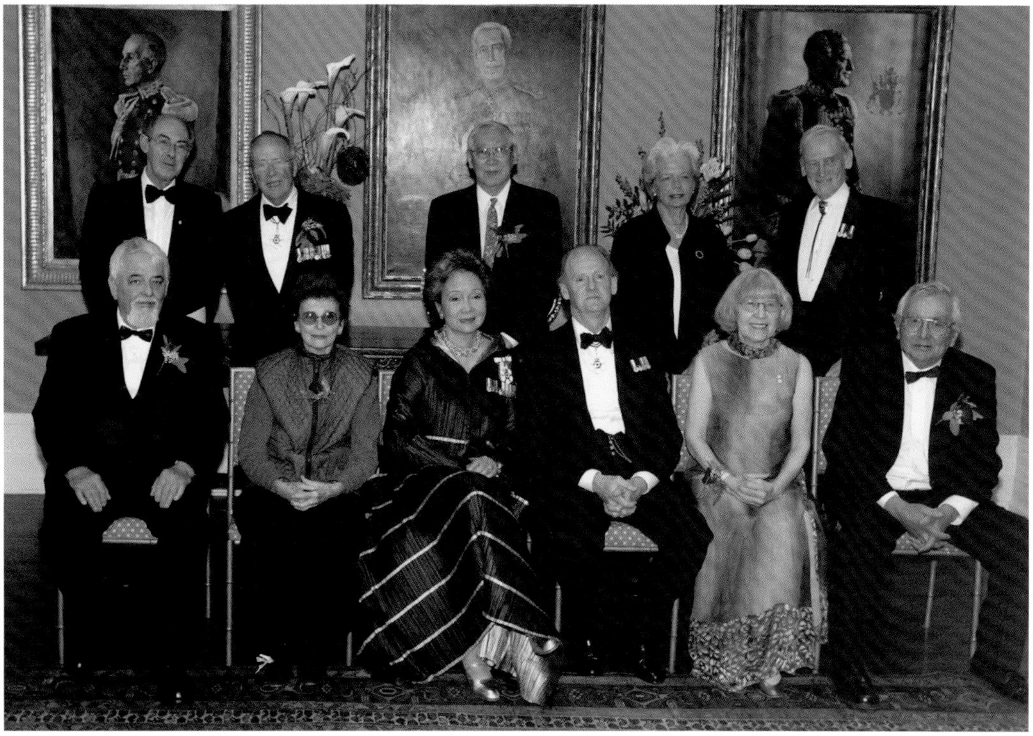

Governor General's Awards in Visual and Media Arts (2003). All of the visual artists who have won this award since its inception in 2001 are represented in the Art Bank collection. Prix du Gouverneur général en arts visuels et en arts médiatiques (2003). Tous les artistes visuels qui ont obtenu ce prix depuis sa création en 2001 sont représentés dans la collection de la Banque d'œuvres d'art. CPImage, P. Doyle

John Hobday, Alex Colville, Takao Tanabe, Suzanne Rivard Le Moyne, Jean-Louis Roux, Robert Archambeau, Betty Goodwin, Her Excellency / Son Excellence Adrienne Clarkson, John Ralston Saul, Gathie Falk, Walter Harris. CPImage, P. Doyle

and I always waited for this wound-up vessel to explode all over the main corridor of the Monck Wing. These pieces added to the excitement we felt at having contemporary pieces by young artists displayed in the same context as accepted masterworks.

And what a context it is! The Art Bank has helped to make Rideau Hall a living gallery, one where art can be appreciated in a setting that is both professional and domestic. Contemporary artists keep company with David Milne, James Wilson Morrice, and Arthur Lismer, for example. A mighty eight-foot sculpture of a Japanese pen by Ron Kanashiro, an Art Bank lease, may stand across the hall from Lauren

d'un escalier, donnant l'impression qu'on aurait pu l'escalader pour s'échapper par la grande fenêtre victorienne juste au-dessus. La deuxième, *Brancusi's Cup*, d'Amanda Schoppel, une tasse de thé de la taille d'un ballon de basket-ball entièrement faite d'élastiques en caoutchouc, me faisait toujours craindre que ce vaisseau tendu à l'extrême n'explose dans le grand corridor de l'aile Monck. Ces œuvres étaient une autre raison de nous réjouir que des pièces contemporaines de jeunes artistes soient exposées dans le même contexte que des chefs-d'œuvre reconnus.

Et quel contexte ! La Banque d'œuvres d'art a contribué à faire de Rideau Hall un musée vi-

Tony Urquhart, *Orvieto*, © 1977, CARCC, Rideau Hall (2005). 77/8-0063. Lipman Still Pictures

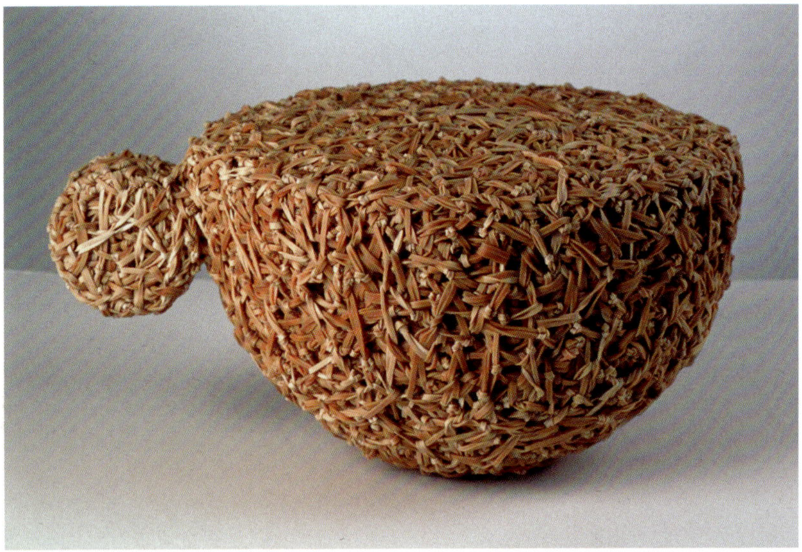

Amanda Schoppel,
Brancusi's Cup, 1998. 02/3-0046

Harris's *Italian Store in the Ward*, a loan from the National Gallery of Canada. Beside the Kanashiro was *Arbor Vitae I*, a large canvas by Attila Richard Lukacs, which was donated to the Canadiana Fund.

The Art Bank's innovative conception and thoughtful collecting give us a window on contemporary art. With these and earlier Canadian pieces together in the rooms and passages of Rideau Hall, our staff and our many thousands of visitors gained more than a sense of history. They also got a strolling perspective on what the visual arts are in Canada. Unfortunately, we couldn't accommodate larger installations, which I would love for the public to see in "Canada's House." But we were pleased to be able to display smaller pieces like Jane Buyers's *Gli Artigiani*, a bronze pillow in the Reception Room, or Steve Heinemann's ceramic shovel, which sat just outside my office. Such sculptures help us to understand that creative hands can give special resonance even to the most familiar and utilitarian of objects.

vant, où l'art peut être apprécié dans un cadre à la fois professionnel et domestique. Les artistes contemporains y côtoient David Milne, James Wilson Morrice et Arthur Lismer, par exemple. Une immense sculpture de huit pieds d'un stylo japonais, de Ron Kanashiro, louée de la Banque d'œuvres d'art, peut se retrouver de l'autre côté de la salle vis-à-vis du tableau *Italian Store in the Ward*, de Lauren Harris, un prêt du Musée des beaux-arts du Canada. À côté du Kanashiro se trouvait *Arbor Vitae I*, une grande toile d'Attila Richard Lukacs, donnée au Fonds Canadiana.

L'idée novatrice de la Banque d'œuvres d'art et la réflexion qui a présidé à la constitution de sa collection nous ouvrent une fenêtre sur l'art contemporain. Grâce à la réunion de ces œuvres et d'autres œuvres canadiennes plus anciennes dans les salles et les couloirs de Rideau Hall, notre personnel et nos milliers de visiteurs en ont retiré plus qu'un sens de l'histoire. Ils ont également pu voir en passant un aperçu de ce que sont les arts visuels au Canada. Malheureusement, nous n'avions pas assez de place pour des installations plus grandes, que j'aurais aimé que le public puisse voir dans la « Maison des Canadiens et des Canadiennes ». Mais nous étions ravis de pouvoir exposer des œuvres plus petites telles que *Gli Artigiani*, de Jane Buyers, un oreiller en bronze dans la salle de réception, ou la pelle en céramique de Steve Heinemann, qui était posée juste à l'extérieur de mon bureau. De telles sculptures nous aident à comprendre que des mains créatrices peuvent donner une résonance toute spéciale aux objets même les plus ordinaires et les plus utilitaires.

La Banque d'œuvres d'art est une autre raison

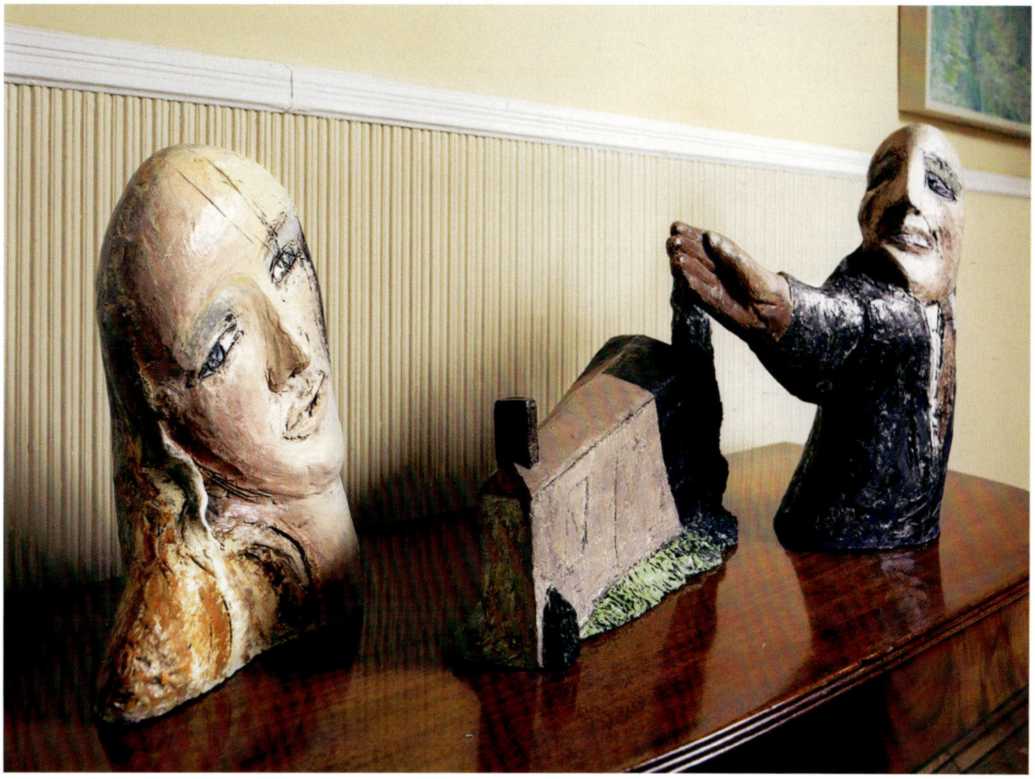

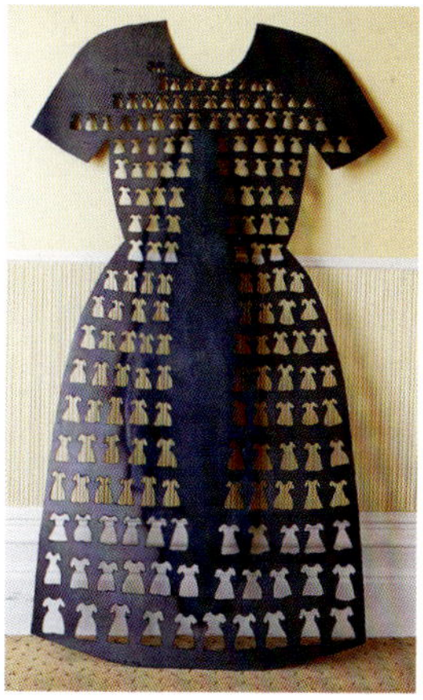

Barbara Hunt, *Small Dresses*, 1994, Rideau Hall (2005). 94/5-0246. Lipman Still Pictures

left / à gauche :
Susan Low-Beer, *There Is No Room for a Moon*, 1985, Rideau Hall (2005). 88/9-0010. Lipman Still Pictures

The Art Bank is another reason for Canadians to be grateful for the Canada Council's championing of the arts in our country. We are all the richer for these institutions, and I am pleased to join in celebrating them.

ADRIENNE CLARKSON
Governor General of Canada
1999-2005

pour laquelle les Canadiens et les Canadiennes peuvent être reconnaissants que le Conseil des Arts du Canada défende les arts dans notre pays. Ces institutions nous enrichissent, et il me fait plaisir de me joindre à vous pour les célébrer.

ADRIENNE CLARKSON
Gouverneure générale du Canada
1999-2005

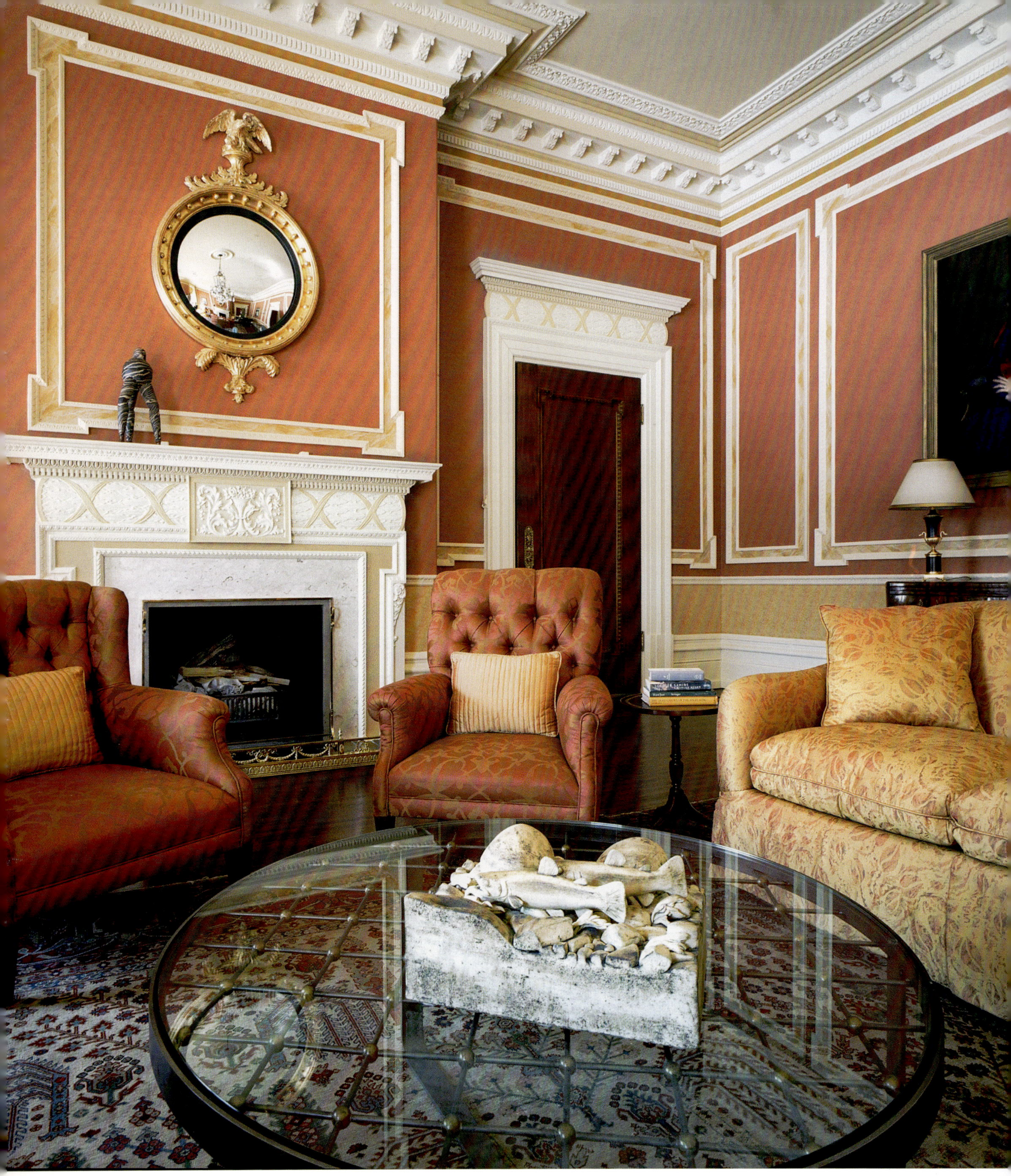

Neil Dalrymple, *Approaching the Redds*, 1977, Rideau Hall (2005). 78/9-0610. Lipman Still Pictures

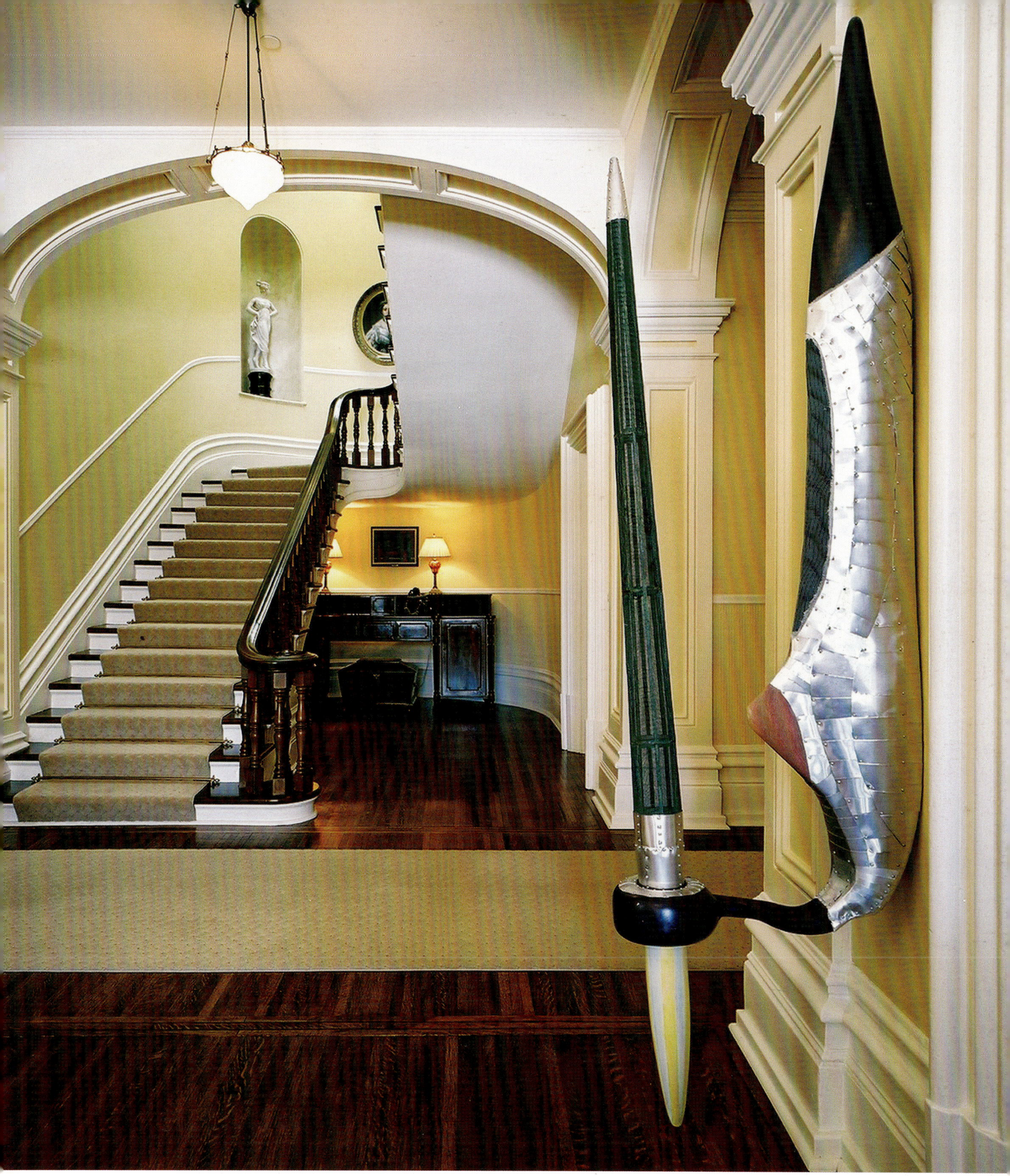

Ron Kanashiro, *Untitled / Sans titre*, 1988, Rideau Hall (2005). 89/90-0186. Lipman Still Pictures

Preface

In 1971, the Government of Canada took a bold and visionary step in establishing the Canada Council Art Bank. Since that time, the Art Bank has played a vital and important role in encouraging the work of Canada's visual artists and in bringing contemporary Canadian art to the attention of an ever-widening public.

This book is a superb tribute to the creative brilliance of Canada's visual artists as they have crossed the Art Bank's radar screen over the past thirty-five years and a testament to the acuity of judgment displayed by the many professionals who have participated in an advisory capacity on its selection committees.

As the Art Bank celebrates its 35th anniversary with the publication of this book, I congratulate all those – clients, staff, advisors, and members of the visual arts community – who have shown such commitment in making this wonderful dream an ongoing and living reality.

Karen Kain, C.C.
Chair
Canada Council for the Arts

Préface

En 1971, le gouvernement du Canada a fait preuve d'audace et de vision lorsqu'il a créé la Banque d'œuvres d'art du Conseil des Arts du Canada. Depuis, la Banque a joué un rôle vital et important en encourageant les artistes visuels du Canada et en faisant connaître l'art canadien contemporain à un public sans cesse grandissant.

Ce livre est un superbe hommage au génie créateur des artistes visuels du Canada qui sont apparus sur l'écran radar de la Banque d'œuvres d'art au cours des 35 dernières années, ainsi qu'un témoignage du bon jugement des nombreux professionnels qui ont siégé à titre consultatif à ses comités de sélection.

Je profite de ce que la Banque d'œuvres d'art fête son 35e anniversaire par la publication de ce livre pour féliciter tous ceux et celles – clients, employés, conseillers et membres de la communauté des arts visuels – qui ont aidé, par leur engagement, à faire de ce rêve merveilleux une réalité vivante et durable.

La présidente
Conseil des Arts du Canada

Karen Kain, C.C.

Acknowledgements

I conceived *Art at Work* when I realized that no publication existed that captured the Art Bank's colourful history. I scarcely imagined then that producing such a book would involve so many people devoting so much energy and time over several years to track down information, write the text, and assemble the images that would convey a true sense of this priceless treasure. The Canada Council Art Bank inspired the government of Australia to establish an art bank of its own along similar lines. In turn, *Art/Bank: Australian Art in Public Places*, the book published by the Australian Art Bank to mark its twenty-first birthday in 2001, inspired *Art at Work*.

Far more people were involved in this project than I can name individually, and I extend to them my most humble and hearty thanks. In the beginning, the Executive Committee of the Canada Council for the Arts enabled *Art at Work* to become a reality when it gave permission to publish the book in 2004. It was Melanie Rutledge, the Head of Writing and Publishing, who encouraged us to choose to work with a Canadian publisher. John Hobday, the Director of the Canada Council for the Arts when the book was first approved, and Mark Watters, the Acting Director and Secretary-Treasurer, have provided continuous support for the project and Robert Sirman, Director since June 2006, has continued this support. I would like to

Remerciements

J'ai conçu *L'art au travail* après avoir constaté qu'il n'existait pas de publication sur l'histoire colorée de la Banque d'œuvres d'art. Je n'imaginais pas à ce moment que la production d'un tel ouvrage nécessiterait autant d'énergie et de temps d'un aussi grand nombre de personnes pendant plusieurs années afin de chercher l'information nécessaire, de rédiger le texte et de réunir les images qui rendraient justice à ce trésor inestimable. Le gouvernement de l'Australie s'est inspiré de la Banque d'œuvres d'art du Conseil des Arts du Canada pour créer sa propre banque d'œuvres d'art. À notre tour, nous nous sommes inspirés du livre que l'Australian Art Bank a publié en 2001 à l'occasion de son 21e anniversaire, *Art/Bank: Australian Art in Public Places*, pour produire *L'art au travail*.

Bien qu'il me soit impossible de nommer toutes les personnes qui ont participé à ce projet, je leur offre à toutes mes remerciements les plus humbles et les plus chaleureux. Au départ, le comité exécutif du Conseil des Arts du Canada a permis que *L'art au travail* devienne réalité en autorisant sa publication en 2004. C'est Melanie Rutledge, responsable de la rédaction et de la publication, qui nous a encouragés à travailler avec un éditeur canadien. John Hobday, directeur du Conseil des Arts du Canada lorsque le livre a été approuvé, et Mark Watters, directeur par intérim et secrétaire-trésorier, et Robert

thank the members of the Board of the Canada Council, in particular its Chair, Karen Kain, who graciously provided her comments for the book. Many at Council have been involved at various stages, including Kim Lymburner, Marianne Heggtveit, Lolita Boudreault, Terry O'Grady, Donna Balkan, Carole Breton, John Goldsmith, Carol Bream, Francine Bercier, Debbie Stenson, and many others.

The Department of Foreign Affairs showed foresight and faith in the Art Bank by recognizing how essential it would be to distribute *Art at Work* to missions around the world. Michael Brock and Renetta Siemens, Jamie Lambert, and Carolyn Strauss were especially helpful.

I am very grateful to the Art Bank clients who granted permission to use photographs of their reception areas, offices, and homes and assisted with the photography: General Ray Henault, Chairman of the NATO Military Committee; Gerry Grace, Archivist at the National Arts Centre; Barbara Nicholls, partner, Perley-Robertson, Hill & McDougall; Jeffrey Chapman, Director of Communications and Visitor Services, Rideau Hall; Andrea Gumpert, Education Officer at the National Gallery of Canada, formerly Interpreter in Visual Arts, Rideau Hall; Dominique Bergeron, Chief of Visitor Services, Rideau Hall; Alan Quinn, Assistant Director, Administration Division, Privy Council Office; Denise Séguin, Contract Officer, Material Management, Finance Canada; David Monaghan, Curator, House of Commons; and Jean Daoust, President, Daoust Construction.

The photographers of each of the images in *Art at Work* are recognized throughout. I wish to extend special thanks to Martin Lipman and

Sirman, directeur depuis juin 2006, ont appuyé le projet de façon continue. J'aimerais remercier les membres du conseil d'administration du Conseil des Arts du Canada, et en particulier sa présidente, Karen Kain, qui nous a gracieusement fait part de ses commentaires sur le livre. Bien des personnes au sein du Conseil des Arts ont participé aux différentes étapes du projet, notamment Kim Lymburner, Marianne Heggtveit, Lolita Boudreault, Terry O'Grady, Donna Balkan, Carole Breton, John Goldsmith, Carol Bream, Francine Bercier, Debbie Stenson et j'en passe.

Le ministère des Affaires étrangères a fait preuve de beaucoup de perspicacité et de foi dans la Banque d'œuvres d'art en reconnaissant à quel point il était essentiel de diffuser *L'art au travail* dans le monde entier. En particulier, Michael Brock et Renetta Siemens ainsi que Jamie Lamber et Carolyn Strauss nous ont été d'une aide précieuse à cet égard.

Je suis très reconnaissante envers les clients de la Banque d'œuvres d'art qui nous ont accordé l'autorisation d'utiliser des photographies de leur aire de réception, de leurs bureaux et de leur foyer, et qui nous ont aidés à choisir les photographies : le général Ray Henault, président du Comité militaire de l'OTAN ; Gerry Grace, archiviste au Centre national des Arts ; Barbara Nicholls, partenaire, Perley-Robertson, Hill & McDougall ; Jeffrey Chapman, directeur des communications et des services aux visiteurs à Rideau Hall ; Andrea Gumpert, agente d'éducation au Musée des beaux-arts du Canada et ancienne interprète en arts visuels à Rideau Hall ; Dominique Bergeron, directrice des services aux visiteurs à Rideau Hall ; Alan Quinn, directeur adjoint, Division de l'administration,

his colleagues Lawrence Cook, Michael Tardioli, and Kahlia Scott, under whose guidance the majority of the installation photographs were provided.

The many artists whose work has been reproduced in the book are mentioned in both the captions and the index. I am particularly grateful to Janice Seline, Executive Director, CARCC, for securing their permission to reproduce images of their works. Pat Durr, Past National Representative, CARFAC, was also helpful in this regard.

The staff of the Art Bank gave extensive and cheerful assistance with various stages of the book, and they were a superb team with which to work. I owe particular thanks to Martha Young, whose attention to detail is unsurpassed; Suzanne Wolfe, who helped make selections from hundreds of photographs; and Christine Couture and Nancy Smith, who checked and rechecked information. The three Art Bank Art Consultants, Louise Pelland, Pierre Schnubb, and Amy Jenkins, all experts in selecting and installing artwork in our clients' offices, also helped with the photography and permissions.

I am especially grateful to the many friends and colleagues whose advice, pertinent information, and clarification have greatly enhanced the accuracy of *Art at Work*. Thanks especially to Leezah Cohen, Suzanne Rivard Le Moyne, Laing Brown, Geoffrey James, Iain Baxter, Meeka Walsh, Nancy Tousley, David Barbour, and Yolande Racine for sharing their stories and helping us to clarify our own.

The high quality of this book was made possible by the tremendous effort and support of the Goose Lane Editions partners, Susanne Alexander, Laurel Boone, and Julie Scriver. I

Bureau du Conseil privé ; Denise Séguin, agente des contrats, Gestion du matériel, Finances Canada ; David Monaghan, conservateur, Chambre des communes ; et Jean Daoust, président, Daoust Construction.

Les auteurs des photographies figurant dans *L'art au travail* sont mentionnés dans l'ensemble du livre. Je désire remercier de façon particulière Martin Lipman et ses collègues, Lawrence Cook, Michael Tardioli et Kahlia Scott, qui nous ont guidés dans le choix de la plupart des photographies d'installations.

Les nombreux artistes dont les œuvres ont été reproduites dans le livre sont mentionnés à la fois dans les légendes et dans l'index. Je suis particulièrement reconnaissante envers Janice Seline, directrice générale de la société de gestion collective du droit d'auteur (CARCC) du Front des artistes canadiens (CARFAC), pour avoir obtenu l'autorisation de reproduire des photos de leurs œuvres. Merci également à Pat Durr, ancienne représentante nationale du CARFAC, qui nous a été d'un grand secours à cet égard.

Nous avons bénéficié, aux différents stades du livre, de l'aide soutenue et enthousiaste du personnel de la Banque d'œuvres d'art, qui a été une superbe équipe de travail. Je tiens à remercier en particulier Martha Young, dont le souci du détail est inégalé ; Suzanne Wolfe, qui nous a aidés à choisir parmi des centaines de photographies ; et Christine Couture et Nancy Smith, qui ont vérifié et revérifié l'information. Les conseillers artistiques de la Banque, Louise Pelland, Pierre Schnubb et Amy Jenkins, tous experts dans la sélection et l'installation d'œuvres d'art pour les bureaux de nos clients, nous ont également prêté main-forte dans le choix des photographies et l'obtention des autorisations.

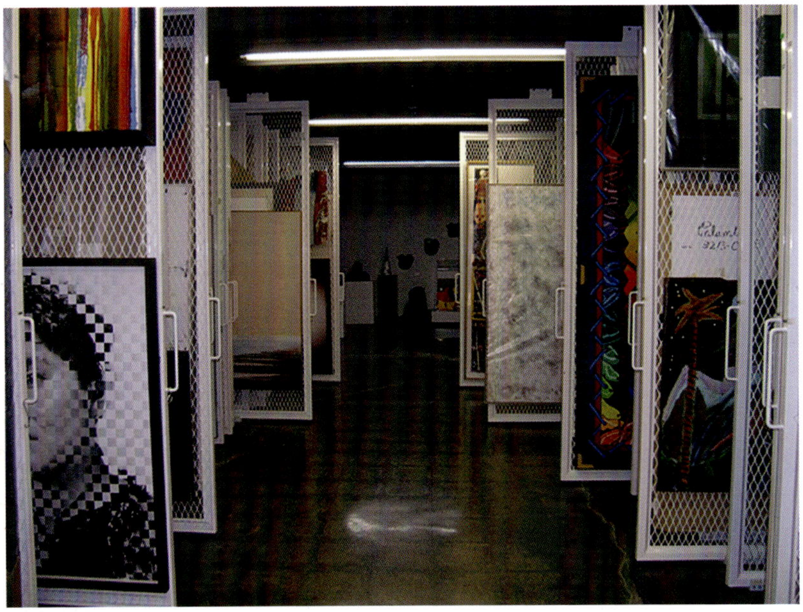

Artwork on storage racks at the Art Bank / Les œuvres d'art classées à la Banque d'œuvres d'art.

am grateful to Susanne for making the concept concrete; to Laurel for her persistence in ensuring clarity and purpose; and to Julie for her keen sense of design, structure, and beauty.

I must extend very special thanks to former Governor General Adrienne Clarkson and to David Silcox, Peggy Gale, Jeffrey Thomas, and Pierre Landry for their thoughts and observations about the entire project and for their brilliant essays. Above all, this publication recognizes the 3,000 artists whose works form the Art Bank collection, and the many other artists in Canada who have contributed through their submissions, assistance with the juries, and support for the concept. From a personal perspective, I would like to recognize my wonderful family and in particular the next generation, my grandchildren, for whom books like this capture some of our stories.

Victoria Henry
Director
Canada Council Art Bank

Je suis très reconnaissante envers les nombreux amis et collègues dont les conseils, les renseignements pertinents et les précisions ont grandement contribué à l'exactitude du contenu de *L'art au travail*. Merci à Leezah Cohen, Suzanne Rivard Le Moyne, Laing Brown, Geoffrey James, Iain Baxter, Meeka Walsh, Nancy Tousley, David Barbour et Yolande Racine pour avoir partagé leur histoire avec nous et nous avoir aidés à préciser celle que nous étions en train de rédiger.

La haute qualité de ce livre a été rendue possible grâce aux efforts et au soutien des partenaires de Goose Lane Editions, Susanne Alexander, Laurel Boone et Julie Scriver. Je remercie Susanne pour avoir concrétisé le concept, Laurel pour nous avoir gardés sur la bonne voie et Julie pour son sens exquis du design, de la structure et de la beauté.

Je remercie de façon toute spéciale l'ancienne gouverneure générale, Adrienne Clarkson, ainsi que David Silcox, Peggy Gale, Jeffrey Thomas et Pierre Landry pour leurs réflexions et leurs observations à propos de l'ensemble du projet et pour leurs brillants essais. Par-dessus tout, la présente publication reconnaît les 3 000 artistes dont les œuvres forment la collection de la Banque d'œuvres d'art, ainsi que les nombreux autres artistes au Canada qui y ont contribué par leurs présentations, par leur aide au sein des jurys et par leur appui du concept. Sur une note personnelle, j'aimerais exprimer ma reconnaissance envers ma merveilleuse famille et, en particulier, la prochaine génération, mes petits-enfants, pour qui les livres comme celui-ci captent certaines de nos histoires.

Victoria Henry
Directrice, Banque d'œuvres d'art
Conseil des Arts du Canada

Walter Redinger, *1929-1984*, 1973-1974, Ottawa (c. / vers 2000). 77/8-0233

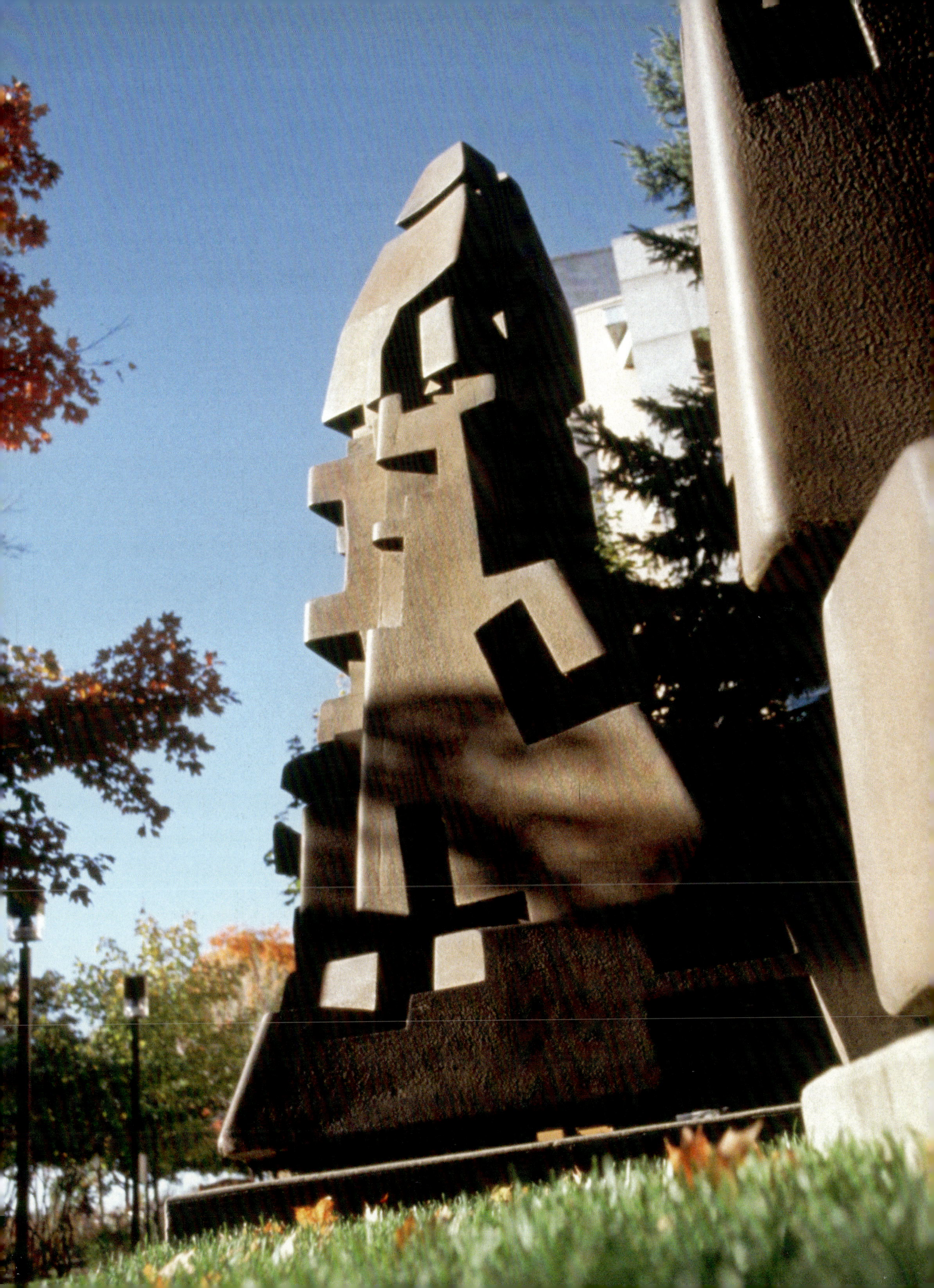

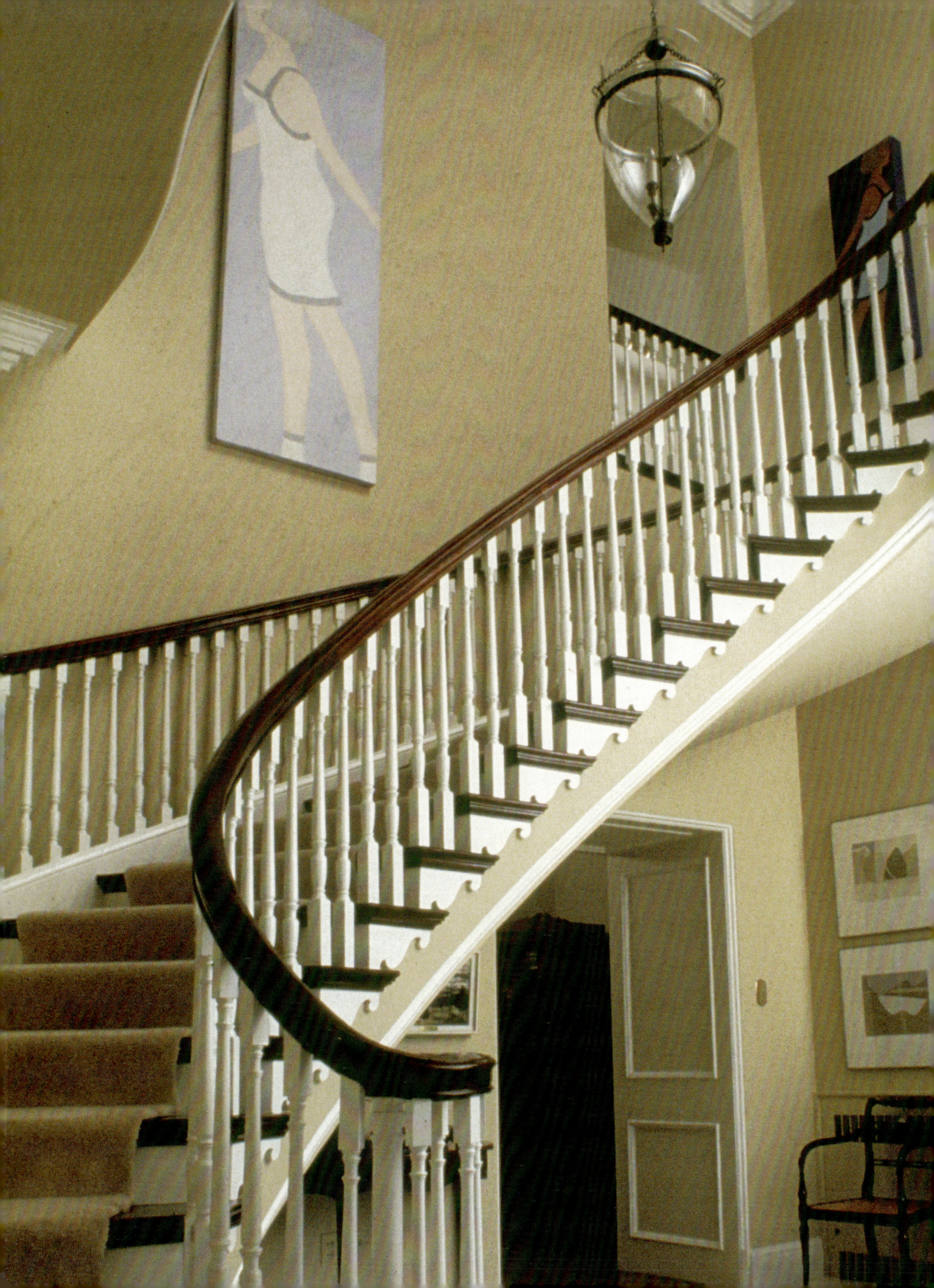

Before the Art Bank

David P. Silcox

In September 1965, I began a five-year stint as the Canada Council's first (and at the time only) Arts Officer. With Canada's Centennial and Expo '67 in the offing, excitement mounting, money flowing, talent sprouting, and optimism surging, anything seemed possible. We started many new programs for artists and brought in artists and critics from various countries, which made us feel as if we were in the middle of the world, not on its periphery.

In the following year, we decided to set aside the modest sum of $10,000 to buy Canadian art for the Council's modest Ottawa offices – two floors in the old Victoria Building at Wellington and O'Connor streets. This decision was not driven by an impulse to create a collection (although I'm a pathological collector and pack rat myself), and indeed it was contrary to the Canada Council's belief at the time that it ought not to own anything or operate anything: our job was to distribute the money and let others do the owning and operating.

We had listened attentively to what artists wanted, and enough of them, particularly a vociferous Guido Molinari, thought that if the Council bought their art it would give public, corporate, and private collectors in Canada a sort of Good Housekeeping Seal of Approval. The contemporary art market was almost

Avant la Banque d'œuvres d'art

David P. Silcox

En septembre 1965, je devenais agent des arts (le seul à l'époque) au Conseil des Arts du Canada, poste que j'ai occupé pendant cinq ans. Tout semblait alors possible : le centenaire du Canada et Expo 67 pointaient à l'horizon, l'excitation montait, l'argent coulait à flots, le talent bourgeonnait et l'optimisme déferlait. Nous avons lancé de nombreux programmes pour les artistes et invité des artistes et des critiques de divers pays, ce qui nous donnait l'impression d'être au centre du monde et non à sa périphérie.

L'année suivante, nous avons décidé de consacrer la modique somme de 10 000 $ à l'achat d'œuvres d'art canadiennes pour les modestes bureaux du Conseil, à Ottawa – deux étages du vieil édifice Victoria, à l'angle des rues Wellington et O'Connor. Cette décision n'était pas motivée par le désir de constituer une collection (même si je suis moi-même un collectionneur pathologique). D'ailleurs, elle était contraire à ce que croyait le Conseil à l'époque, à savoir qu'il ne devait ni posséder ni exploiter quoi que ce soit : notre travail consistait à distribuer l'argent et à laisser aux autres le soin de posséder et d'exploiter les œuvres.

Nous avions écouté attentivement ce que voulaient les artistes, et ils étaient assez nombreux, en particulier un véhément Guido

Michael Snow, *Sending and Receiving – Crosswalk and After*, 1965, Prime Minister's residence / la résidence du premier ministre (1979). 73/4-0386. Yvan Boulerice

Guido Molinari,
Noir / Blanc, 1966-1967.
72/3-2222

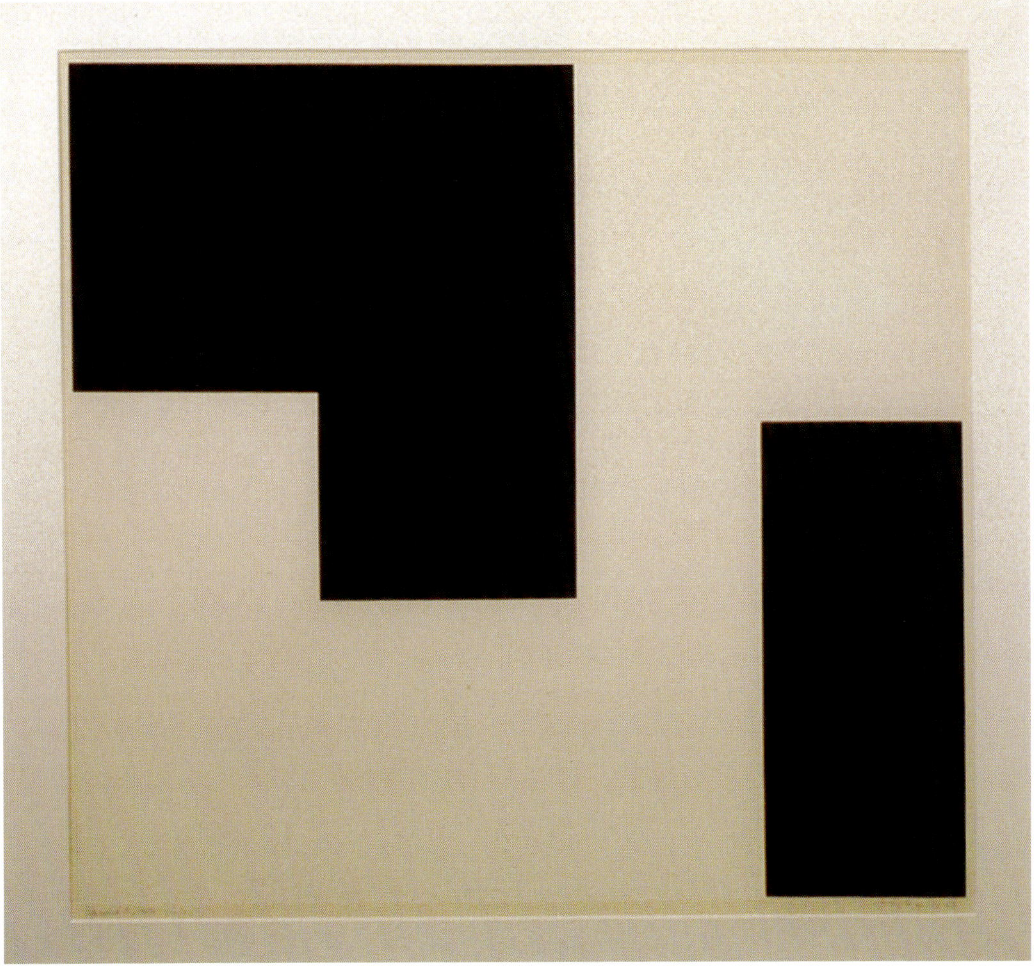

non-existent and needed a real pump primer. The amount of money, we decided, was small enough to dispel our qualms about "owning" anything.

The result, in a short time, was a remarkable collection that spruced up our offices spectacularly and reminded us daily who it was we really worked for. Our policy always was to pay full price, buy from dealers (since dealers are an essential part of the system), and never ask for discounts or special terms. By 1970, we had accumulated nearly three hundred works and spent $90,000 in total, which included

Molinari, à penser que si le Conseil achetait leurs œuvres, cela donnerait en quelque sorte aux collectionneurs publics, d'entreprises et privés du Canada une garantie de qualité. Le marché de l'art contemporain était pratiquement inexistant et avait besoin d'un solide coup de pouce. La somme mise de côté, avons-nous décidé, était suffisamment faible pour dissiper nos scrupules à posséder des œuvres.

Il en a résulté en peu de temps une remarquable collection qui a égayé nos bureaux de façon spectaculaire tout en nous rappelant quotidiennement pour qui nous travaillions

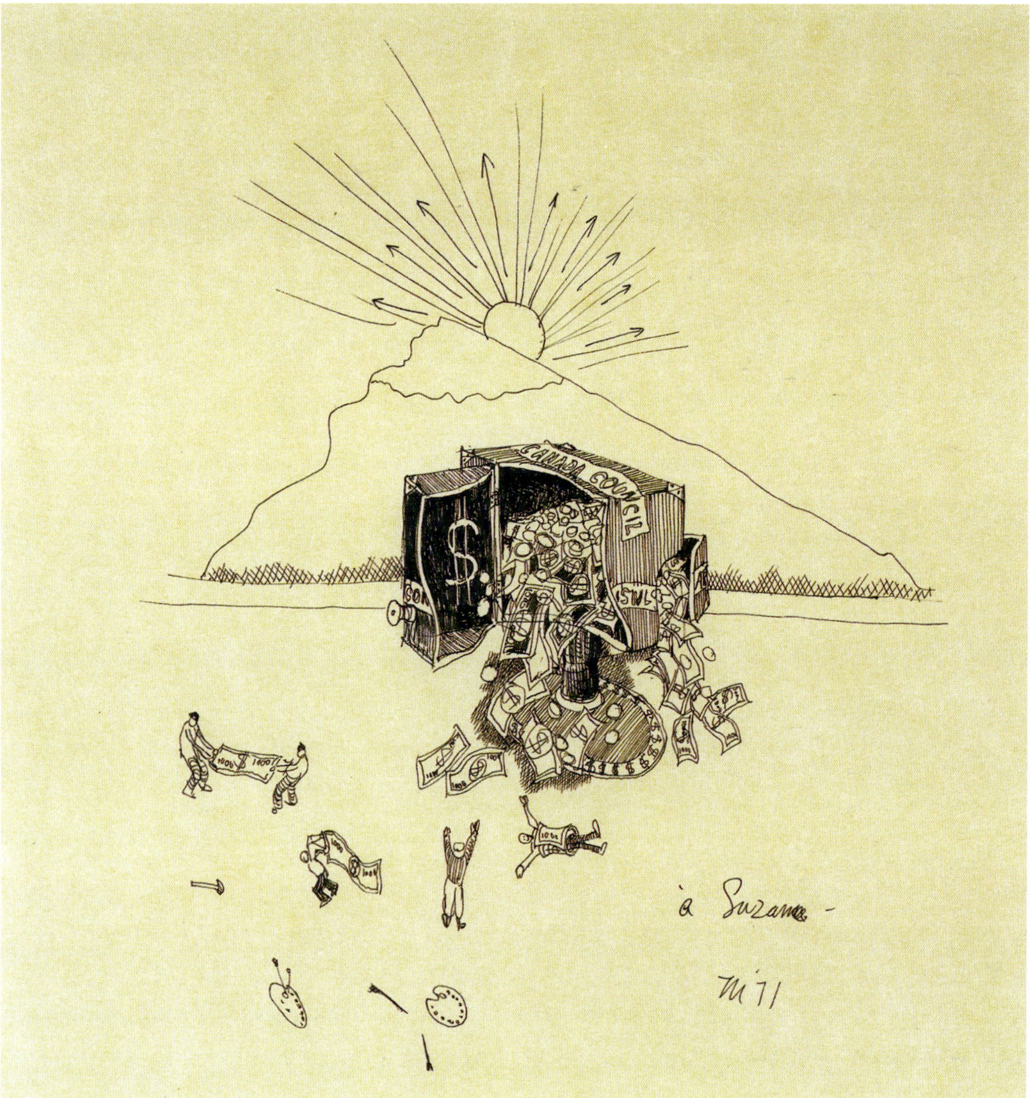

Suzanne Rivard Le Moyne was celebrating the approval of the Art Bank concept at the National Arts Centre restaurant in 1971 when Tony Urquhart drew his version of what an Art Bank should be on the back of the menu. / Suzanne Rivard Le Moyne célébrait l'approbation du concept de la Banque d'œuvres d'art au restaurant du Centre national des Arts en 1971, lorsque Tony Urquhart dessina sa version de ce que devrait être une banque d'œuvres d'art au verso du menu. Tony Urquhart

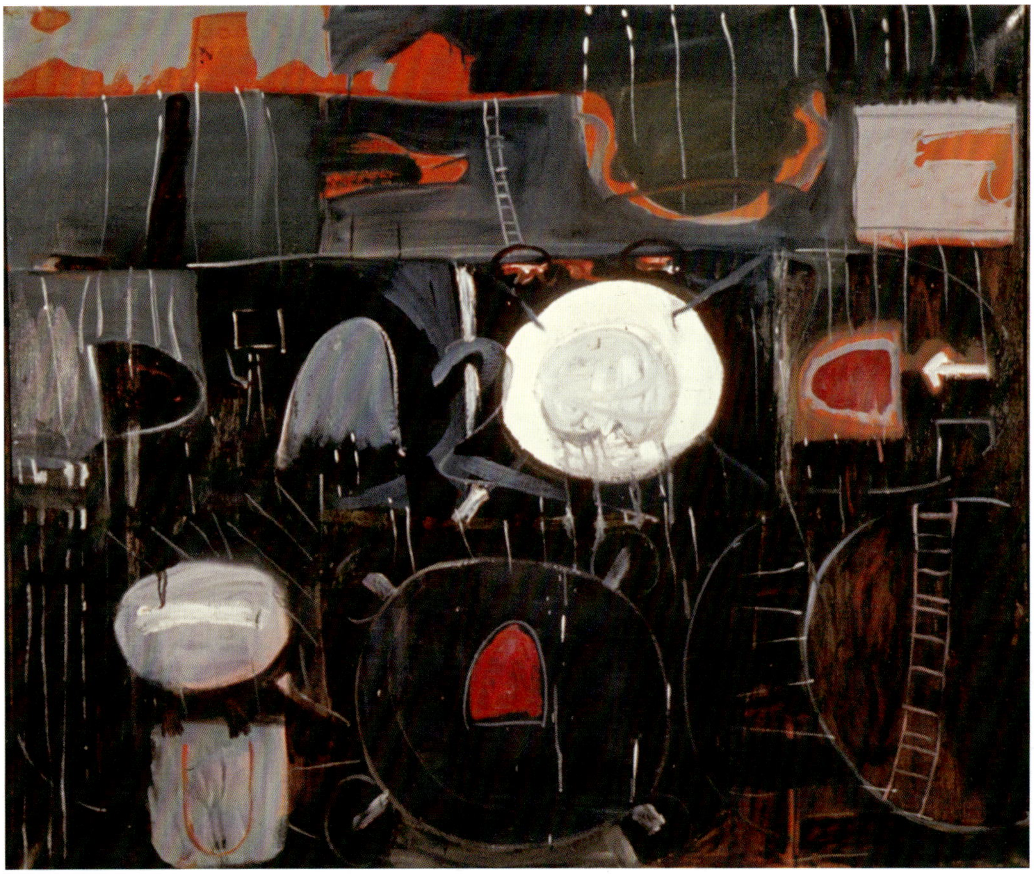

Joyce Wieland, *Cityscape*, 1960. 72/3 1737

acquisitions, all related expenses (shipping, framing, etc.), and the publication of a handsome catalogue, which accompanied a National Gallery of Canada exhibition in 1969.

In one instance, I loaned out a few works by Ron Bloore, Kenneth Lochhead, Charlotte Lindgren, and a few others for the offices of Al Johnson, then Secretary of Treasury Board. This gesture had spectacular, if unintended, consequences. Johnson had been the wunderkind top civil servant for Tommy Douglas in Saskatchewan and was a big Regina Five booster. He used to say to me, with lighthearted enthusiasm, that even an additional million dollars in the government's annual furniture

vraiment. Notre politique a toujours été de payer le plein prix, d'acheter auprès des marchands (étant donné qu'ils sont un élément essentiel du système) et de ne jamais demander de rabais ou de conditions spéciales. Dès 1970, nous avions accumulé près de 300 œuvres et dépensé 90 000 $ au total, ce qui comprenait les acquisitions, les frais afférents (expédition, encadrement, etc.) et la publication d'un beau catalogue qui accompagnait une exposition au Musée des beaux-arts du Canada en 1969.

Dans un cas, j'ai prêté quelques œuvres de Ron Bloore, de Kenneth Lochhead, de Charlotte Lindgren et d'autres artistes pour les bureaux d'Al Johnson, alors secrétaire du Conseil du

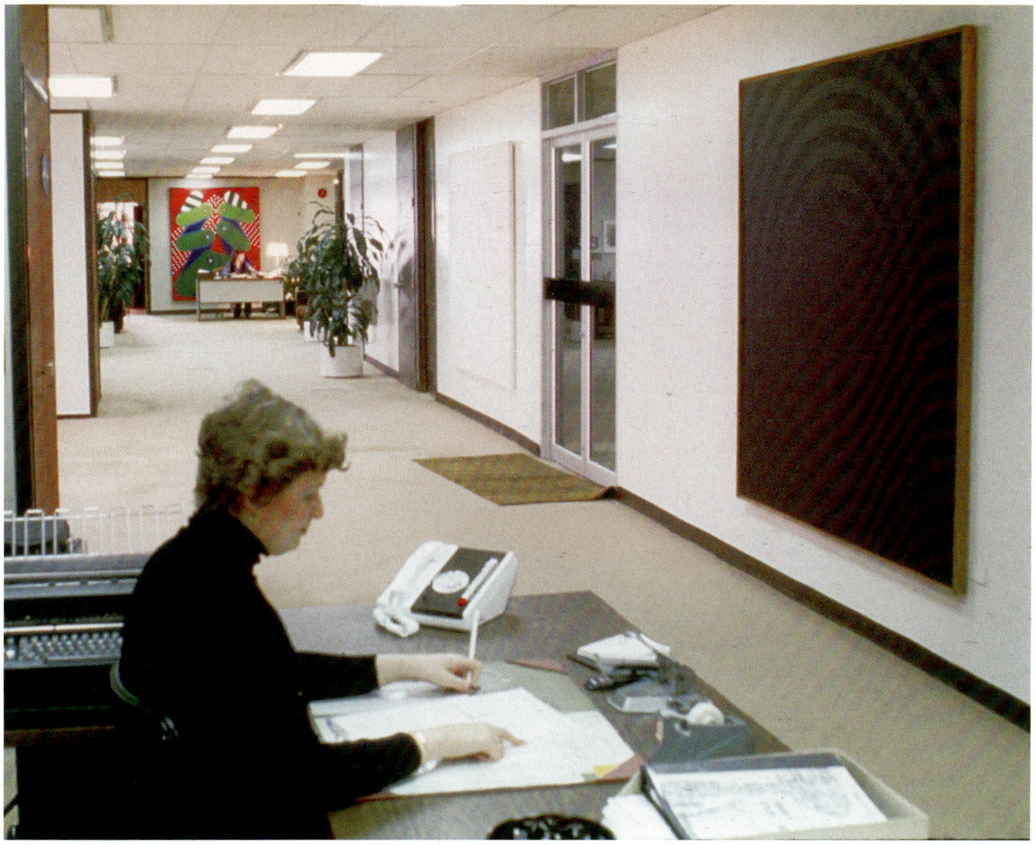

Claude Tousignant, *Optimum en noir*, 1964, Canada Council for the Arts (late 1970s) / Conseil des Arts du Canada (fin des années 1970). 73/4-0038. Yvan Boulerice

and furnishing budget to buy Canadian art wouldn't change the total by a decimal point. I thought he was only being amusing.

In any event, the affection the Council staff developed for the works I put on the walls – by Iain Baxter, Claude Breeze, Jack Bush, Ulysse Comtois, Greg Curnoe, Charles Gagnon, Yves Gaucher, Roy Kiyooka, Michael Morris, Michael Snow, Harold Town, and Joyce Wieland – inspired my successor, Suzanne Rivard Le Moyne, to come up with a brilliant scheme to let other Ottawa bureaucrats enjoy Canadian art: a major art rental service for the whole government, an art bank.

Suzanne drafted an outline, which included a seven-person selection committee, regionally

Trésor. Ce geste a eu des conséquences retentissantes, quoique imprévues. M. Johnson avait été le plus haut fonctionnaire dans le gouvernement de Tommy Douglas, en Saskatchewan, et il était un fervent amateur des Regina Five. Il avait l'habitude de me dire, avec un joyeux enthousiasme, que même l'ajout d'un million de dollars au budget annuel d'ameublement du gouvernement pour acheter de l'art canadien ne changerait pas le total d'un point décimal. Je pensais qu'il ne faisait que plaisanter.

Quoi qu'il en soit, le personnel du Conseil s'est pris d'affection pour les œuvres que j'ai suspendues aux murs – des œuvres de Iain Baxter, Claude Breeze, Jack Bush, Ulysse Comtois, Greg Curnoe, Charles Gagnon, Yves Gaucher,

Claude Breeze,
Man Painting #16, 1966.
73/4-0077. Yvan Boulerice

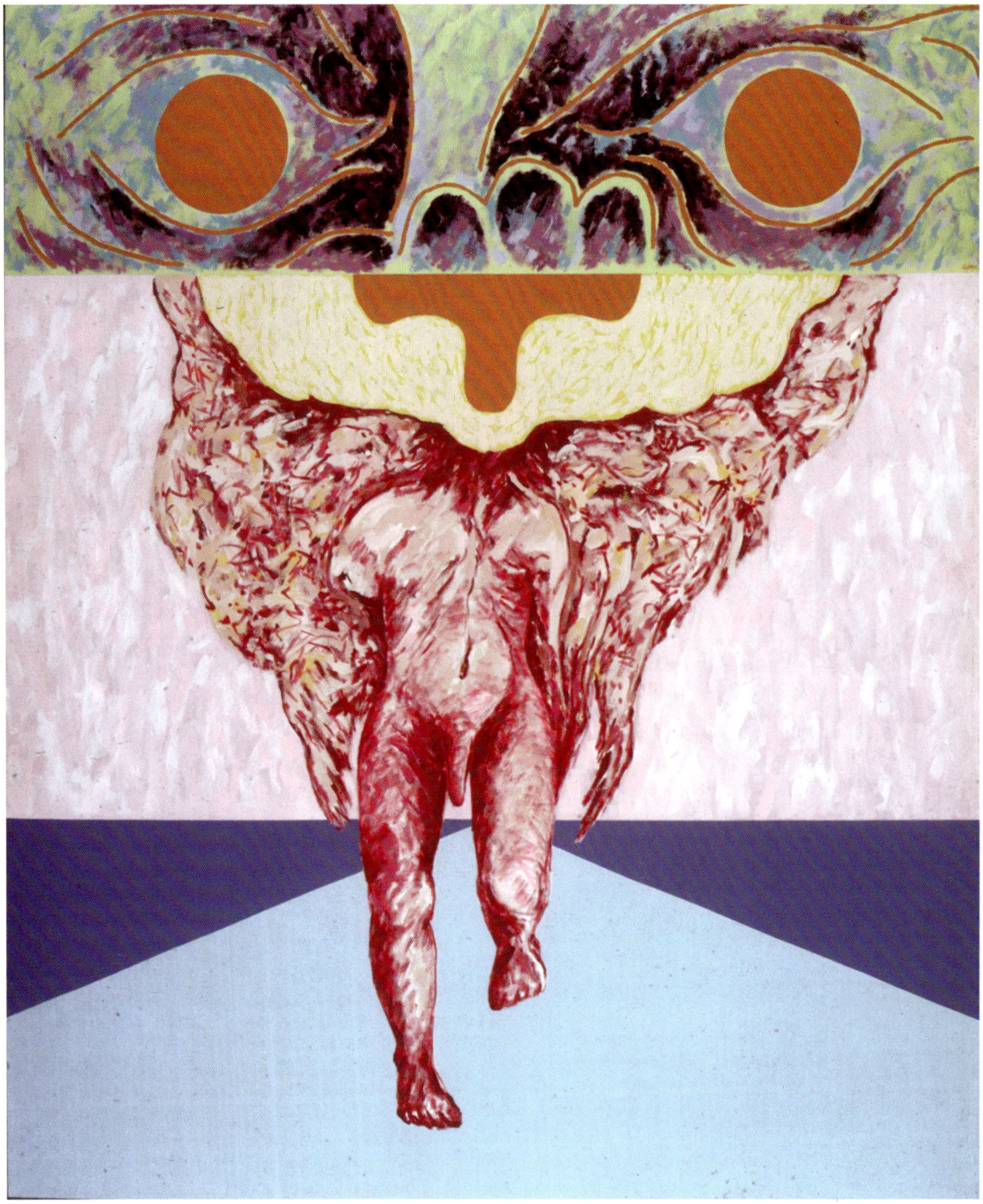

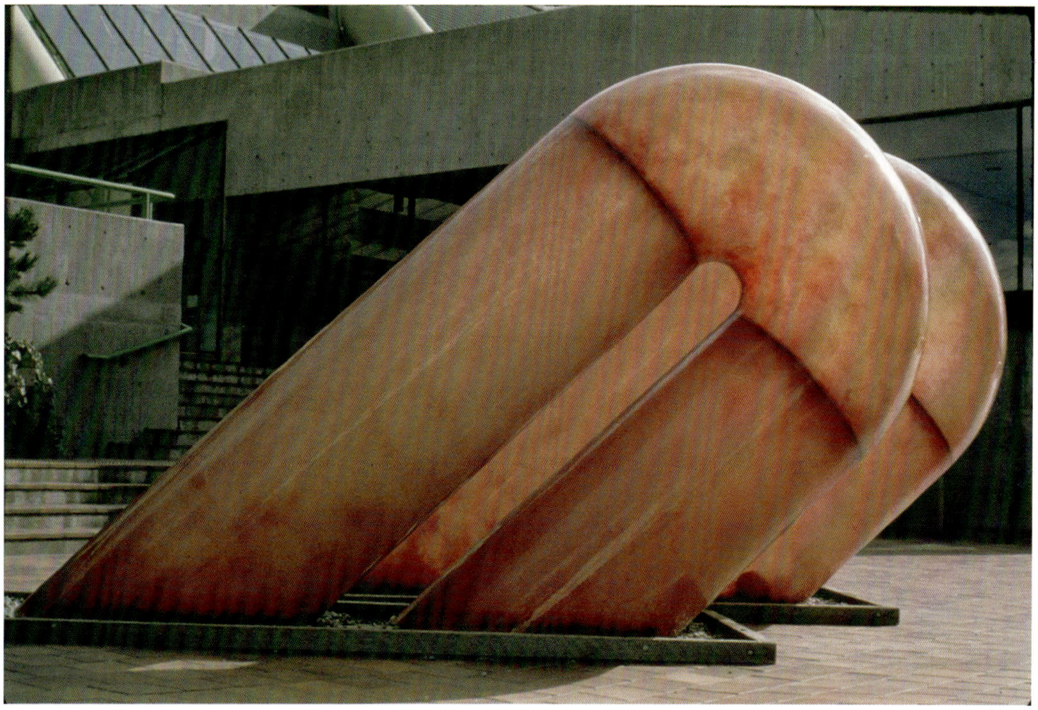

left / à gauche :
Ed Zelenak, *U-Split*, 1968-1969. 75/6-0976

below / ci-dessous :
Iain Baxter, *Landscape with Moon*, 1965. 72/3-1101.
Yvan Boulerice

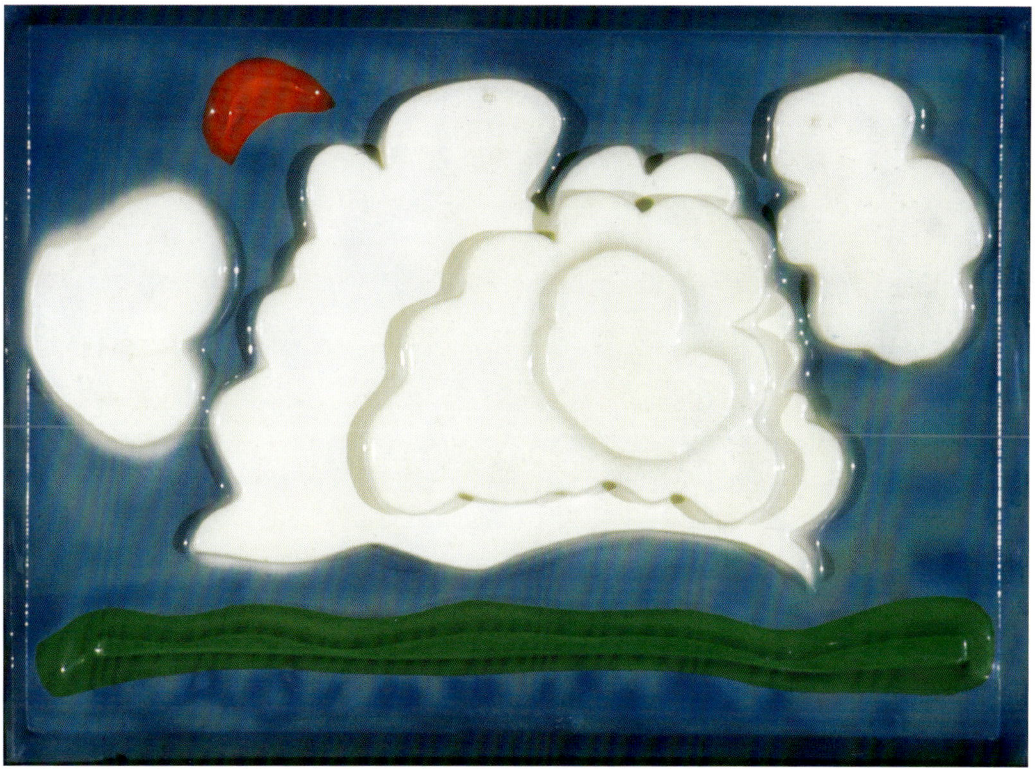

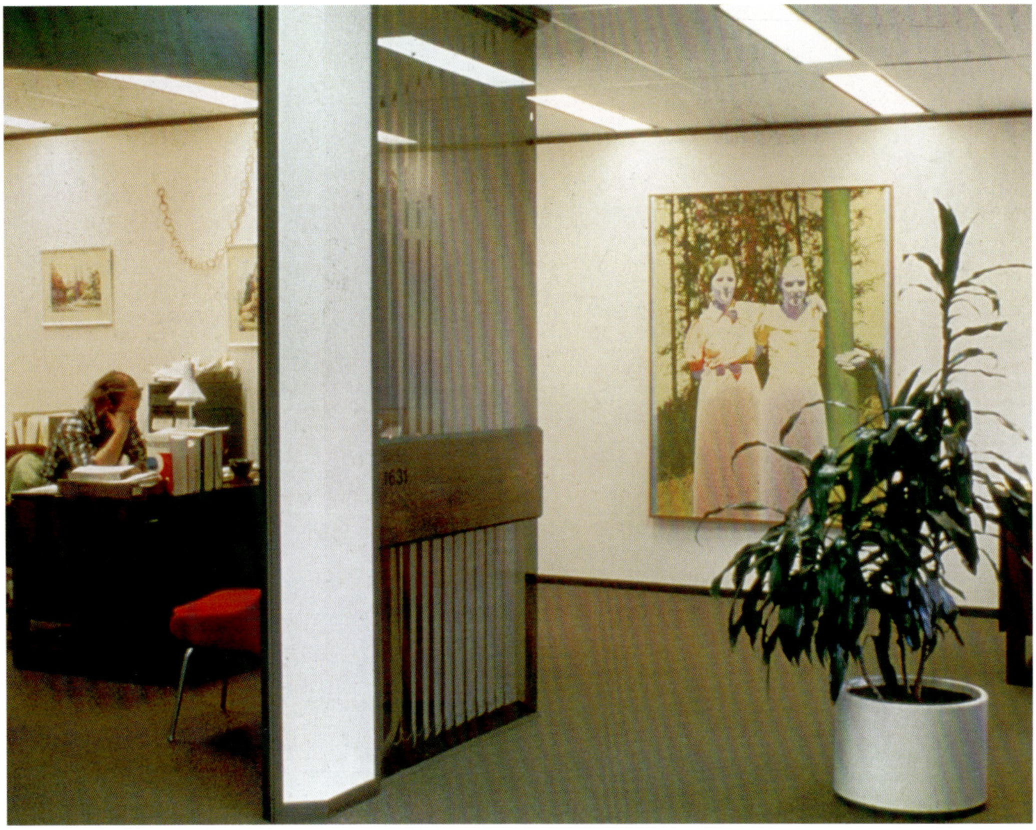

Robert Young, *Korai*, 1976, Canada Council for the Arts (late 1970s) / Conseil des Arts du Canada (fin des années 1970). 76/7-0663.
Yvan Boulerice

appointed, and proposed a very ambitious budget of $250,000 for the first year. The aim was to buy living artists and only the highest quality. To run the Art Bank, she asked me to chair the selection committee and to release Luke Rombout, whom I had just hired, from his three-year contract to head the visual arts department at York University's new faculty of fine arts, where I had become associate dean. The Council approved Suzanne's plan and sent it along to the then Secretary of State, Gérard Pelletier, who also thought it a wonderful initiative, and he, in turn, sent it along to Treasury Board for possible funding.

No one anticipated Al Johnson's reaction. When he saw Suzanne's plan for the Art Bank

Roy Kiyooka, Michael Morris, Michael Snow, Harold Town et Joyce Wieland – ce qui a inspiré à ma successeure, Suzanne Rivard Le Moyne, un moyen brillant de permettre à d'autres fonctionnaires d'Ottawa de jouir de l'art canadien : un important service de location d'œuvres d'art pour l'ensemble du gouvernement, une banque d'œuvres d'art.

Suzanne a tracé les grandes lignes d'un projet qui comprenait un comité de sélection de sept personnes nommées par région et proposé un ambitieux budget de 250 000 $ pour la première année. Le but était d'acheter des œuvres d'artistes vivants et seulement de la meilleure qualité. Pour diriger la Banque d'œuvres d'art, elle m'a demandé de présider le comité de sélec-

and satisfied himself that it had all the administrative structure necessary and that, if properly funded, it might even be self-supporting, he did the most amazing thing for a bureaucrat: he sent the request back with the advice to bump up the budget to $1 million a year for five years and resubmit it.

And so it was done. Suzanne was thrilled, of course, but also relieved. Hindsight is always sharper, but she and I came to wonder: if the Art Bank had not been launched at this level and for five years, might it have succeeded at all?

tion et de libérer Luke Rombout, que je venais à peine d'embaucher, de son contrat de trois ans comme chef du Département d'arts visuels de la nouvelle Faculté des beaux-arts de l'Université York, dont j'étais devenu vice-doyen. Le Conseil a approuvé le projet de Suzanne et l'a acheminé au secrétaire d'État de l'époque, Gérard Pelletier, qui, trouvant l'initiative merveilleuse, en a recommandé le financement au Conseil du Trésor.

Personne ne s'attendait à la réaction d'Al Johnson. Lorsqu'il a vu le projet de Suzanne et vérifié que la Banque d'œuvres d'art avait la structure administrative nécessaire et qu'elle pourrait même être autosuffisante si elle était financée de façon adéquate, il a fait l'impensable pour un fonctionnaire : il nous a renvoyé la demande en nous conseillant d'augmenter le budget à un million de dollars pour cinq ans et de la présenter à nouveau.

C'est ce que nous avons fait. Suzanne débordait de joie, bien entendu, mais elle était aussi soulagée. Bien qu'il soit plus facile de porter un jugement en rétrospective, elle et moi en sommes venus à nous demander : et si la Banque d'œuvres d'art n'avait pas été lancée avec un tel financement pour cinq ans, aurait-elle seulement réussi ?

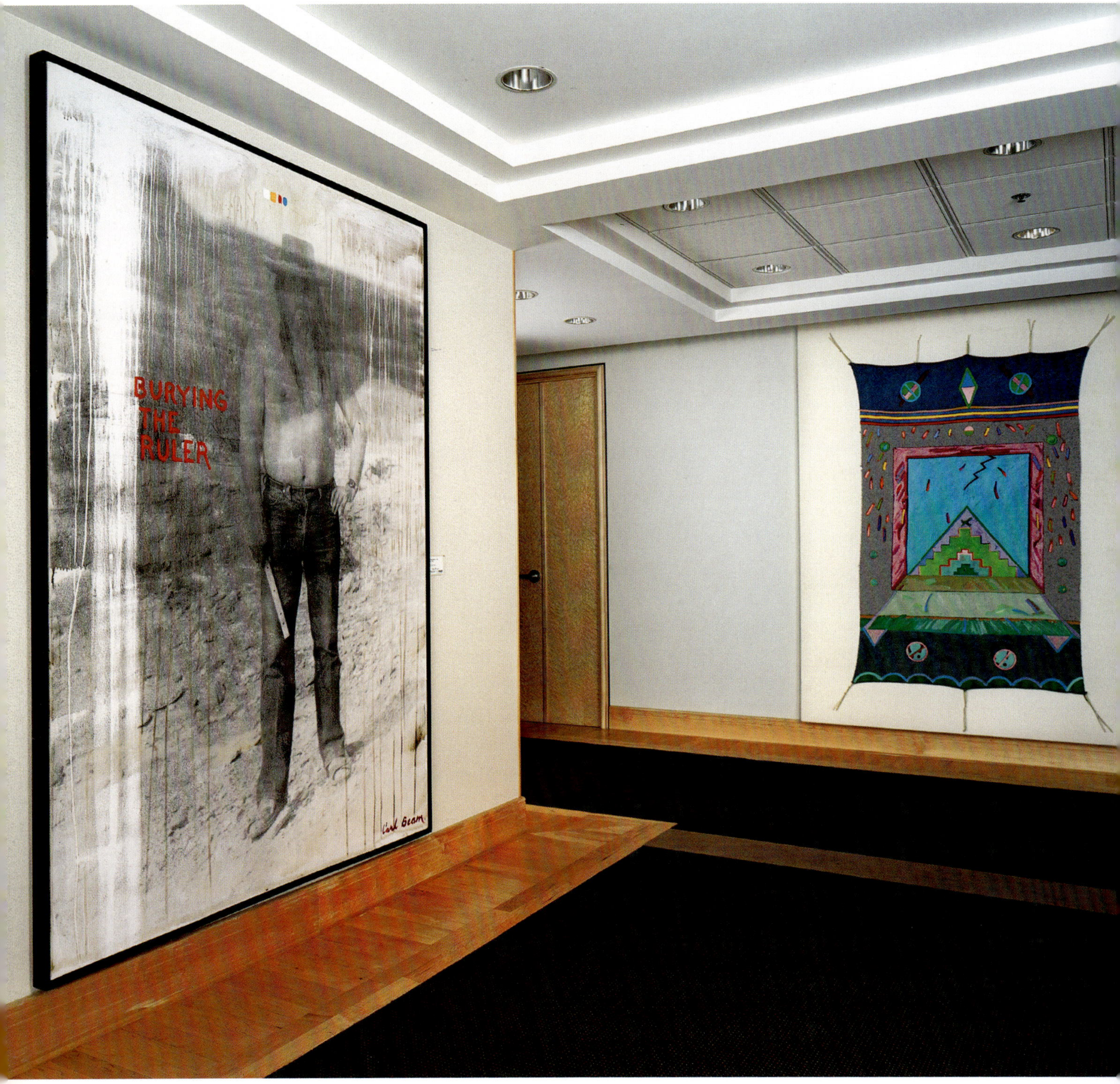

Carl Beam, *Burying the Ruler #1*, 1991; Bob Boyer, *Let the Acid Queen Rain: The White Goop Devours All!* 1985, Canada Council for the Arts / Conseil des Arts du Canada (2005). 91/2-0227; 85/6-0472. Lipman Still Pictures

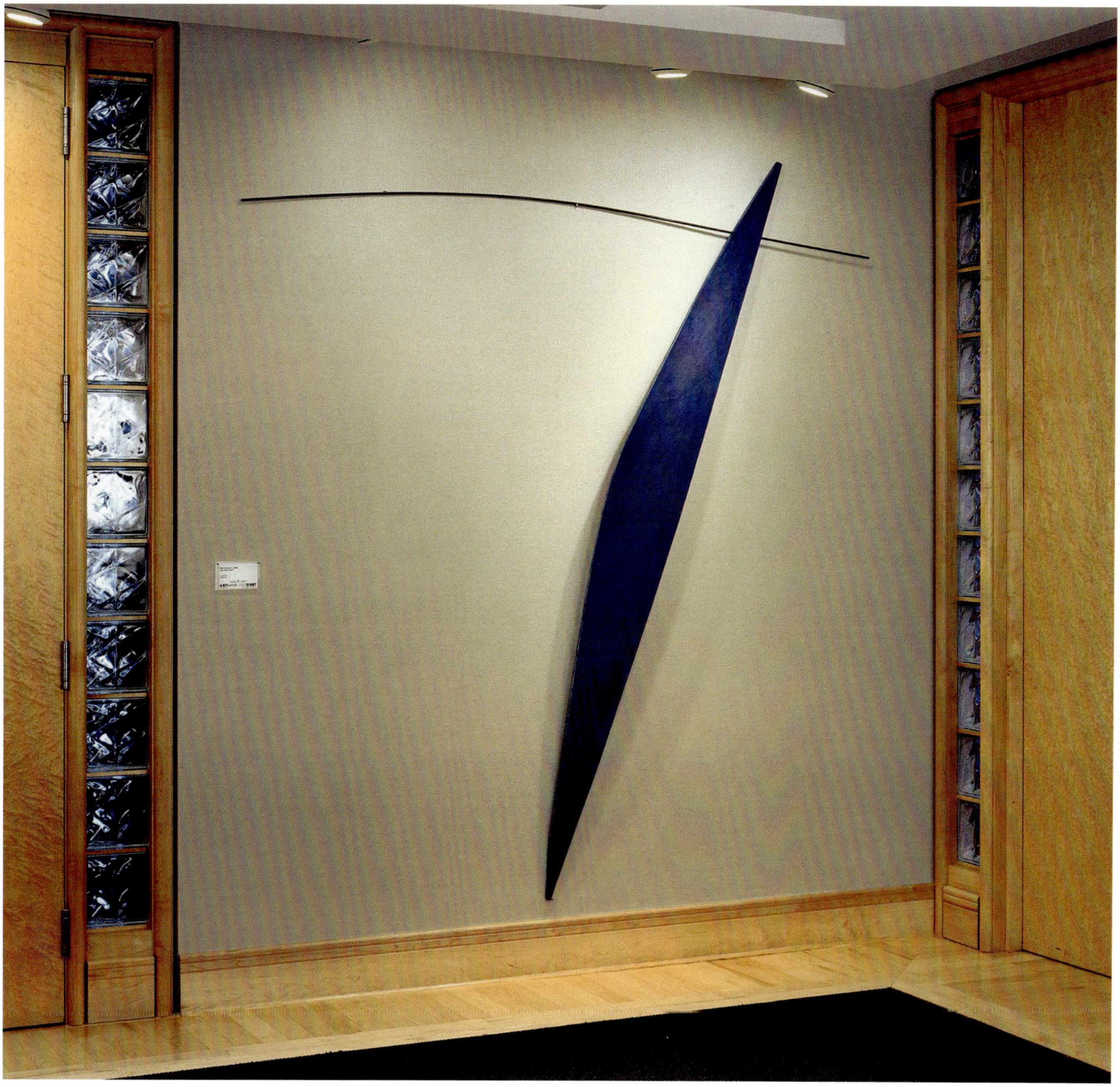

Jean Noël, *Mer et Acier*, 1980, Canada Council for the Arts / Conseil des Arts du Canada (2005).
80/1-0314. Lipman Still Pictures

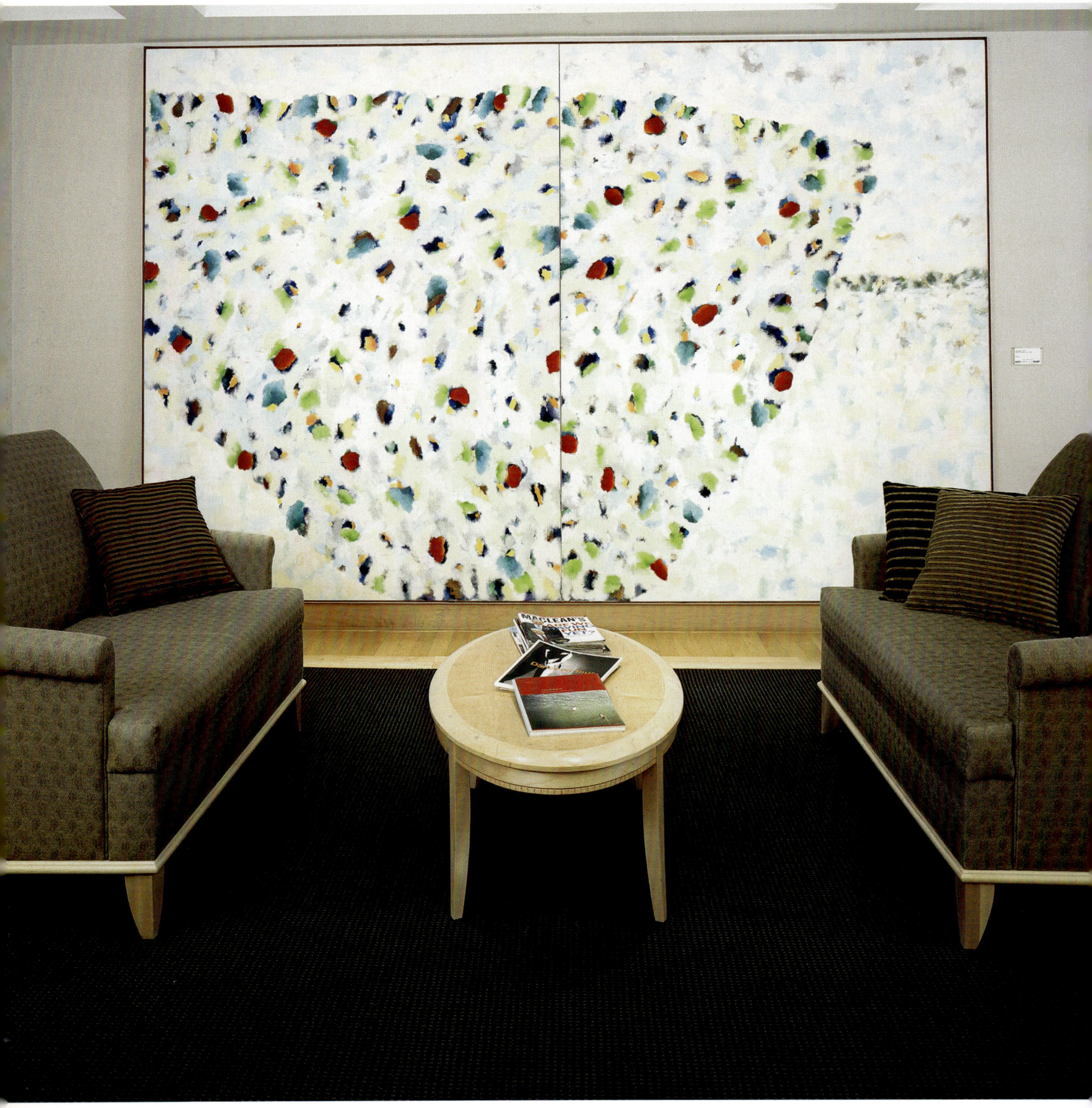

Gershon Iskowitz, *Uplands F*, 1971, Canada Council for the Arts / Conseil des Arts du Canada (2005).
72/3-1500. Lipman Still Pictures

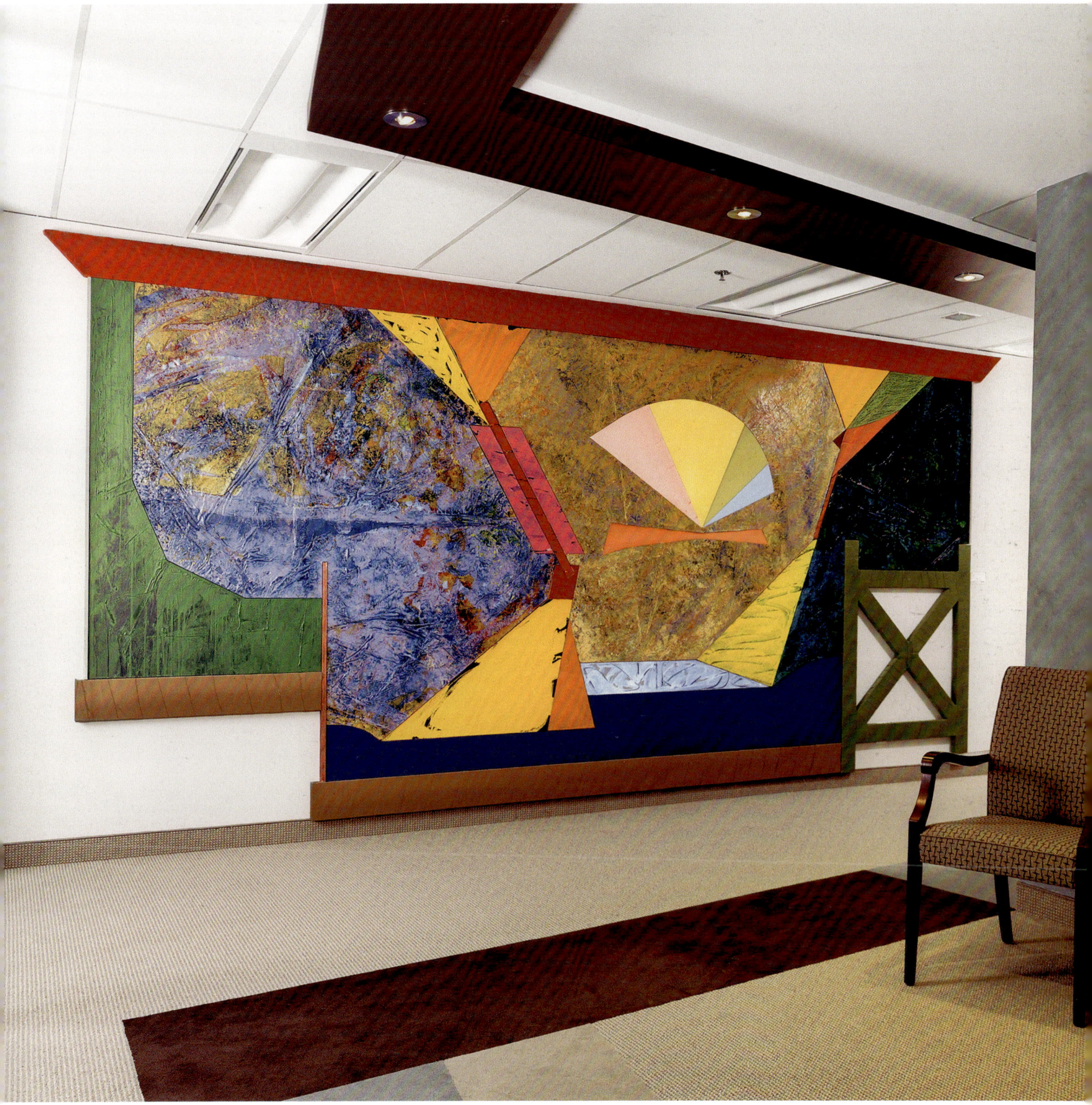

Alan Wood, *Ranch Vista with Field, Fan and Gate*, 1983, Canada Council for the Arts / Conseil des Arts du Canada (2005). 83/4-0487. Lipman Still Pictures

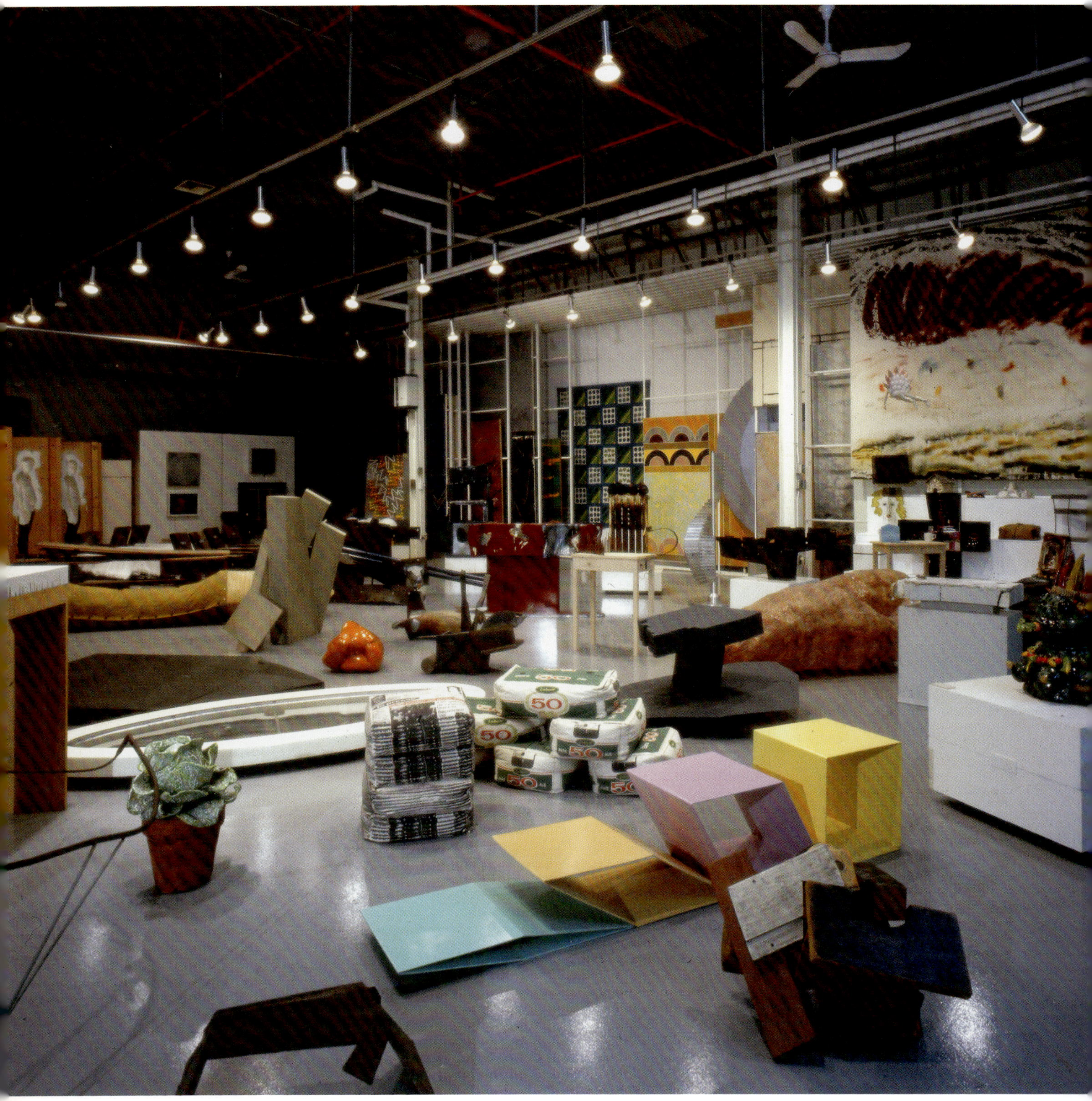

Sculpture display area on Gladwin Crescent (early 1980s) / Aire d'exposition pour sculptures, croissant Gladwin (début des années 1980). David Barbour

The Life Story

Victoria Henry
Director, Canada Council Art Bank

A certain senior cabinet minister left the Art Bank laughing in response to "We're fucked," the central text in Joanne Tod's painting *Kiss This Goodbye*. A senior civil servant likes to show off "her" Burtynsky photograph. A senator chose *Hells Bells – The Lord Is Boreing*, a whirligig that includes a red devil, God, and a drill bit by sculptor Victor Tiede, for her Senate office. A prestigious legal firm made a major sculpture by Roland Poulin the centrepiece of its reception area. Art works rented from the Canada Council Art Bank collection have enhanced vice-regal residences and government and corporate offices for the last thirty-five years, displaying the tastes and values of the renters and charming, provoking, and delighting employees and visitors alike.

Thirty-five years ago, Suzanne Rivard Le Moyne, a visual arts officer at the Canada Council, looked for a way to support the fledgling Canadian visual art community. Her concept of supporting artists by purchasing their work and then renting it to government departments received support from every level: the Director of the Canada Council, André Fortier; the President of the Treasury Board, Al Johnson (who subsequently became the President of the CBC and was the first Art Bank client); and the Secretary of State, Gérard

L'histoire d'une vie

Victoria Henry
Directrice, Banque d'œuvres d'art
du Conseil des Arts du Canada

Un certain ministre important quitte la Banque d'œuvres d'art en riant en réaction à « We're fucked », le texte au centre du tableau *Kiss This Goodbye*, de Joanne Tod. Une haute fonctionnaire aime montrer « sa » photographie de Burtynsky. Un sénateur choisit *Hells Bells – The Lord Is Boreing*, une girouette réunissant un diable rouge, Dieu et un foret, du sculpteur Victor Tiede, pour son bureau au Sénat. Un prestigieux cabinet d'avocats a fait d'une sculpture de Roland Poulin la pièce maîtresse de son aire de réception. Les pièces louées de la Banque d'œuvres d'art du Conseil des Arts du Canada ornent des résidences vice-royales ainsi que des bureaux du gouvernement et d'entreprises depuis 35 ans, reflétant les goûts et les valeurs des locataires et charmant, provoquant et enchantant les employés autant que les visiteurs.

Il y a 35 ans, Suzanne Rivard Le Moyne, agente des arts visuels au Conseil des Arts du Canada, cherchait un moyen d'aider la jeune communauté canadienne des arts visuels. Son idée d'acheter des œuvres d'art pour ensuite les louer aux organismes gouvernementaux fut accueillie avec enthousiasme à tous les niveaux : le directeur du Conseil des Arts, André Fortier ; le président du Conseil du Trésor, Al Johnson (devenu plus tard président de la CBC et premier client de la Banque d'œuvres

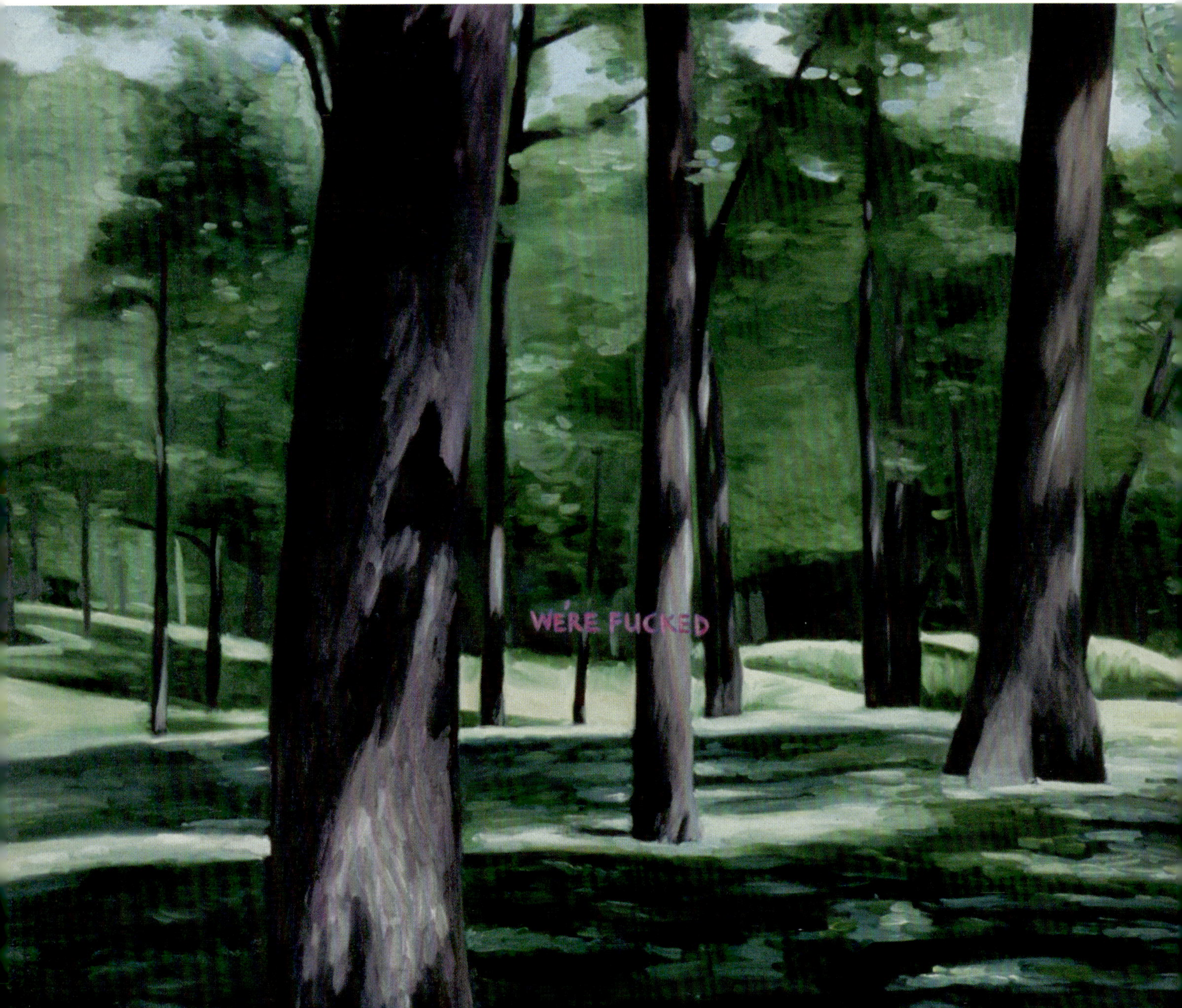

Joanne Tod, *Kiss This Goodbye*, 1984. 85/6-0135. Yvan Boulerice

Pelletier. The Art Bank was immediately viable because of two key elements: the money allocated – $1 million dollars a year for five years – and the Treasury Board policy ensuring that art displayed in public offices must be rented from the Canada Council Art Bank. Today, Suzanne Rivard Le Moyne's creation has earned international renown for its success.

Luke Rombout was the Art Bank's first director. From 1972 until 1974, he spent more than $2.5 million on purchases, usually with the advice of an ad hoc jury that travelled with him across the country. They visited artist's studios and dealers, chose the works they wished to purchase, and submitted their choices to Suzanne Rivard Le Moyne and André Fortier for final approval.

After Luke Rombout's departure from the Art Bank, Chris Youngs was appointed interim consultant for purchases, and he served as director from 1976 until 1981. In *The Art Bank Report: The First Five Years*, Youngs announced that by early 1977, there were seven thousand artworks in the collection, with a total value of $4 million. In his 1977 submission to Treasury Board requesting a continuation of the original Treasury Board allocation for the Art Bank, Youngs proposed a number of new programs: an expansion of the client base to include municipal and provincial government offices, a Repurchase Program, a Loan Program, and a Special Purchase Assistance Program. Additional finances were approved for a period of four years for both purchases and administration, but before long it was reduced to cover administration fees only, and it was cancelled entirely in 1979 as a consequence of general budget cuts.

d'art) ; et le secrétaire d'État, Gérard Pelletier. La Banque d'œuvres d'art fut immédiatement viable grâce à deux éléments clés : les fonds affectés – un million de dollars par année pendant cinq ans – et la politique du Conseil du Trésor visant à assurer que les œuvres exposées dans les bureaux publics étaient louées de la Banque d'œuvres d'art du Conseil des Arts du Canada. Aujourd'hui, le succès du programme créé par Suzanne Rivard Le Moyne est reconnu à l'échelle internationale.

Luke Rombout fut le premier directeur de la Banque d'œuvres d'art. De 1972 à 1974, il consacra plus de deux millions et demi de dollars aux acquisitions, habituellement sur les conseils d'un jury ad hoc qui voyageait avec lui d'un bout à l'autre du pays. Ils visitaient des studios et des agents d'artistes, choisissaient les œuvres qu'ils souhaitaient acheter et soumettaient leurs choix à l'approbation de Suzanne Rivard Le Moyne et d'André Fortier.

Après le départ de Luke Rombout, Chris Youngs fut nommé conseiller par intérim aux acquisitions, puis directeur de 1976 à 1981. Dans le rapport *Conseil des Arts, Banque d'œuvres d'art : les premières cinq années*, Youngs annonça que la collection comptait, au début de 1977, 7 000 œuvres d'art d'une valeur totale de quatre millions de dollars. Dans sa présentation de 1977 au Conseil du Trésor, par laquelle il demandait à celui-ci de renouveler son affectation initiale à la Banque, Youngs proposa un certain nombre de nouveaux programmes : un programme d'expansion de la clientèle afin d'inclure les bureaux des administrations municipales et provinciales, un programme de rachat, un programme de prêts et un programme d'aide aux acquisitions spéciales. Des fonds additionnels

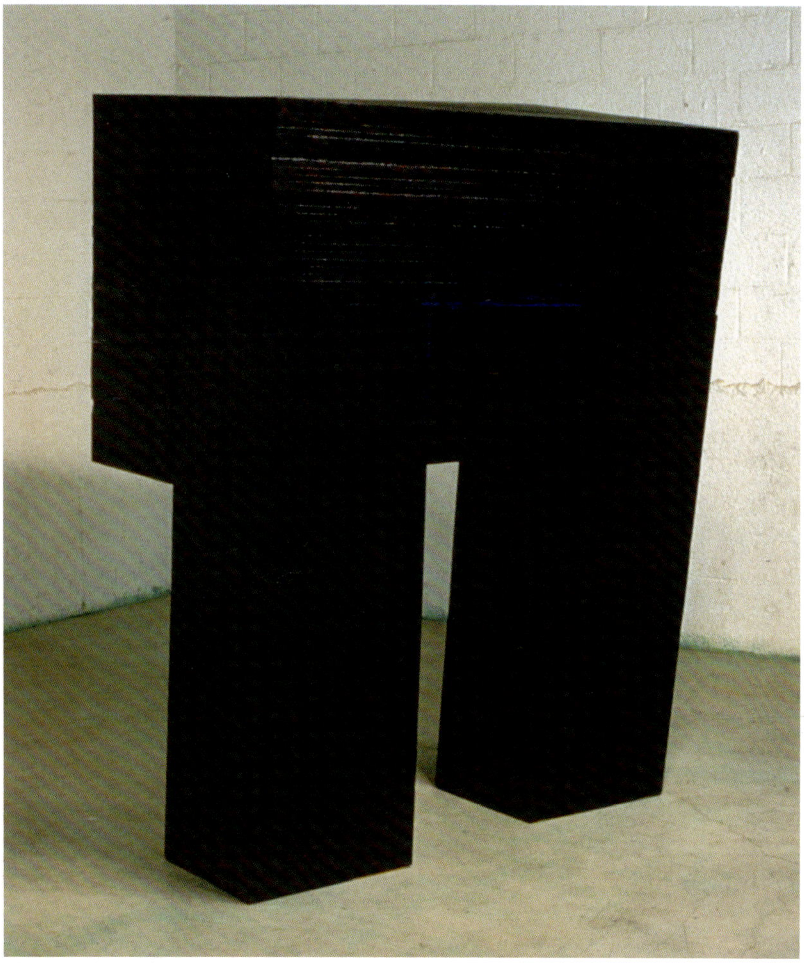

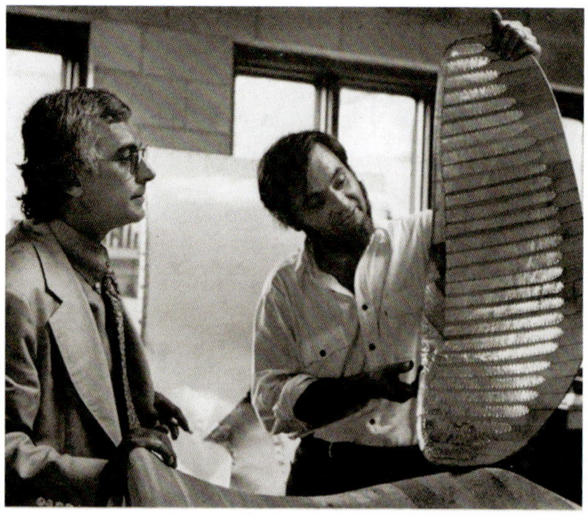

Roland Poulin, *Qui s'élève dans son ombre*, © 1988 CARCC. 89/90-0035

top right / en haut, à droite : Luke Rombout visiting the studio of Ottawa artist Alex Wyse / Luke Rombout visitant le studio d'Alex Wyse, artiste d'Ottawa (1974). Eberhard Otto

The Repurchase Program, first introduced in 1977, was, arguably, ill considered. Few artists were in a position to repurchase their work, but the concept of treating the Art Bank as a pawn shop, from which they could repurchase their work for cost plus a small administrative fee, captured the imaginations of many, and it came to be considered a right. Only those who were most successful could afford to repurchase their work, and often work was repurchased, not by artists, but by dealers who had pre-existing clients for it. This program destabilized the Art Bank collection because what had been a

furent approuvés pour une période de quatre ans, tant pour les acquisitions que pour l'administration, mais ils ne tardèrent pas à être réduits aux frais administratifs seulement, puis annulés entièrement en 1979 par suite des compressions budgétaires générales.

Le programme de rachat, lancé en 1977, était sans doute mal avisé, car les artistes étaient peu nombreux à avoir les moyens de racheter leurs œuvres. Néanmoins, l'idée de traiter la Banque d'œuvres d'art comme un prêteur sur gages, auprès de qui les artistes pouvaient racheter leurs œuvres au prix coûtant plus de faibles frais d'administration, capta l'imagination de bien des gens et cette pratique finit par être considérée comme un droit. Seuls les artistes les plus réputés pouvaient racheter leurs œuvres et celles-ci étaient souvent rachetées non pas par les artistes mais par des marchands qui avaient déjà des clients à qui les revendre. Ce programme déstabilisa la collection de la Banque d'œuvres d'art parce que ce qui avait été un mélange éclectique perdit bon nombre de ses premières étoiles. Laing Brown, collectionneur de Vancouver et ancien président de la Vancouver Art Gallery, raconte avoir vu

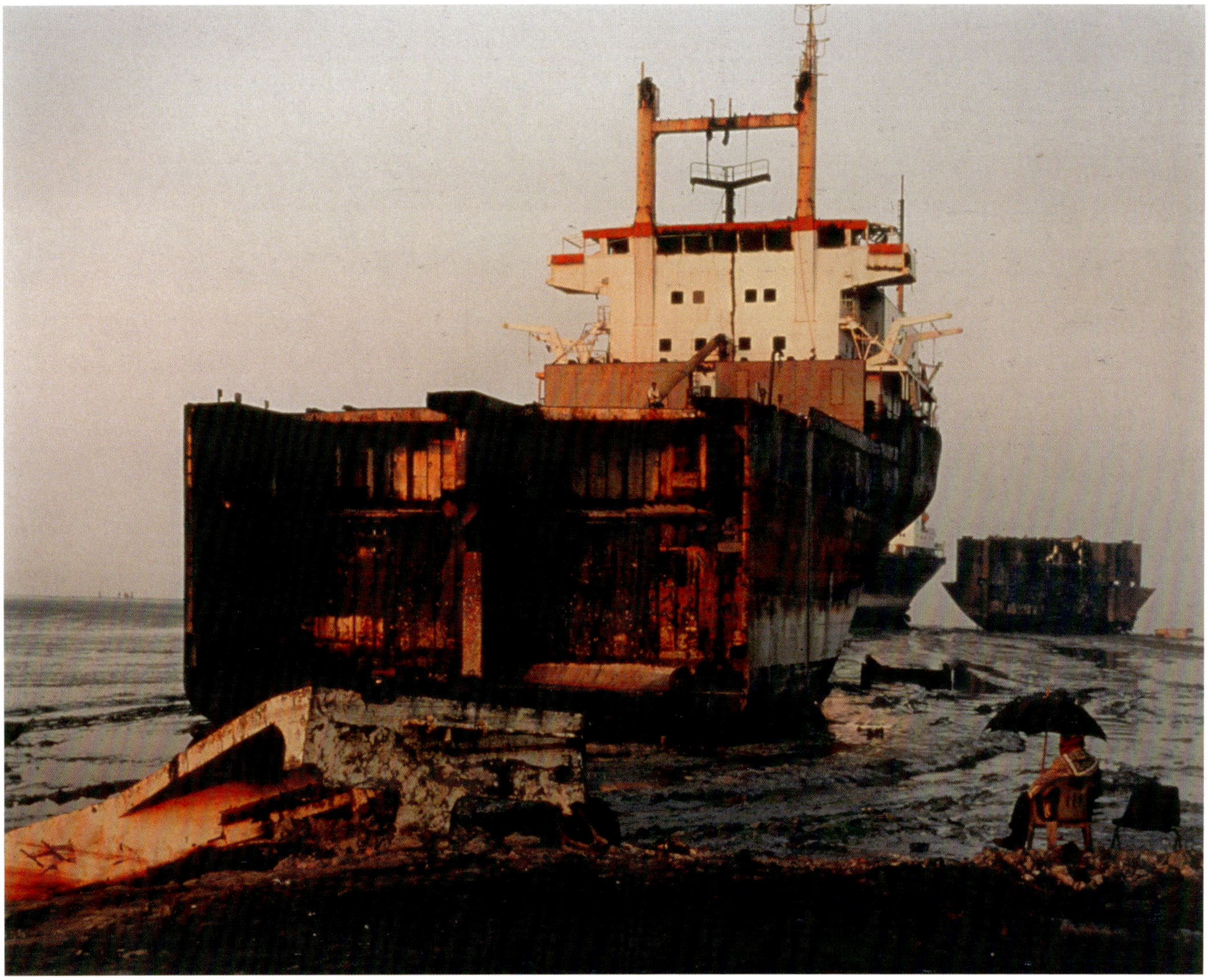

Edward Burtynsky, *Shipbreaking #3, Chittagong, Bangladesh*, 2000. 03/4-0088

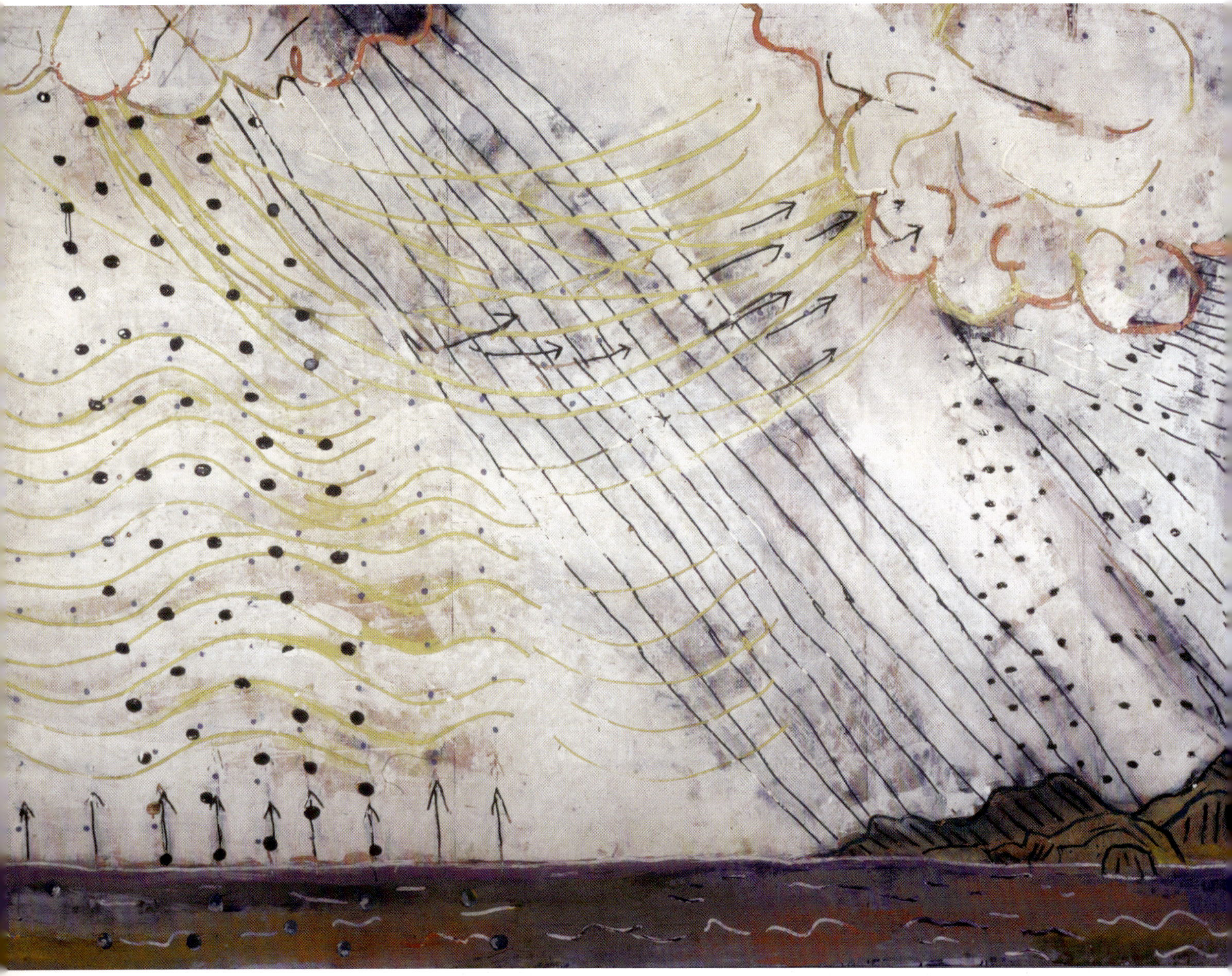

Paterson Ewen, *Full Circle – Flag Effect*, 1974. 76/7-0104

catholic and eclectic mix lost many of its early stars. Laing Brown, a Vancouver collector and former President of the Vancouver Art Gallery, tells of seeing *Full Circle – Flag Effect*, by Paterson Ewen, in the office of the Commissioner General for Expo '86 and falling in love with the work. Brown approached Ewen's dealer, Carmen Lamanna, who repurchased the work, with the artist's permission, for Brown's collection. Between 1980 and 1990, Lamanna repurchased almost all of Ewen's works from the Art Bank. The few remaining pieces were repurchased by the artist's wife Mary Handford in 1995. In 1999, all artists were invited to repurchase their work as a last offering, and then the program was cancelled.

When Treasury Board withdrew support for purchases in 1978 and all support shortly after, the Board of the Canada Council came to the Art Bank's rescue. At first it allocated purchase dollars from its own arts granting budget, and then in 1978 it took over full responsibility for the Art Bank program. What remained in place, however, were the new programs initiated in 1977, programs arguably not consistent with the original intent of the Art Bank.

To understand and evaluate its position, the Canada Council board commissioned Dr. Davidson Dunton to investigate the framework and operations of the Art Bank and make recommendations for its future. *The Canada Council Art Bank, a Report Commissioned from Davidson Dunton*, published in 1979, recommended that the Art Bank be managed on a cost recovery basis, exclusive of purchases. It also recommended that the programs initiated in 1977 be dropped or financed separately by the Canada Council. While Dunton recognized

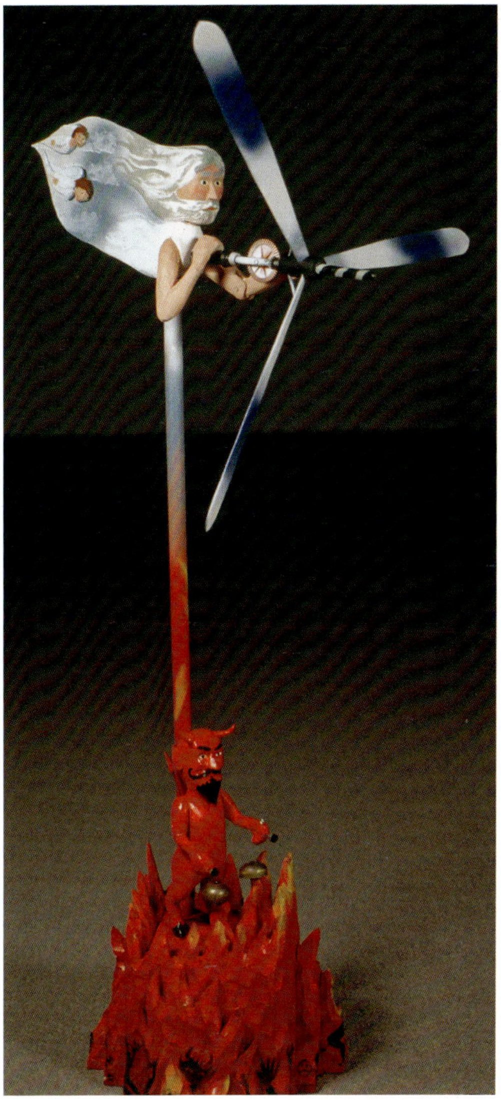

Victor Tiede, *Hells Bells – The Lord Is Boreing*, 1994.
94/5-0174

Full Circle – Flag Effect de Paterson Ewen, dans le bureau du commissaire général d'Expo 86, et en être tombé amoureux. Il prit contact avec l'agente d'Ewen, Carmen Lamanna, qui racheta l'œuvre, avec la permission de l'artiste, pour la collection de Brown. Entre 1980 et 1990, Mme Lamanna racheta presque toutes les œuvres d'Ewen que possédait la Banque d'œuvres d'art. Les quelques œuvres restantes

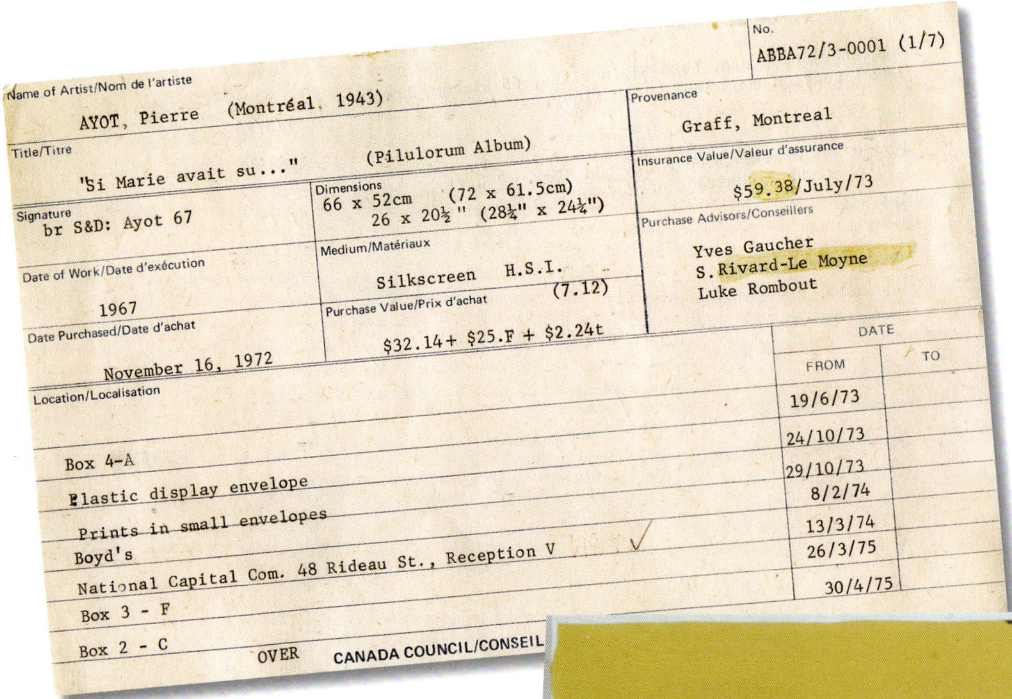

No.
ABBA72/3-0001 (1/7)

Name of Artist/Nom de l'artiste
AYOT, Pierre (Montréal, 1943)

Provenance
Graff, Montreal

Title/Titre
"Si Marie avait su..." (Pilulorum Album)

Insurance Value/Valeur d'assurance
$59.38/July/73

Signature
br S&D: Ayot 67

Dimensions
66 x 52cm (72 x 61.5cm)
26 x 20½" (28¼" x 24¼")

Purchase Advisors/Conseillers
Yves Gaucher
S. Rivard-Le Moyne
Luke Rombout

Date of Work/Date d'exécution
1967

Medium/Matériaux
Silkscreen H.S.I.

Purchase Value/Prix d'achat
(7.12)
$32.14+ $25.F + $2.24t

Date Purchased/Date d'achat
November 16, 1972

Location/Localisation

	DATE FROM	TO
	19/6/73	
Box 4-A	24/10/73	
Plastic display envelope	29/10/73	
Prints in small envelopes	8/2/74	
Boyd's	13/3/74	
National Capital Com. 48 Rideau St., Reception V	26/3/75	
Box 3 - F	30/4/75	
Box 2 - C		

OVER CANADA COUNCIL/CONSEIL

The first art work card, 1972. Luke Rombout established an efficient file card system. It was later replaced by ARCA (art rental client activity), created by the Canada Council for the Arts to meet the particular needs of the collections management and art rental clients and contracts. / La première fiche d'une œuvre d'art, 1972. Luke Rombout a établi un système efficace de fiches signalétiques qui a plus tard été remplacé par ARCA (art rental / client activity), créé par le Conseil des Arts du Canada pour répondre aux besoins de la gestion des collections ainsi que des clients et des contrats de location d'œuvres d'art.

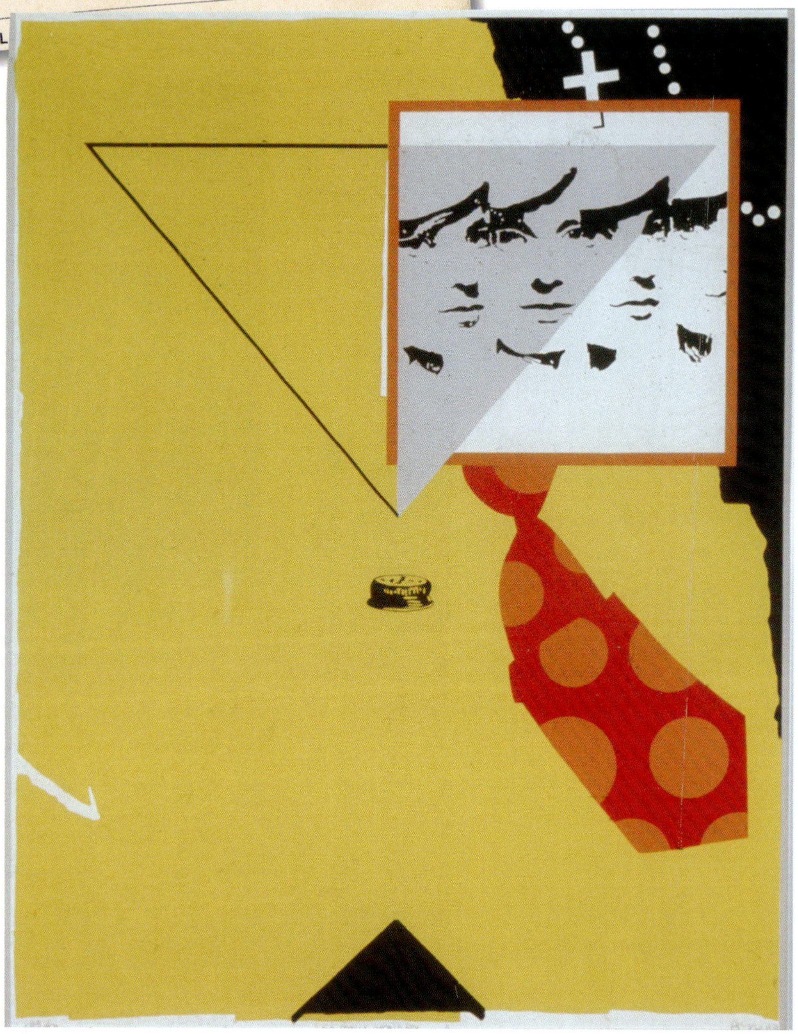

right / à droite :
Pierre Ayot, *Si Marie avait su . . .*, 1967, the first work purchased by the first Art Bank jury: Luke Rombout, Suzanne Rivard Le Moyne, and Yves Gaucher. / L'œuvre fut la toute première achetée par le premier jury de la Banque d'œuvres d'art, qui se composait de Luke Rombout, de Suzanne Rivard Le Moyne et d'Yves Gaucher. 72/3-0001. Yvan Boulerice

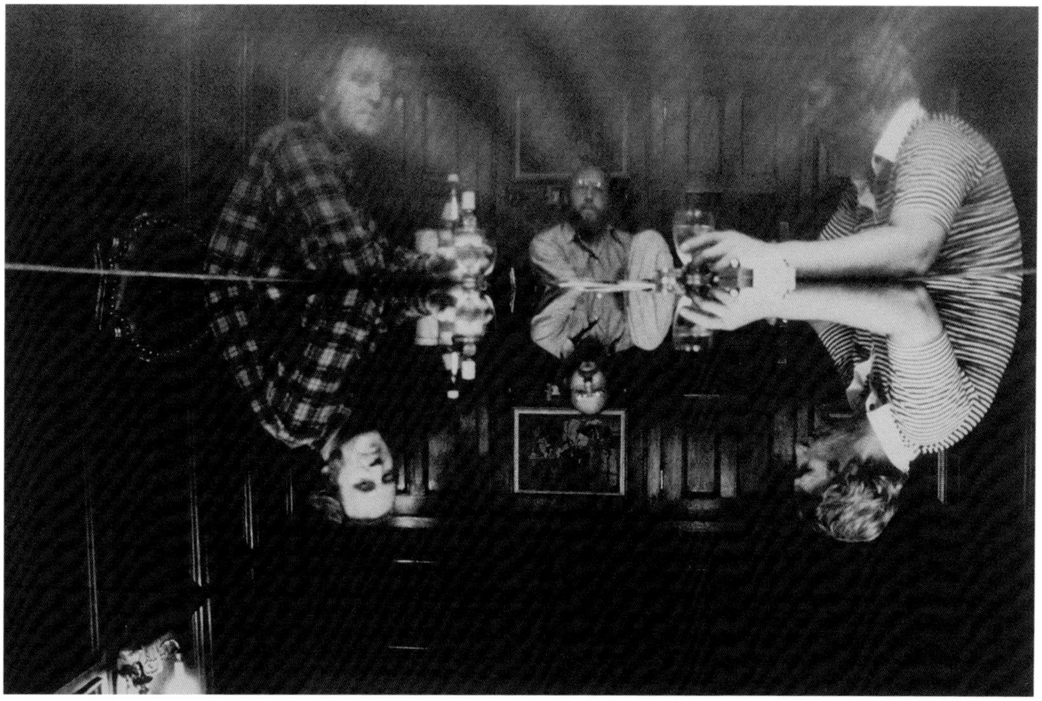

Iain Baxter, *Aesthetic decision from the collective*, 1979. A time-lapse photograph of jury members Iain Baxter, Chris Youngs, and Ted Godwin. / Photographie prise à intervalles réguliers des membres du jury, soit Iain Baxter, Chris Youngs et Ted Godwin. National Gallery of Canada, Ottawa / Musée des beaux-arts du Canada, Ottawa.

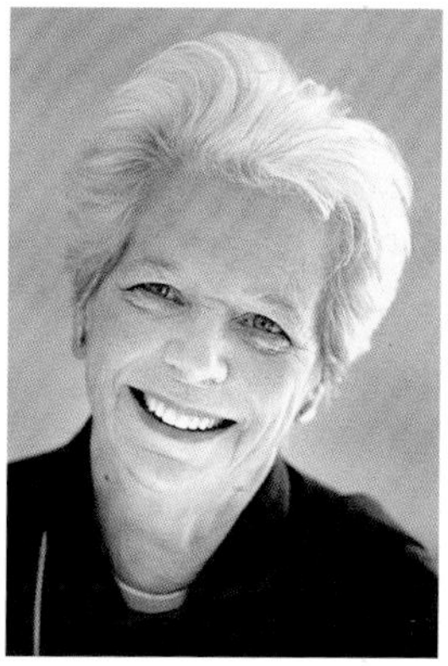

Suzanne Rivard Le Moyne, winner of a 2003 Governor General's Award in Visual and Media Arts for her contribution to the arts in Canada. "I didn't want power for myself," she said, "I wanted it for the artists." / Suzanne Rivard Le Moyne, lauréate du Prix du Gouverneur général en arts visuels et en arts médiatiques pour sa contribution aux arts au Canada. « Le pouvoir, je n'en voulais pas pour moi-même, dit-elle ; je le voulais pour les artistes. » Dominique Malaterre / TILT Inc.

the inherent tension between "supporting newly produced Canadian art" and purchasing "works that would readily appeal to prospective clients," he commented that the Art Bank was not conceived of as just a service agency and that its two original goals, to support artists and to rent art to government offices, had to be maintained. The report also recommended that the Art Bank undertake new marketing initiatives in order to increase its client base and art rental revenues.

During his tenure as Head of the Art Bank from 1981 to 1995, Bill Kirby focused on public programming and outreach to the community. Under his direction, the Art Bank maintained an extensive library and slide collection,

furent rachetées par l'épouse de l'artiste, Mary Handford, en 1995. En 1999, tous les artistes furent invités une dernière fois à racheter leurs œuvres, après quoi le programme fut abandonné.

Lorsque le Conseil du Trésor retira son appui pour les acquisitions en 1978 puis son appui complet peu après, le conseil d'administration du Conseil des Arts du Canada vint à la rescousse de la Banque. Au début, il lui affectait des fonds pour les acquisitions à même son propre budget de subventions aux arts puis, en 1978, il assuma l'entière responsabilité des opérations de la Banque d'œuvres d'art. Il laissa toutefois en place les nouveaux programmes lancés en 1977, lesquels ne concordaient pas nécessaire-

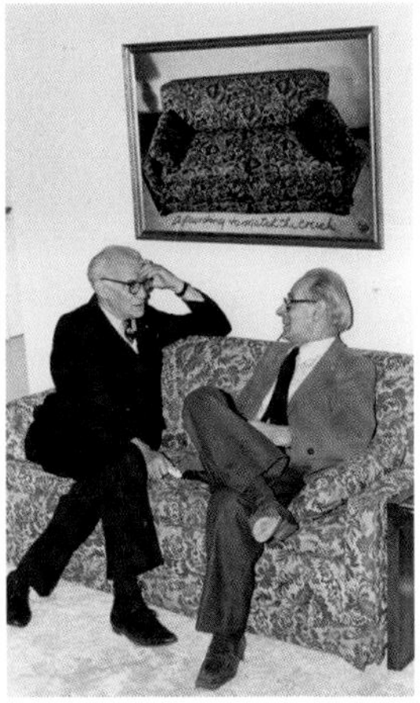

Opening party, Gladwin Crescent. Nicholas Goldschmidt and Franz Kraemar seated on the couch of an N.E. Thing Company art work, *A Painting to Match the Couch*, 1974-1975 (1981). / Fête d'ouverture, croissant Gladwin. Nicholas Goldschmidt et Franz Kraemar assis sur le divan d'une œuvre de la N.E. Thing Company, *A Painting to Match the Couch*, 1974-1975 (1981). 77/8-0172. David Barbour

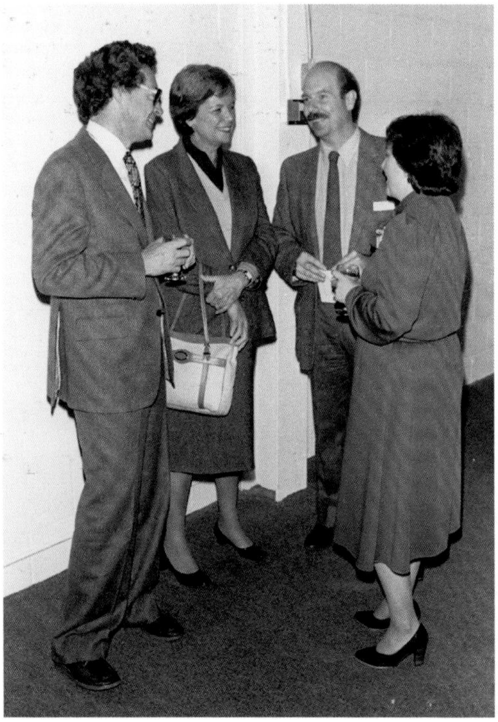

Celebration of the expansion of Gladwin Crescent to include a dedicated gallery space (1981). Timothy Porteous, Director of the Canada Council for the Arts; Suzanne Rivard Le Moyne; Bill Kirby, the new Director of the Art Bank; and Paulette Charrette, the Assistant Director. / Célébration de l'agrandissement des locaux du croissant Gladwin pour y aménager un espace d'exposition (1981). Timothy Porteous, directeur du Conseil des Arts du Canada ; Suzanne Rivard Le Moyne ; Bill Kirby, le nouveau directeur de la Banque d'œuvres d'art ; et Paulette Charrette, directrice adjointe. David Barbour

ment avec l'intention première de la Banque.

Pour comprendre et évaluer sa position, le conseil d'administration du Conseil des Arts du Canada demanda à Davidson Dunton d'étudier la structure et le fonctionnement de la Banque d'œuvres d'art et de faire des recommandations pour son avenir. Dans son rapport *La Banque d'œuvres d'art du Conseil des Arts du Canada : rapport préparé à la demande du Conseil à M. Davidson Dunton*, publié en 1979, M. Dunton recommandait que la Banque soit gérée selon le principe de la récupération des coûts, à l'exclusion des acquisitions. Il recommandait également que les programmes lancés en 1977 soient abandonnés ou financés séparément par le Conseil des Arts. Bien que M. Dunton ait reconnu la tension inhérente qui existait entre appuyer la production de nouvelles œuvres d'art canadiennes et acheter des œuvres susceptibles de plaire à des clients éventuels, il fit remarquer que la Banque n'était pas conçue uniquement comme un organisme de service et que ses deux objectifs initiaux, soit appuyer les artistes et louer des œuvres d'art aux bureaux du gouvernement, devaient être maintenus. Enfin, il recommandait que la Banque entreprenne de nouvelles initiatives de marketing afin d'accroître sa clientèle et les revenus tirés de la location d'œuvres d'art.

Durant son mandat à la tête de la Banque d'œuvres d'art, de 1981 à 1995, Bill Kirby se concentra sur la programmation publique et le rayonnement communautaire. Sous sa direction, la Banque maintint une importante collection de livres et de diapositives, organisa des visites publiques sur demande, créa un programme de bénévolat et expédia des expositions d'œuvres d'art en location pour des périodes

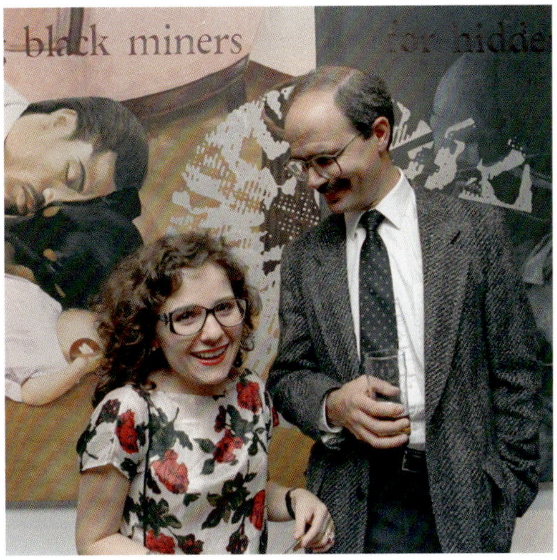

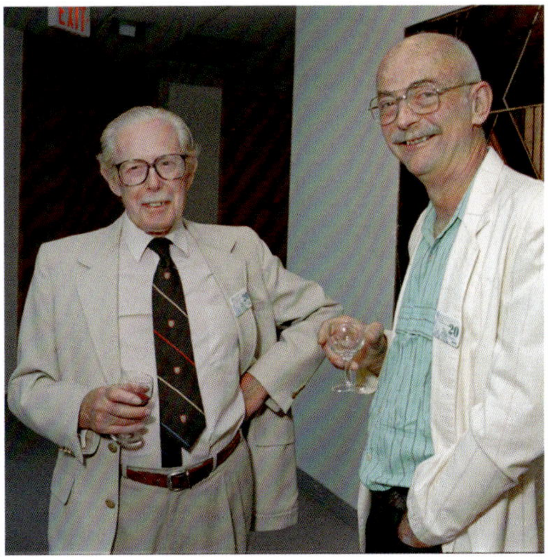

20th Anniversary Party / Fête du 20e anniversaire (1992). John Robertson, John Sadler. Justin Wonnacott

left / à gauche : Opening Ceremony, Catherine Street / Cérémonie d'ouverture, rue Catherine (1989). Yasmine Laroche, Don Stephenson. Justin Wonnacott

developed public tours on request, created a volunteer program, and sent lengthy art rental exhibitions across Canada. In 1989, Kirby led the move from its first home at 2279 Gladwin Crescent to a much larger space at 370 Catherine Street, which included a dedicated gallery, open to the public.

Two steps were undertaken during the early 1990s to increase revenue. The Art Bank re-activated the 1977 Repurchase Program and attempted to expand the client base to include corporate clients. Kirby also worked with Joyce Zemans, the Canada Council's new director, and Alan Gottlieb, its Chair, to re-establish the Art Bank's position with Treasury Board as the sole supplier of art works to government, a position it had lost in the shake-ups of the late 1970s. The resulting Policy on Works of Art on Government Property was approved in 1992. These changes were, in a way, too successful. By 1992, the Art Bank faced a severe shortage of works for its growing client base. The collection, while excellent in many ways, was becoming problematic, too. From the outset

prolongées dans tous les coins du pays. En 1989, M. Kirby dirigea le déménagement de la Banque, qui quitta ses premiers locaux du 2279, croissant Gladwin pour des locaux beaucoup plus spacieux au 370, rue Catherine, lesquels comprenaient une salle d'exposition ouverte au public.

Au début des années 1990, la Banque prit deux mesures en vue d'augmenter les revenus. Elle réactiva le programme de rachat de 1977 et s'efforça d'accroître sa clientèle en ouvrant sa collection au secteur privé. M. Kirby travailla également avec Joyce Zemans, la nouvelle directrice du Conseil des Arts, et Alan Gottlieb, son président, pour rétablir la position de la Banque auprès du Conseil du Trésor comme unique fournisseur d'œuvres d'art au gouvernement, position qu'elle avait perdue dans les chambardements de la fin des années 1970. Il en résulta une politique sur les œuvres d'art dans les édifices gouvernementaux qui fut approuvée en 1992. Ces changements eurent, d'une certaine façon, trop de succès car, dès 1992, la Banque d'œuvres d'art faisait face à une grave

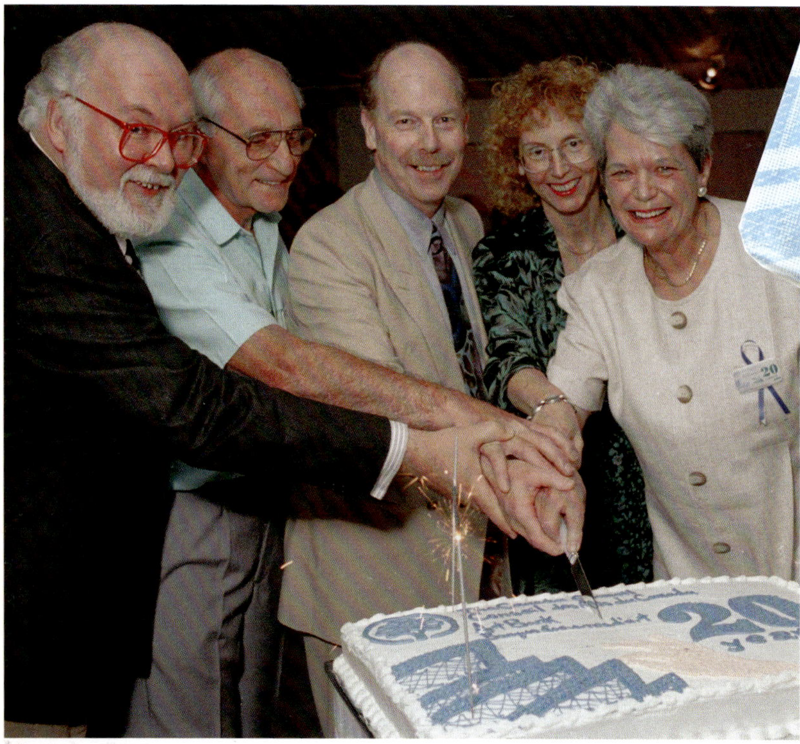

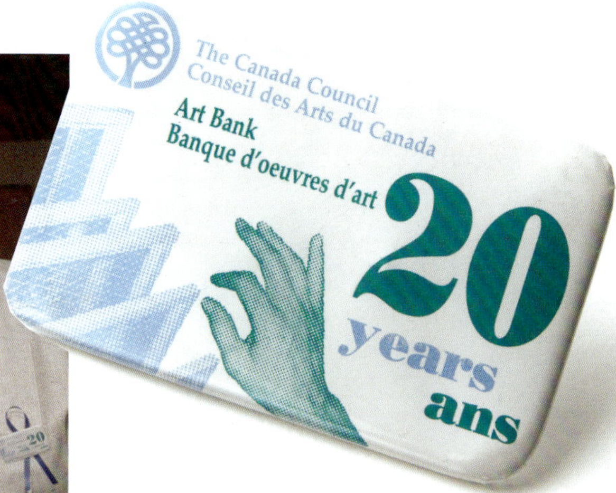

20th Anniversary Party / Fête du 20e anniversaire (1992). Jacques Lefebvre, André Fortier, Bill Kirby, Joyce Zemans, Suzanne Rivard Le Moyne. Justin Wonnacott

right / à droite : 20th Anniversary Button, 1992 / Bouton du 20e anniversaire, 1992. Lipman Still Pictures

and throughout the 1980s, juries had not been charged with deciding whether works of art were pertinent to the art rental program; they selected the best of what was offered solely on the basis of artistic merit. As late as 1990, when issues of storage and conservation were clearly becoming paramount, the Purchase Program documents did not include any reference to meeting the needs of the Art Bank's clients. The Bank needed either to curtail programming or to seek further resources to expand.

For some time, however, the Canada Council had considered Art Bank expenses a burden. In 1994, the board, concerned with the Art Bank deficit of $2.1 million (which included operational expenses, purchases, and the Special Purchase Assistance Program) commissioned a review by the financial management firm, Gallagher and Associates. Their report,

pénurie d'œuvres pour sa clientèle grandissante. Bien qu'excellente à bien des égards, la collection devenait aussi problématique. Dès le début et tout au long des années 1980, on ne demandait pas aux jurys de juger de la pertinence des œuvres pour le programme de location ; ils choisissaient ce qu'il y avait de mieux dans ce qu'on leur offrait en se fondant uniquement sur le mérite artistique. En 1990, alors que les problèmes d'entreposage et de conservation sont nettement devenus critiques, les documents relatifs au programme d'acquisition ne faisaient encore aucune mention de la nécessité de répondre aux besoins des clients de la Banque. Celle-ci devait ou bien réduire ses programmes, ou bien chercher d'autres ressources afin de prendre de l'expansion.

Depuis un certain temps, toutefois, le Conseil des Arts du Canada considérait comme un fardeau les dépenses de la Banque d'œuvres d'art. En 1994, son conseil d'administration, préoccupé par le déficit de 2,1 millions de dollars de la Banque (ce qui comprenait les dépenses de fonctionnement, les acquisitions et le programme d'aide aux acquisitions spéciales), chargea la société de gestion financière

Management Practices at the Canada Council Art Bank, primarily considered the need for tighter financial controls and greater concentration on the primary objective: renting art. This damaging report clearly influenced the decision of the Board of the Canada Council to announce the closure of the Art Bank in 1995.

The huge public outcry that followed forced the board to reconsider its position, and it established the Art Bank Transition Committee, chaired by Arthur Kroeger, to investigate what should be done. In response to the committee's recommendation that management of the Art Bank should be contracted out, a number of organizations offered solutions for its management, none of which was accepted. Instead, in 1996, Luke Rombout was asked to return to the Art Bank to manage a major reorganization. He identified new and less expensive premises on St. Laurent Boulevard, cut the outreach programs, and began to work with a smaller staff. Rombout convinced the board that the Art Bank could survive if it were managed from within the Canada Council on a cost-recovery basis. Revenues had however dropped to just over $1.1 million in 1996-1997 and did not start to rise immediately, partly because the public outcry had created insecurity about the continuing operation of the Art Bank, and partly because, at the same time, Treasury Board dropped the Policy on Works of Art on Government Property, thus allowing government departments the freedom to rent or buy from wherever they chose.

In May, 1999, I was appointed the Art Bank's fifth director, with a mandate to manage it with a break-even budget, increase revenues, and significantly expand the number of

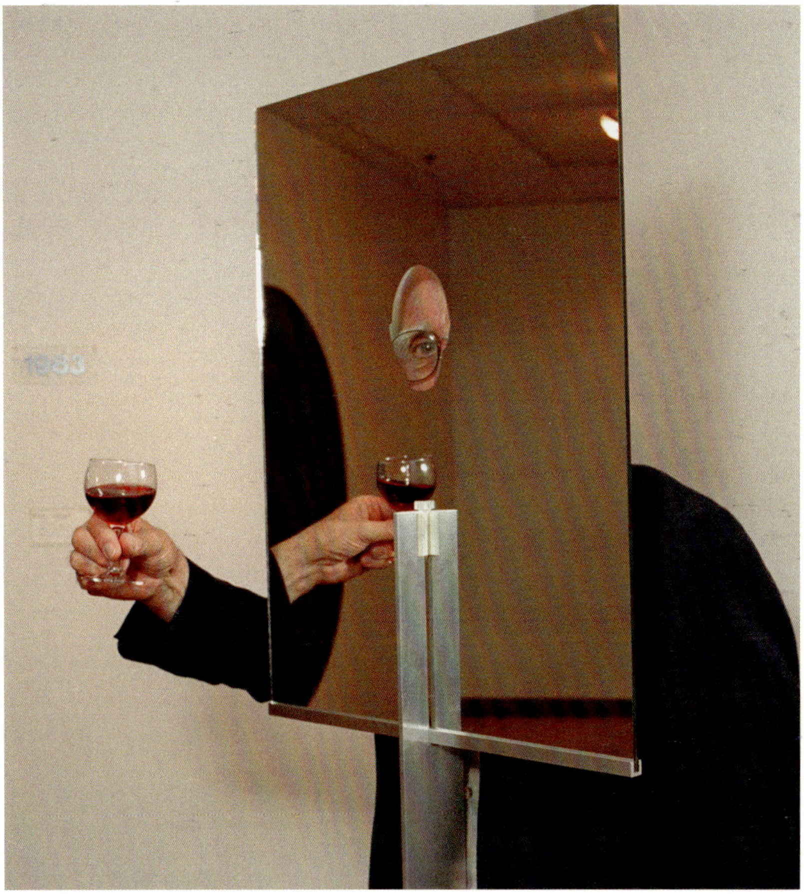

20th anniversary party (1992). The artist Juan Geuer peeks through the hole in his work *Self-Portrait*, 1988. "It is my purpose to study perception beyond science and art," Geuer said. / Fête du 20e anniversaire (1992). L'artiste Juan Geuer regardant par le trou dans son œuvre *Self-Portrait*, 1988. « Mon but est d'étudier la perception au-delà de la science et de l'art », disait-il. 91/2-0229. Justin Wonnacott

Gallagher and Associates d'examiner la situation. Dans son rapport, *Management Practices at the Canada Council Art Bank*, celle-ci s'arrêta surtout au besoin d'instaurer des contrôles financiers plus rigoureux et de se concentrer davantage sur l'objectif premier de la Banque : la location d'œuvres d'art. Il est clair que ce rapport dommageable influença le conseil d'administration dans sa décision d'annoncer la fermeture de la Banque d'œuvres d'art en 1995.

Forcé de réévaluer sa position par le tollé général qui s'ensuivit, le conseil d'administration mit sur pied le comité de transition de la Banque d'œuvres d'art, présidé par Arthur Kroeger, afin de déterminer ce qu'il devait faire. En réponse

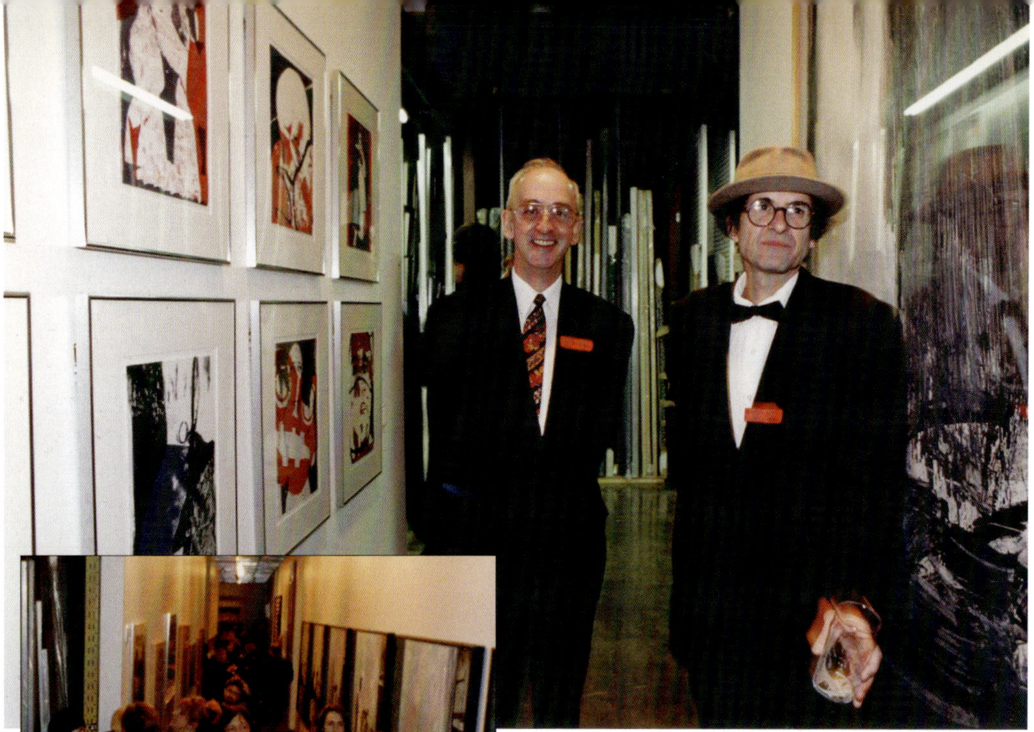

right / à droite: Yves Dagenais, Sylvain Cousineau. Opening party, St. Laurent Boulevard. / Fête d'ouverture, boulevard St. Laurent (1999). Peter Knippel

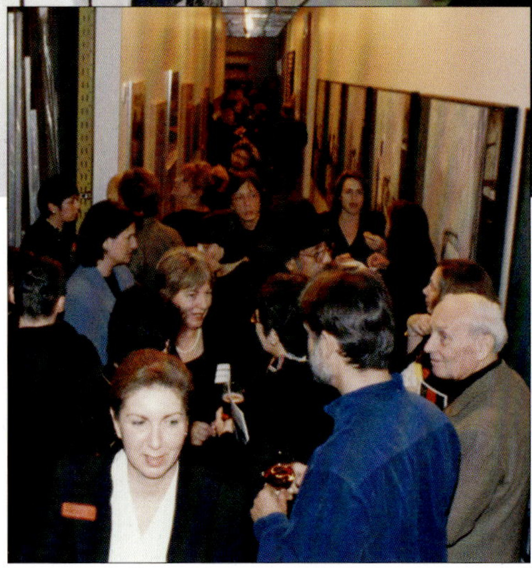

corporate clients. With experience in both private and public sectors, I was expected to operate the Bank as a business. The staff was reorganized into effective teams, each with a specific client base and territory; an aggressive marketing program was developed that took advantage of every opportunity to raise the Art Bank's profile; systems were streamlined to ensure accurate financial reporting; and the work of appraising and conserving the Art Bank collection began. The new Art Advisory Committee, which included Matthew Teitelbaum, the Director of the Art Gallery of Ontario, Olga Korper, Director of the Olga Korper Gallery, David Thauberger, a Regina artist, Marlene Creates, an artist from St.

à la recommandation du comité de donner en sous-traitance la gestion de la Banque, un certain nombre d'organisations offrirent des solutions de gestion, mais aucune de celles-ci ne fut retenue. En 1996, on demanda plutôt à Luke Rombout de revenir à la Banque afin d'en gérer la réorganisation en profondeur. Celui-ci trouva de nouveaux locaux, moins coûteux, sur le boulevard St-Laurent, coupa les programmes de rayonnement et commença à travailler avec un effectif réduit. Il persuada le conseil d'administration que la Banque serait viable si elle était gérée au sein du Conseil des Arts selon le principe de la récupération des coûts. Cependant, les revenus, qui avaient baissé à un peu plus de 1,1 million de dollars en 1996-1997, ne se remirent pas à monter immédiatement, en partie parce que le tollé général avait créé une certaine insécurité quant à la survie de la Banque et en partie parce que, parallèlement, le Conseil du Trésor abandonna sa politique sur les œuvres d'art dans les édifices du gouvernement, laissant ainsi aux ministères la liberté de louer ou d'acheter auprès de qui ils voulaient.

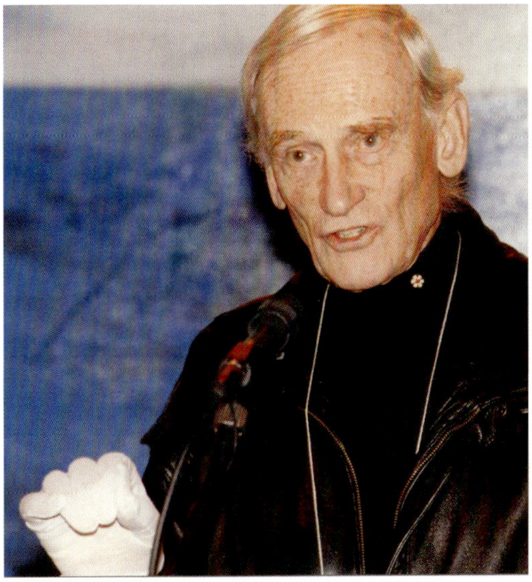

Jean-Louis Roux speaking at the Opening Party for the new Art Bank space (1999). The *Ottawa Citizen* called this party "the best non-bureaucratic party of the year." Guests were asked to wear black and were presented with conservator's white gloves at the door. The effect was spectacular. / Jean-Louis Roux prenant la parole lors de la fête d'ouverture des nouveaux locaux de la Banque d'œuvres d'art (1999). L'*Ottawa Citizen* qualifia cet événement de « meilleure fête non bureaucratique de l'année ». On avait demandé aux invités de s'habiller en noir et on leur remettait à l'entrée des gants blancs de conservateur de musée. Peter Knippel

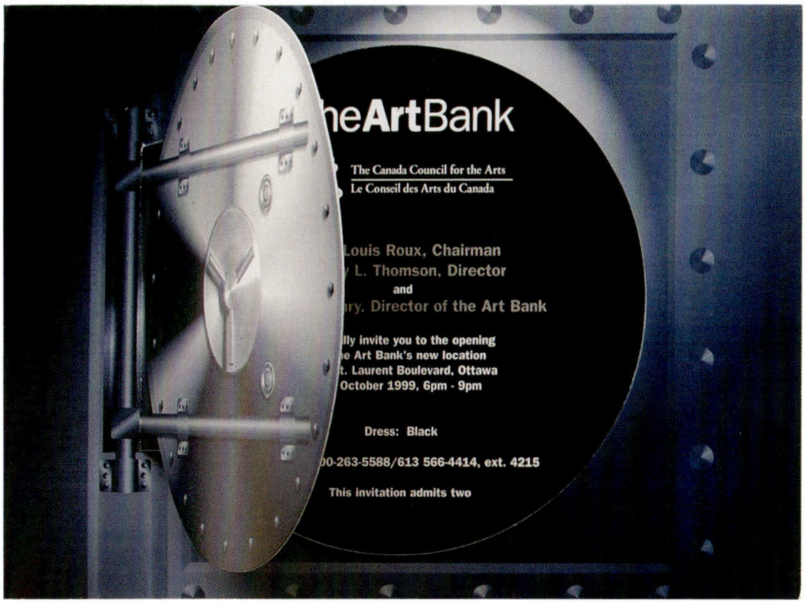

above right / ci-dessus, à droite :
Opening the Bank, moving party invitation / Ouverture de la Banque, invitation à la fête de déménagement (1999). Lipman Still Pictures

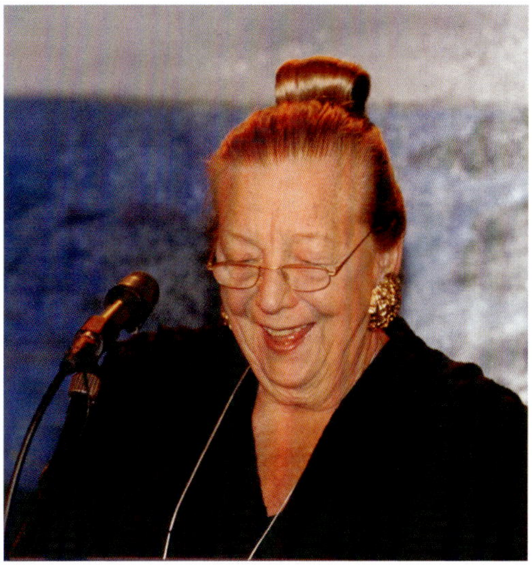

right / à droite :
Dr. Shirley Thomson, Director of the Canada Council for the Arts at the Opening Party, St. Laurent Boulevard / Dr Shirley Thomson, directrice du Conseil des Arts du Canada. Fête d'ouverture, boulevard St-Laurent (1999). Peter Knippel

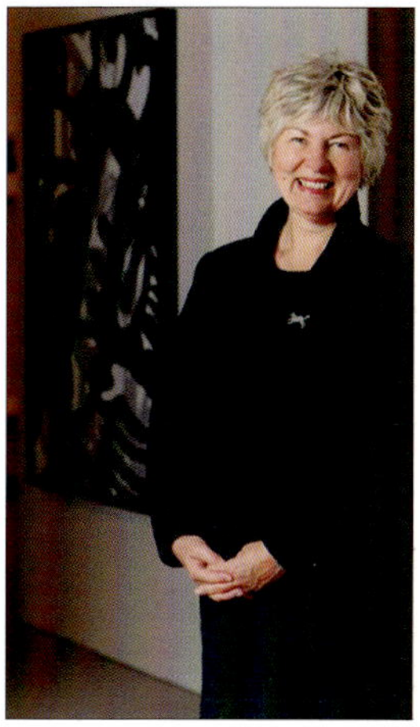

Victoria Henry and / et *Keeping Score*, © 2001 CARCC, by / de Alex Livingston. 02/3-0057. Valberg Imaging

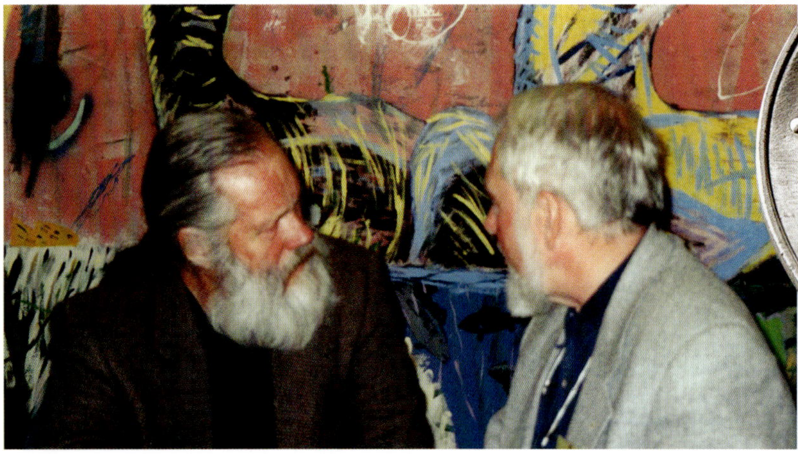

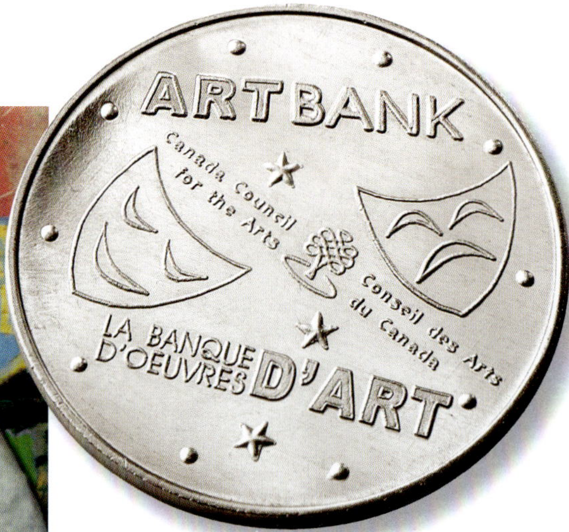

Art Bank Open House. Invitations were sent to all the high-tech businesses in the Ottawa area for the Art Bank open house, and artists were invited to describe their work. James Boyd and Tony Urquhart share a story in the Art Bank kitchen. / Journée portes-ouvertes à la Banque d'œuvres d'art. On avait envoyé des invitations à toutes les entreprises de haute technologie de la région d'Ottawa et invité les artistes à décrire leurs œuvres. James Boyd et Tony Urquhart partageant une anecdote dans la cuisine de la Banque (2000).
Art Bank Photo / Banque d'œuvres d'art

above right / ci-dessus, à droite : 30th Anniversary Doubloon / Doublon du 30e anniversaire (2002).
Lipman Still Pictures

John's, Newfoundland, and Marcel Brisebois, the Director of the Musée d'art contemporain de Montréal, helped to develop the Art Bank's new operating guidelines.

The move to St. Laurent Boulevard in Ottawa's car sales district, the reinstatement of art rental exhibitions in the National Capital Region, and three very public events dramatically increased the Art Bank's visibility and altered the public perception from "I thought it was closed" to renewed interest in the collection and enthusiasm for renting art. The *Ottawa Citizen* called the 1999 Moving Party, which marked the official opening, the "best non-bureaucratic party of the year." In 2001, the Art Bank purchased new art work for the first time in six years, spending $139,000, and posted a break-even year end.

The transition from an artist-centred organization to one run on a business basis was not easy. A full appraisal, completed in 2002, valued the thirty-year-old collection at over $60 million, but it needed attention. The 1995 *Report of the Art Bank Transition Committee* had included the recommendation that "a substantial reduction in the Art Bank's present holdings should be

En mai 1999, je suis devenue la cinquième directrice de la Banque d'œuvres d'art. Mon mandat consiste à la gérer de manière à atteindre le seuil de rentabilité, à accroître les revenus et à augmenter sensiblement le nombre de clients d'entreprises. Vu mon expérience dans les secteurs privé et public, on s'attendait à ce que je gère la Banque comme s'il s'agissait d'une entreprise. J'ai réorganisé le personnel en équipes efficaces, chacune ayant une clientèle et un territoire précis. J'ai mis sur pied un programme de marketing dynamique qui profite de toutes les occasions pour mettre en valeur la Banque. J'ai rationalisé les systèmes afin d'assurer la présentation de rapports financiers exacts et j'ai entrepris le travail associé à l'évaluation et à la conservation de la collection de la Banque. Le nouveau comité consultatif en arts visuels, qui se composait de Matthew Teitelbaum, directeur du Musée des beaux-arts de l'Ontario, Olga Korper, directrice de l'Olga Korper Gallery, David Thauberger, artiste de Regina, Marlene Creates, artiste de St. John's, à Terre-Neuve, et Marcel Brisebois, directeur du Musée d'art contemporain de Montréal, m'a aidée à élaborer les nouvelles lignes directrices du fonctionnement de la Banque.

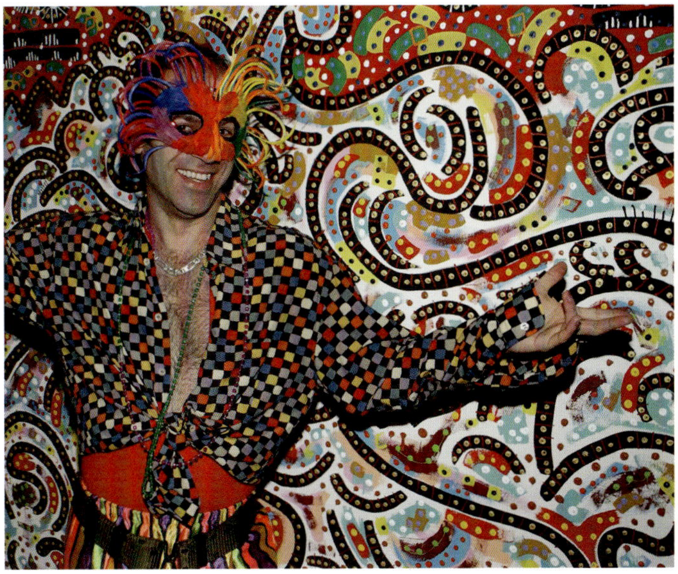

Marwan El-Rassi. Valberg Imaging

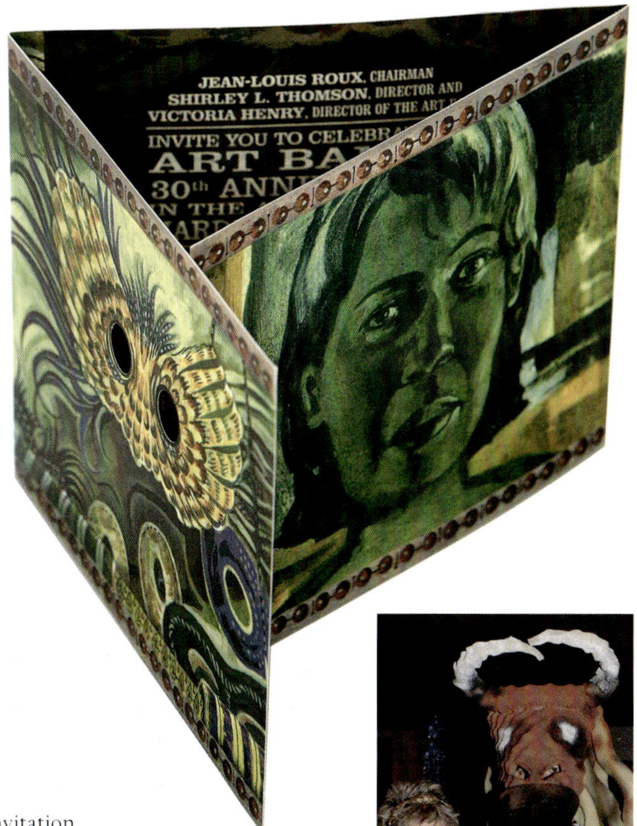

right / à droite :
30th Anniversary invitation, from original art work by Mark Marsters / Invitation au 30e anniversaire, tirée d'une œuvre originale de Mark Marsters (2002). Lipman Still Pictures

effected." In 2000-2001, the board approved a suggested divestment target of three thousand works, including multiples, the film and video collection, which had been purchased without broadcast rights, and installation works that, because of their size, could not be rented. In consultation with the artists involved, as of June 2005, the Art Bank had divested itself of 375 works, often by giving them to other institutions. For example, the entire film and video collection was donated to the Nova Scotia College of Art and Design as a foundation for its new Film and Video Resource Centre, and large installations were accepted by collecting institutions across Canada. The divestment project has been a success because of the involvement of the artists at every stage of the process.

Le déménagement sur le boulevard St-Laurent, dans le secteur des concessionnaires d'automobiles d'Ottawa, le rétablissement d'expositions d'œuvres d'art en location dans la région de la capitale nationale et l'organisation de trois événements très médiatisés ont grandement contribué à augmenter la visibilité de la Banque et à renouveler auprès du public, qui pensait que la Banque était fermée, l'intérêt pour la collection et l'enthousiasme pour la location d'œuvres d'art. La fête soulignant notre déménagement en 1999, qui marqua notre ouverture officielle, fut décrite dans l'*Ottawa Citizen* comme « la meilleure fête non bureaucratique de l'année ». En 2001, la Banque d'œuvres d'art se remit à acheter de nouvelles œuvres pour la première fois en six

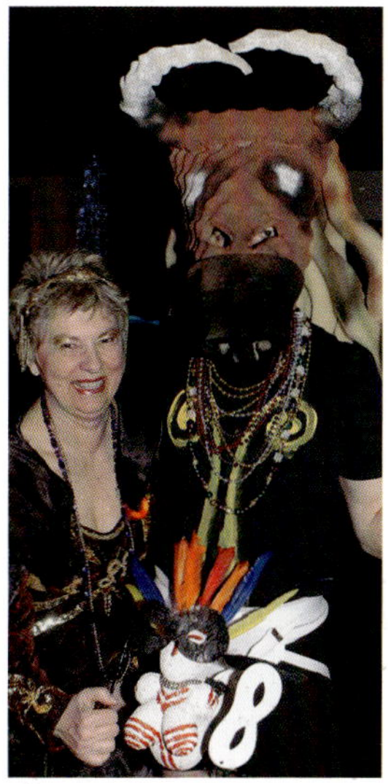

Mardi Gras celebration of the 30th Anniversary / Célébration du 30e anniversaire par une soirée de Mardi gras. Victoria Henry, André Martel (2002). Valberg Imaging

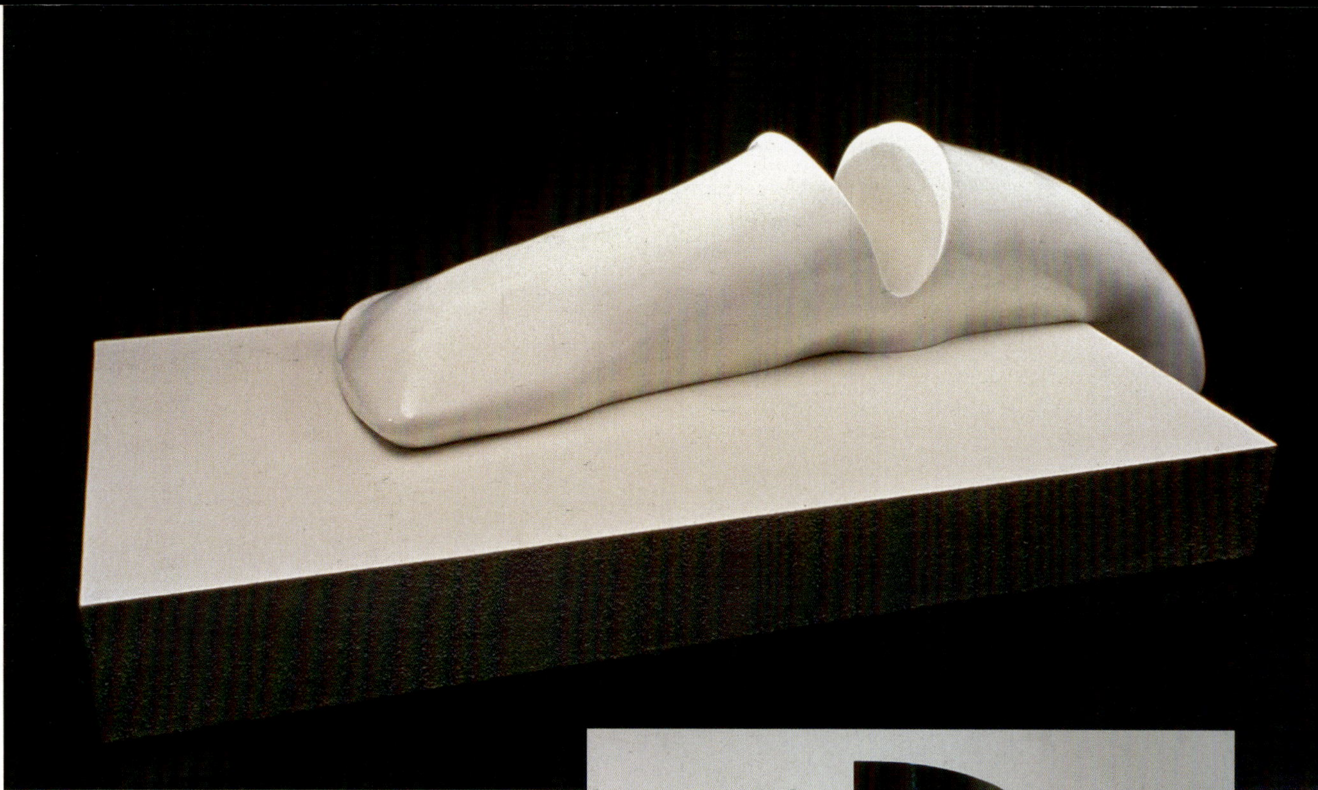

Walter Redinger, *Spermatogenesis #1*, 1969. For its 2005 exhibition, *The Sixties in Canada*, the National Gallery of Canada borrowed eight significant works including *Spermatogenesis #1*. The work was completely restored to its original condition. / Pour son exposition de 2005, *Les années soixante au Canada*, le Musée des beaux-arts du Canada a emprunté huit œuvres importantes, dont *Spermatogenesis #1*. L'œuvre a été entièrement restaurée.
76/7-0012

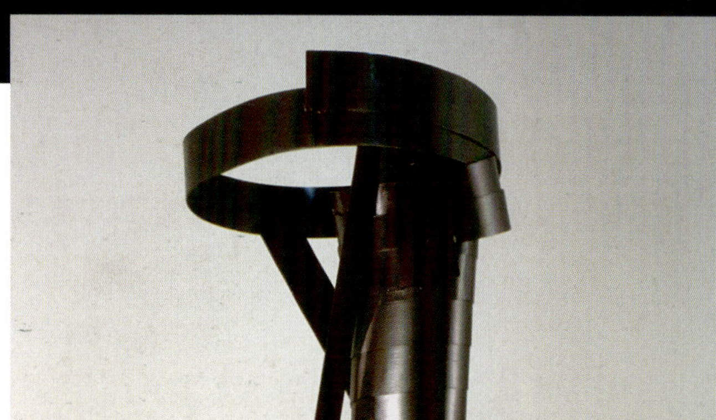

right / à droite :
Don Foulds, *Spiral Strength*, 1986.
86/7-0077. Yvan Boulerice

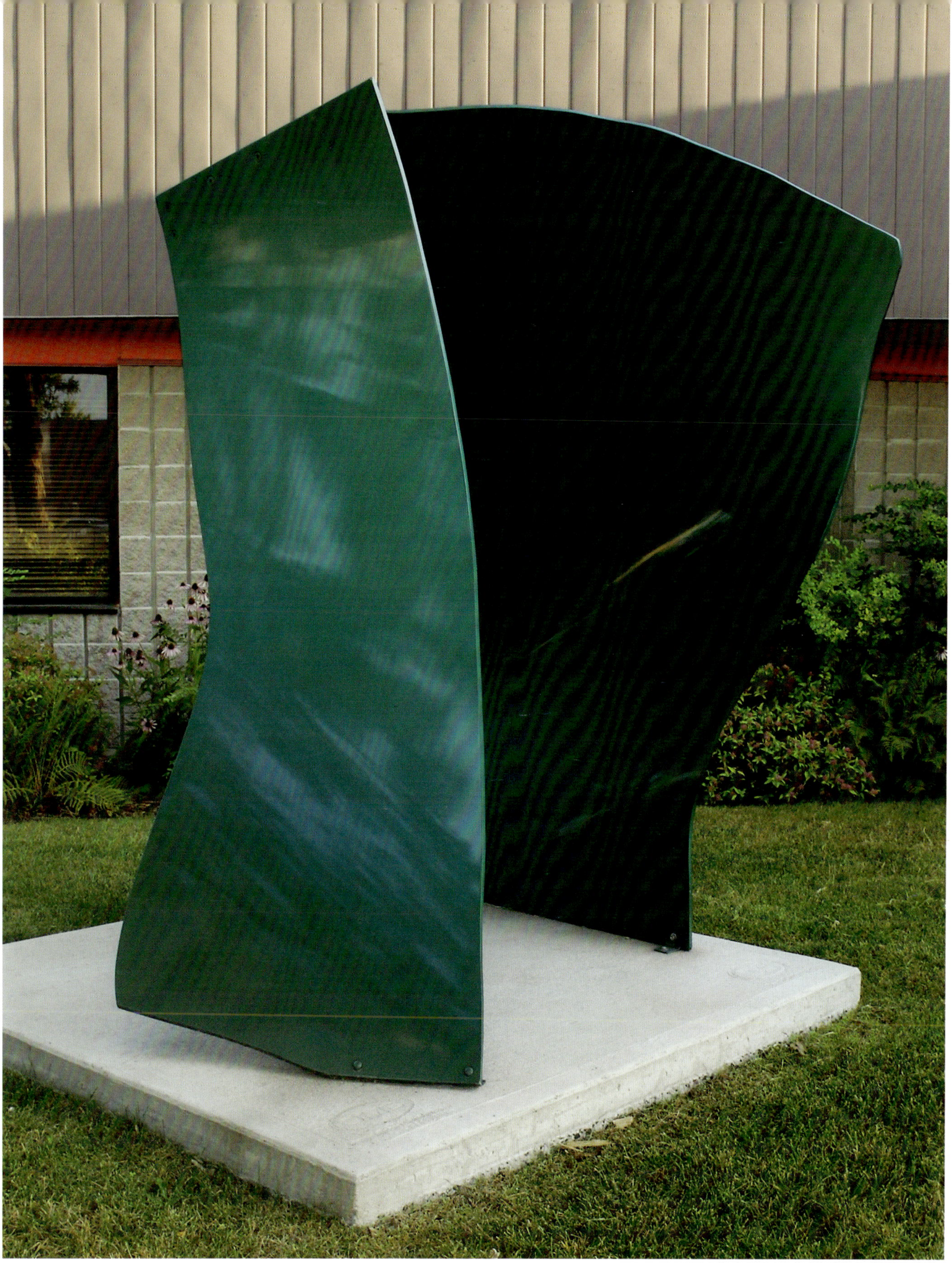

Robert Murray, *Togiak*, 1974, Daoust Construction, Ottawa (2005). 76/7-0692. Lipman Still Pictures

Art Bank Advisory Arts Selection Committee / Comité consultatif de sélection d'œuvres d'art de la Banque d'œuvres d'art (1975). Hélène Pollex, Paulette Charrette, Jean McEwen, Paterson Ewen, Rodrigue Millette, Bruce Ferguson.
Eberhard Otto

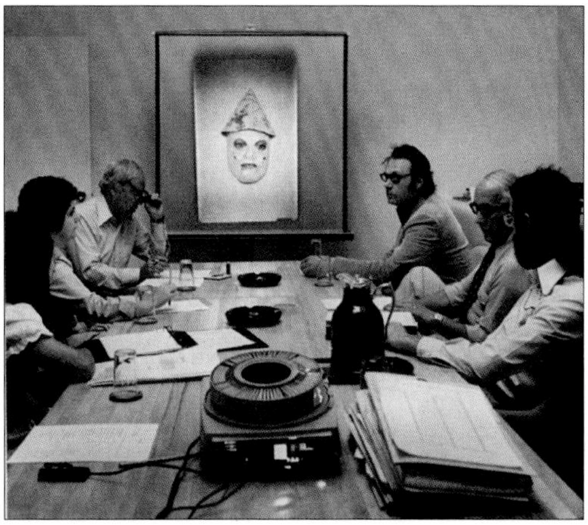

The collection and display of large outdoor sculptures is often controversial. In the late 1970s, an organization that called itself CRAP raised a strong resistance to sculptures from the Art Bank collection that had been installed along the Rockcliffe Parkway. At least one of these works was thrown into the Ottawa River, and so all of the sculptures had to be removed. More recently, a number of these same sculptures have been rented to Art Bank clients, including *Togiak* (1974), by Robert Murray, displayed by an Ottawa construction company. A commercial building on Catherine Street exhibits *Spiral Strength* (1986), by Robert Foulds, and SNC Lavalin Profac has rented two sculptures for Public Works and Government Services Canada: *Untitled* (1980), by Robert Bowers, and *Horn's Blue* (1988), by Al Reynolds. In 1999 the Art Bank developed a long term loan agreement with the Town of Gananoque, which exhibits ten Art Bank pieces in its sculpture park. Another large group was on loan to the Canadian Museum of Civilization for their plaza in 2003 and 2004. While public acceptance of outdoor sculpture is often capricious, abstract works from the seventies and eighties

ans, y consacrant 139 000 $, et atteignit le seuil de rentabilité à la fin de l'année.

La transition d'une organisation axée sur les artistes vers une organisation fonctionnant comme une entreprise n'a pas été facile. Une évaluation complète, terminée en 2002, établit la valeur de la collection vieille de 30 ans à plus de 60 millions de dollars, mais celle-ci avait besoin d'attention. En 1995, le *Rapport du comité de transition de la Banque d'œuvres d'art* avait recommandé une réduction substantielle des avoirs de la Banque. En 2000-2001, le conseil d'administration accepta de céder 3 000 œuvres, dont des multiples, la collection de films et de vidéos, qui avait été achetés sans droits de diffusion, et des installations qui, en raison de leur taille, ne pouvaient être louées. Après consultation des artistes en cause, la Banque s'était départie, en juin 2005, de 375 œuvres, souvent en les donnant à d'autres établissements. Par exemple, la totalité de la collection de films et de vidéos a été donnée au Nova Scotia College of Art and Design, ce qui a conduit à la fondation de son Film and Video Resource Centre, tandis que de grandes installations ont été acceptées par des organismes collectionneurs un peu partout au Canada. Le projet de cession a été un succès grâce à la participation des artistes à chaque étape du processus.

Le collectionnement et l'exposition de grandes sculptures extérieures portent souvent à controverse. À la fin des année 1970, une organisation qui se faisait appeler CRAP souleva une forte résistance à la présence des sculptures de la collection de la Banque le long de la promenade Rockcliffe, à Ottawa. Au moins une de ces œuvres fut jetée dans la rivière des Outaouais, et l'on dut enlever les autres. Plus récemment,

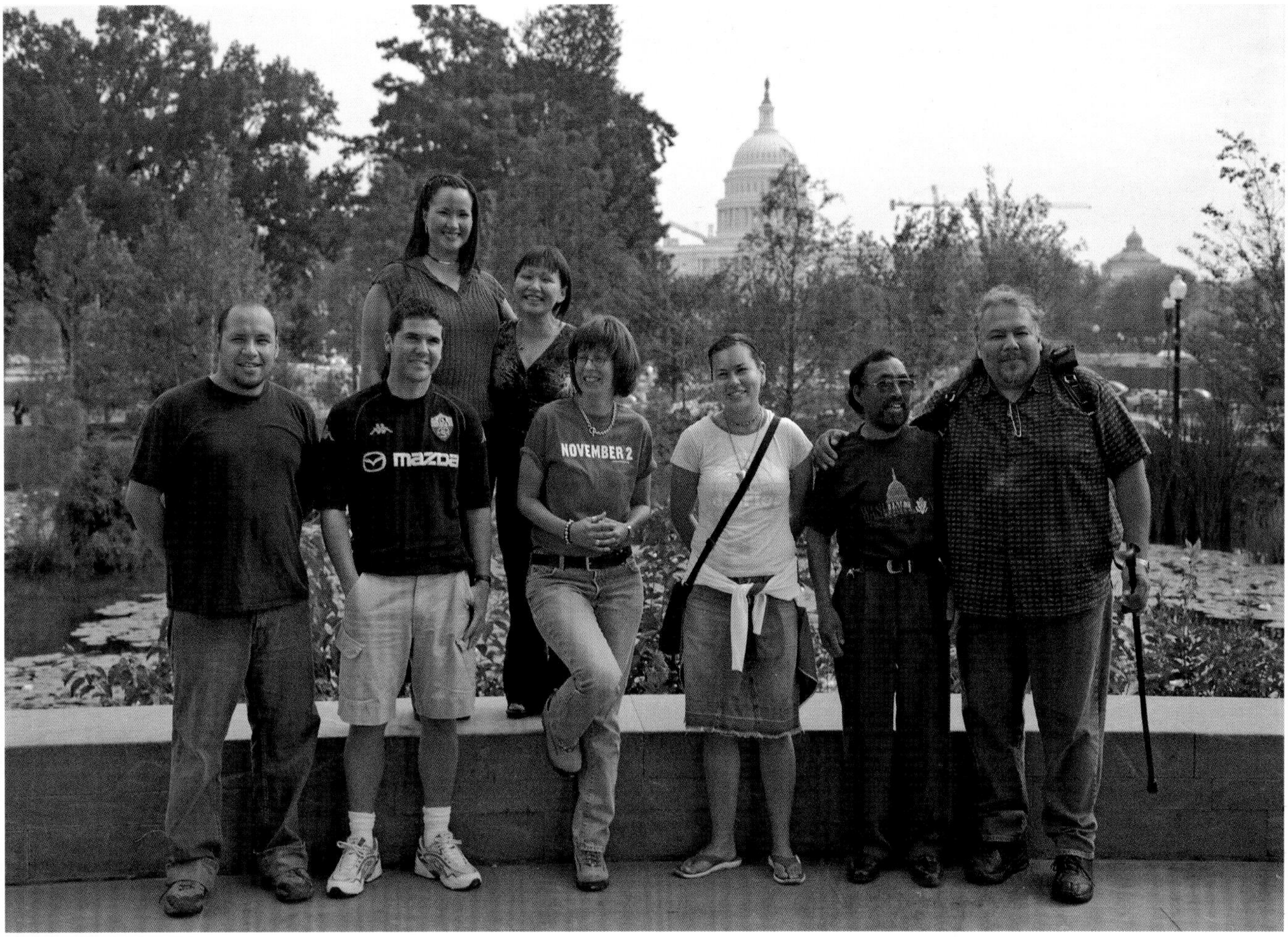

Frank Shebageget, Rande Cook, Connie Watts, Goota Ashoona, Mary Anne Barkhouse, Marianne Nicolson, Lypa Pitsiulak, Jeffrey Thomas, National Museum of the American Indian, Washington, 2004.
Jeffrey Thomas

are now not only understood but treasured.

The Loan Program, while perhaps not part of the original mandate of the Art Bank, serves a number of important functions, not the least of which is the marketing of the resources of the Art Bank. Over the last thirty-five years, the Art Bank has organized important exhibitions in Canada and other countries, and more than a hundred institutions in Canada and abroad have borrowed work from the collection. Since 1999, the Art Bank has produced exhibitions to celebrate particular events by working in partnership with other agencies

un certain nombre de ces mêmes sculptures ont été louées à des clients de la Banque, dont *Togiak* (1974), de Robert Murray, exposée par une entreprise de construction d'Ottawa. Un immeuble commercial de la rue Catherine présente *Spiral Strength* (1986), de Robert Foulds, et SNC-Lavalin Profac a loué deux sculptures pour la cour intérieure de Travaux publics et Services gouvernementaux Canada, soit *Sans titre* (1980), de Robert Bowers, et *Horn's Blue* (1988), d'Al Reynolds. En 1999, la Banque d'œuvres d'art a conclu une entente de prêt à long terme avec la Ville de Gananoque, qui expose 10 de ses

and organizations: the Art Bank's recognition of the Governor General's Award in Visual and Media Arts laureates; the exhibition *Artists from Ontario: The Canada Council Art Bank Collection* in the Lieutenant Governor's Suite at Queen's Park in 2002; the *Atlantic Art on the Mezzanine* at the National Arts Centre in Ottawa in 2003; and *Dezhan Ejan: Aboriginal Works from the Collection of the Canada Council Art Bank* at the Canadian Embassy in Washington in 2004.

The opening of *Dezhan Ejan* coincided with the celebration of the opening of the National Museum of the American Indian. It gave eight of the artists with work in the exhibition the opportunity to attend the events and participate in the associated panel discussions. The magic of the exhibition *Dezhan Ejan* was best represented by an American customs agent at the Toronto airport, who, post 9/11, with a smile and a welcome to the U.S., allowed Lypa and Annie Pitsiulak from the Pangnirtung Outpost Camp to travel to Washington with no formal identification except for the presence of two Art Bank staff and a Canadian Embassy invitation card.

Works from the Art Bank bring delight to everyone who enters the buildings and offices of those who use its services; this is perhaps the most outstanding reason for its success. Over the years, Suzanne Rivard Le Moyne's vision has been put into practice by municipal and provincial governments in Canada, and in 1980 by the government of Australia. Since 1991, the government of Taiwan has been interested in creating an Art Bank, and the government of South Africa has been working on its own plan since 2000. In spite of different funding sources and adjusted rental or distribution

œuvres dans son parc de sculptures. Un autre ensemble important de sculptures a été prêté au Musée canadien des civilisations pour son esplanade en 2003 et en 2004. Même si le public est souvent capricieux en ce qui concerne les sculptures extérieures, les œuvres abstraites des années 1970 et 1980 sont maintenant non seulement comprises, mais aussi aimées.

Le programme de prêt, bien qu'il n'ait pas fait partie du mandat initial de la Banque, remplit un certain nombre de fonctions importantes, notamment en ce qui concerne le marketing des ressources de la Banque. Au cours des 35 dernières années, la Banque a organisé des expositions d'envergure au Canada et à l'étranger, et plus d'une centaine d'institutions canadiennes et étrangères ont emprunté des œuvres de la collection. Depuis 1999, la Banque monte des expositions visant à célébrer des événements particuliers en travaillant en partenariat avec d'autres organismes : la reconnaissance des lauréats des Prix du Gouverneur général en arts visuels et en arts médiatiques ; l'exposition *Artistes de l'Ontario : œuvres de la collection de la Banque d'œuvres d'art du Conseil des Arts du Canada* aux appartements du lieutenant gouverneur à Queen's Park en 2002 ; l'exposition *L'art de l'Atlantique à la Mezzanine* au Centre national des Arts à Ottawa en 2003 ; et *Dezhan Ejan: Aboriginal Works from the Collection of the Canada Council Art Bank* à l'ambassade du Canada à Washington en 2004.

Le vernissage de *Dezhan Ejan* coïncidait avec la célébration de l'ouverture du National Museum of the American Indian. Ceci a donné à huit des artistes qui y présentaient des œuvres l'occasion d'assister aux activités et de participer aux discussions d'experts. La magie de *Dezhan Ejan*

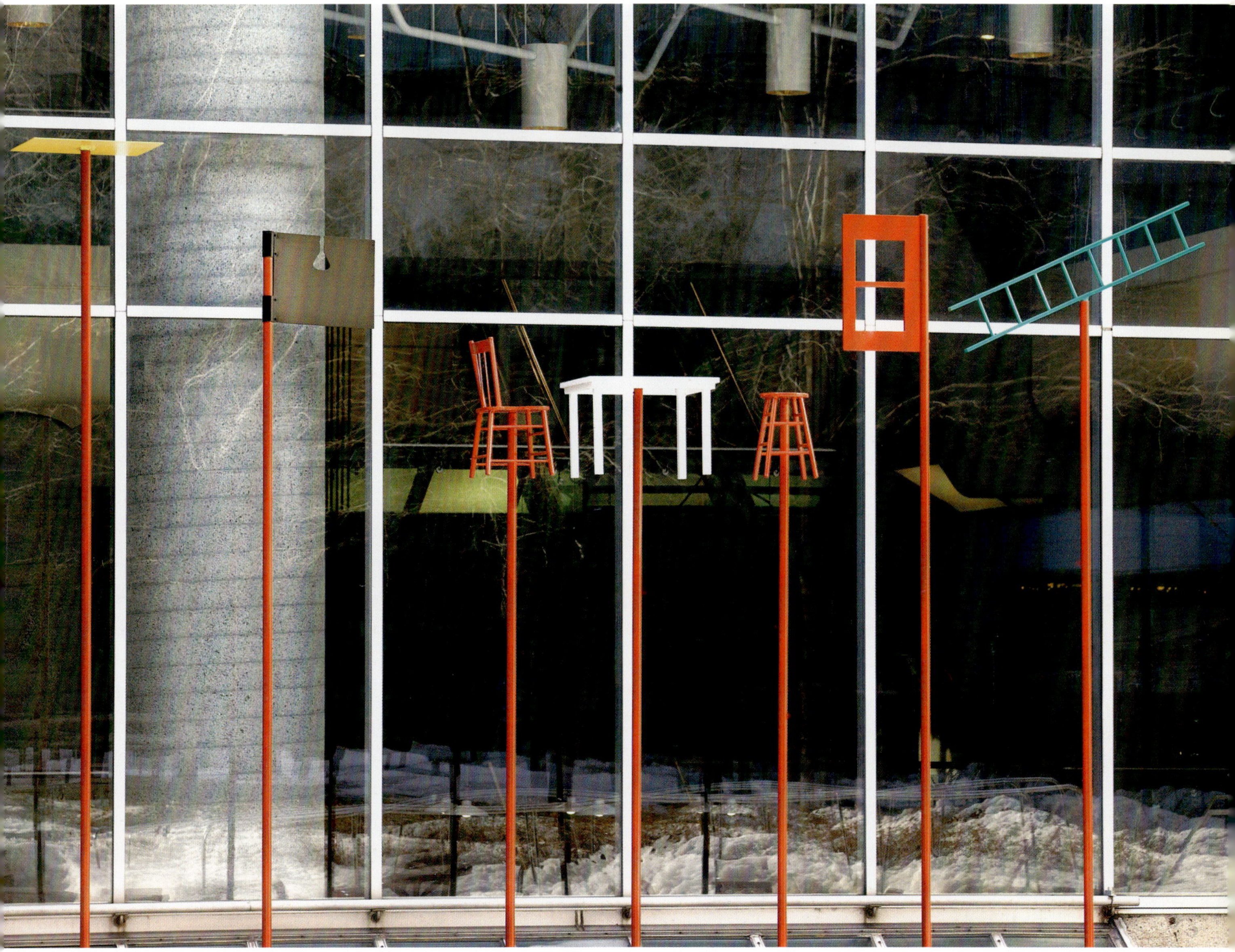

Robert Bowers, *Untitled*, 1980, Public Works and Government Services Canada / Ministère des Travaux publics et des Services gouvernementaux du Canada (2005). 82/3-0450. Lipman Still Pictures

policies, all fulfill – or will fulfill – the ideal of making original art accessible to the public. The Canada Council Art Bank has become a cultural model for the democratization of the visual arts around the globe.

fut le mieux représentée par un intermédiaire américain à l'aéroport de Toronto qui, dans l'après-11 septembre, permit, avec un sourire et un mot de bienvenue aux États-Unis, à Lypa et Annie Pitsiulak, de la communauté éloignée de Pangnirtung, de se rendre à Washington sans pièces d'identité officielles, sauf pour la présence de deux membres du personnel de la Banque d'œuvres d'art et une carte d'invitation de l'ambassade du Canada.

Les œuvres de la Banque d'œuvres d'art plaisent à tous ceux et celles qui entrent dans les édifices et les bureaux où elles sont exposées ; c'est peut-être là la principale raison du succès de la Banque. Au fil des années, la vision de Suzanne Rivard Le Moyne a été mise en pratique par de nombreuses administrations municipales et provinciales au Canada. En 1980, le gouvernement de l'Australie a lui aussi fondé une banque d'œuvres d'art. Depuis 1991, le gouvernement de Taïwan est intéressé à en faire autant, tandis que le gouvernement de l'Afrique du Sud travaille à son propre projet depuis 2000. Malgré la variabilité des sources de financement et le rajustement des politiques de prêt ou de distribution, tous les intervenants remplissent – ou rempliront – l'idéal visé, c'est-à-dire rendre les œuvres d'art accessibles au public. La Banque d'œuvres d'art du Conseil des Arts du Canada est devenue un modèle culturel pour la démocratisation des arts visuels dans le monde entier.

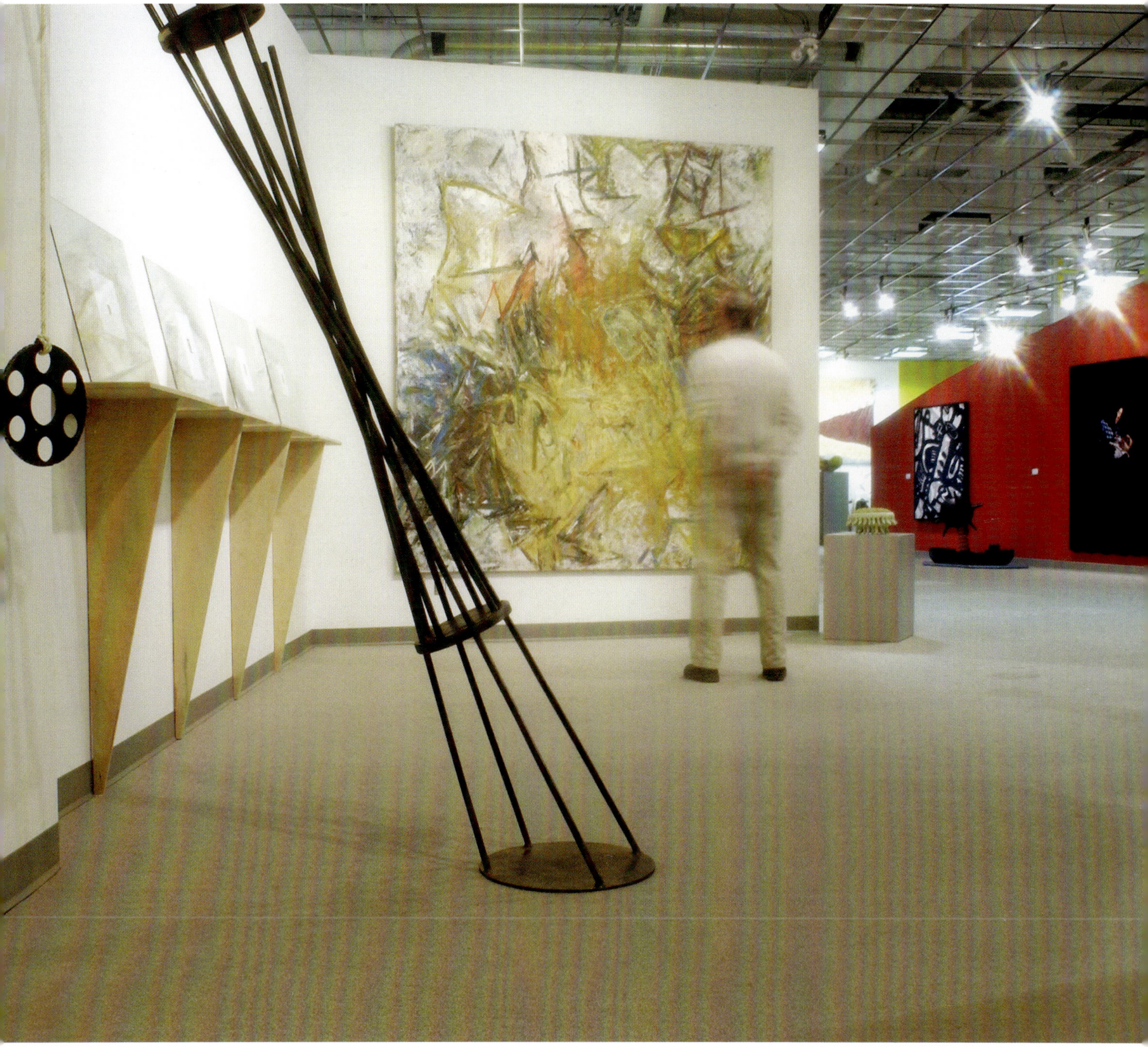

Jacques David, *Sans titre / Untitled,* 1997; Catherine Everett, *Alkestis*, 1985, Canada Council Art Bank / Banque d'œuvres d'art du Conseil des Arts du Canada. 77/8-0790, 87/8-0187. Lipman Still Pictures

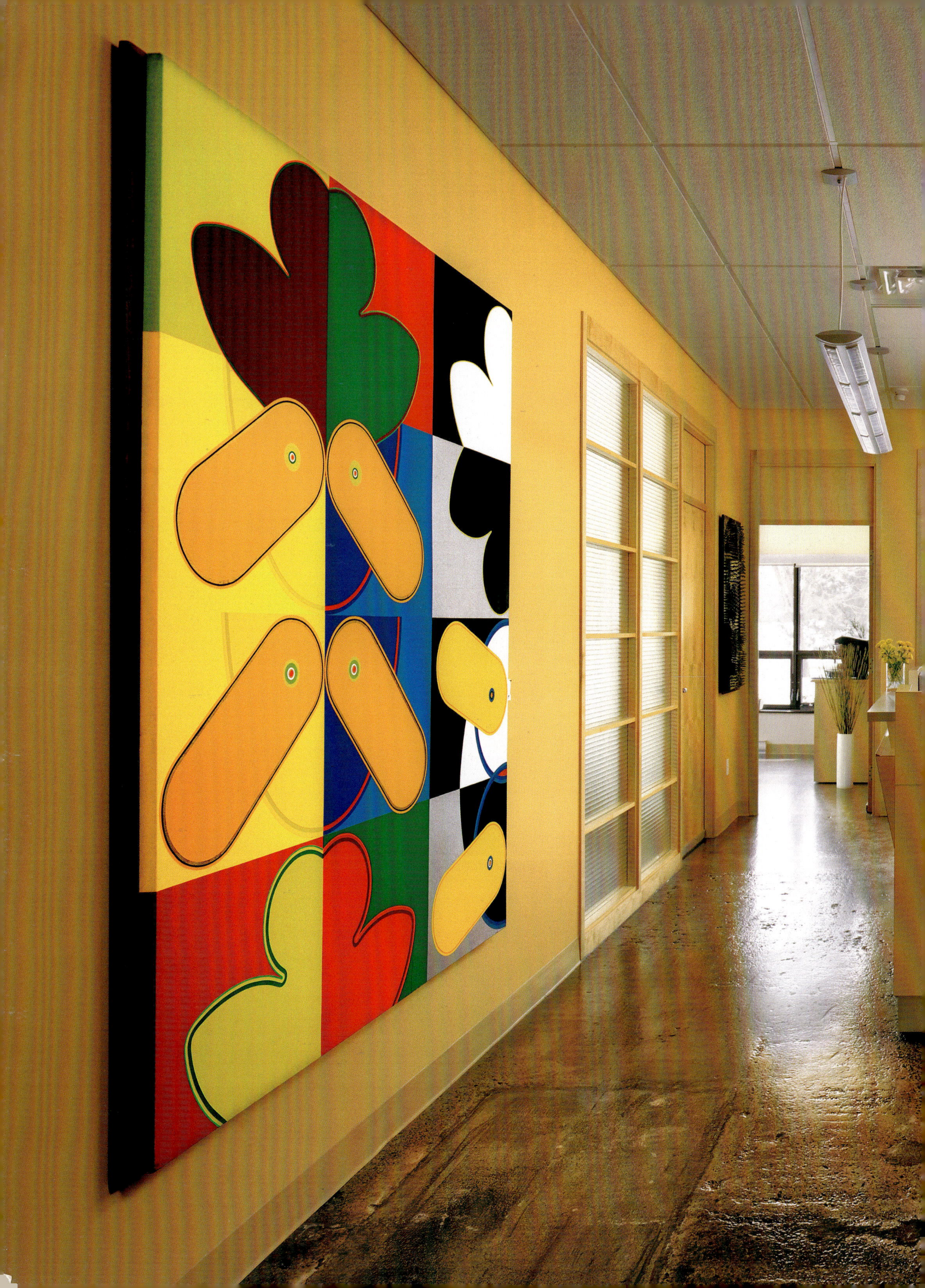

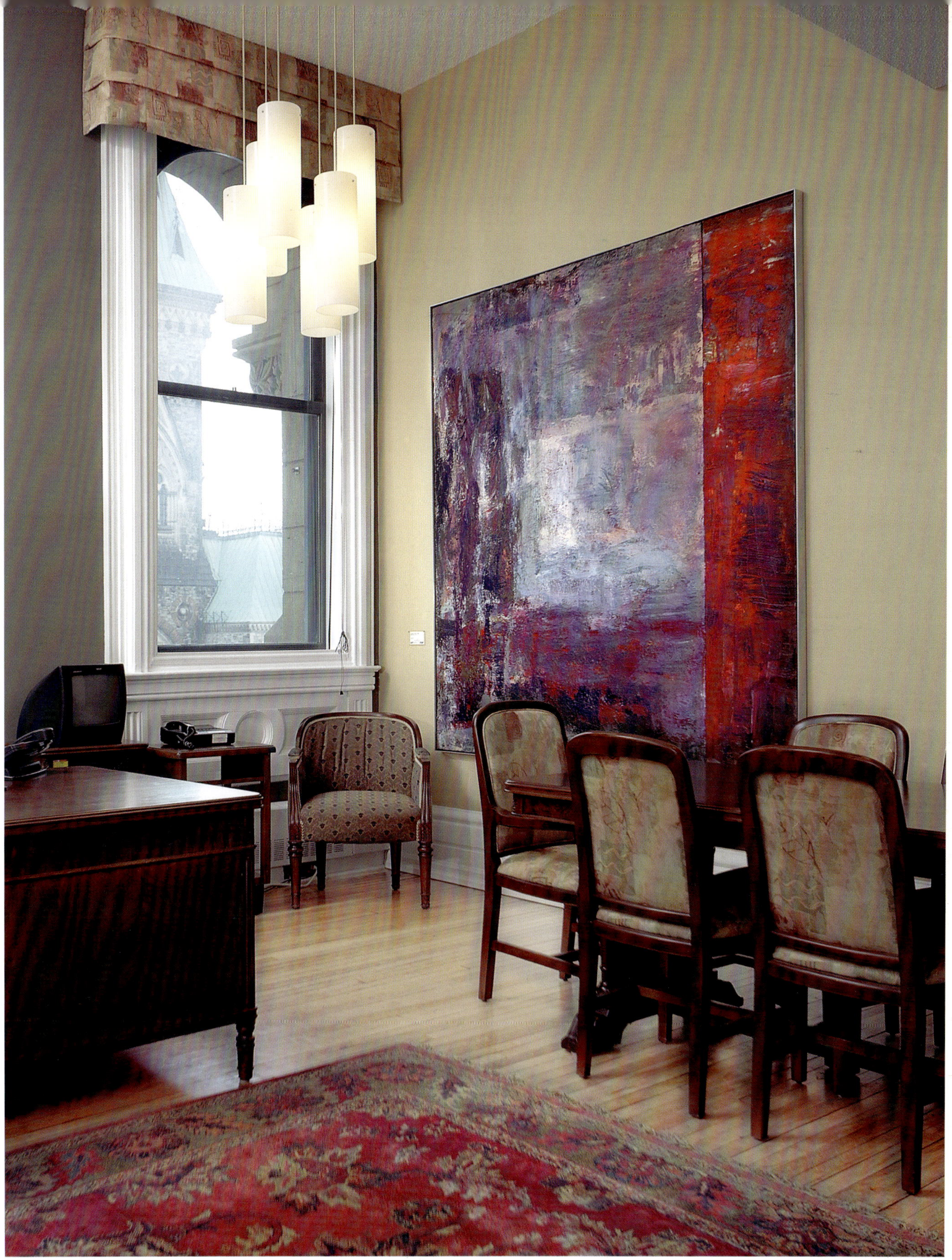

Michael Smith, *Anniversary Divide*, 1990, in a parliamentary office / dans un bureau du Parlement.
90/1-0206. Lipman Still Pictures

left / à gauche :
Guy Montpetit, *Série E – Sex Machine No. 6*, 1969, Daoust Construction (2005). 72/3-1708. Lipman Still Pictures

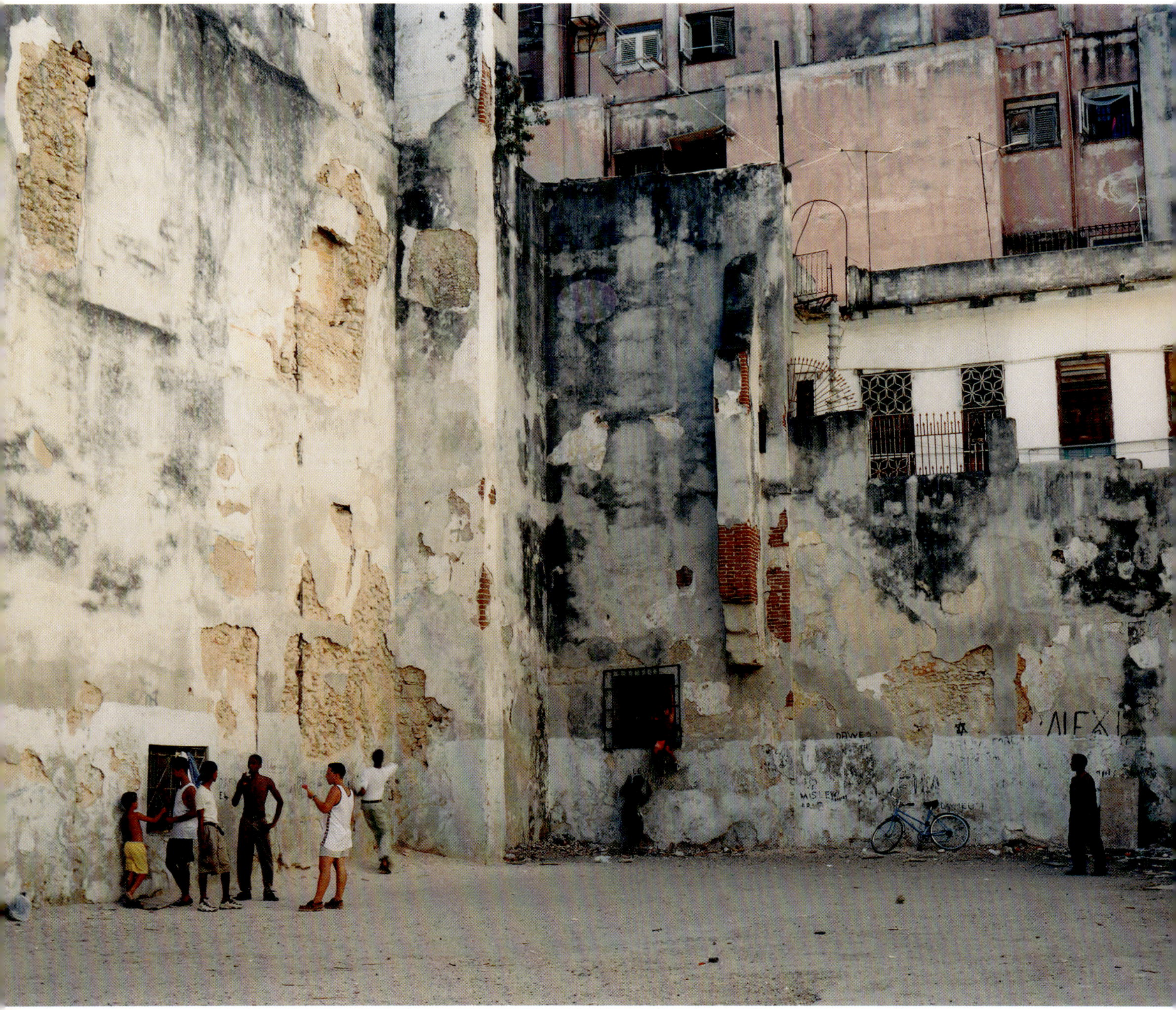

Pedro Isztin, *La Habana*, 2001. 04/5-0047

A National Collection

Pierre Landry

A 1963 Morris van, fitted with camping gear and displayed with obsessive care, is parked in the middle of the room. On one side, Pierre Ayot's cases of beer – *Caisses de bière (50)* – are piled up; on the other, Camrose Ducote's *Alligator* is baring its teeth. Amused, intrigued, meditative, puzzled, the artists, curators, and gallerists wander around the space, pull out the painting racks, and greet each other. It is September 1989, and the Art Bank has just opened its doors on Catherine Street in Ottawa.

To say that the Art Bank collection included a wide variety of works and styles is an understatement. At that time, my impression of its extreme diversity was similar to one I might have had looking through a gigantic photo album in which someone who wanted to get an idea of what was happening in visual arts had placed snapshots, in random order, of every work that could possibly be found. It was said that the Art Bank's purpose was to come to the aid of artists by purchasing their works and renting them to government offices. Fine. But tell me, would *you* have agreed to place Fred Douglas's *The Van* (the '63 Morris) in *your* office? How about your boardroom? No? Understandable . . .

Was it utopian or heretic to believe that contemporary works of art could somehow

Une collection nationale

Pierre Landry

Une fourgonnette Morris 1963 est garée au beau milieu d'une salle ; son attirail de camping a été étalé avec un soin obsessif. À deux pas de là, des caisses de bière s'empilent paresseusement (Pierre Ayot, *Caisses de bière (50)*) ; un peu plus loin, l'*Alligator* de Camrose Ducote montre les dents... Tantôt amusés, tantôt intrigués, songeurs ou perplexes, artistes, conservateurs de musée et galeristes déambulent dans les espaces, tirent les porte-tableaux, saluent des connaissances. Nous sommes en septembre 1989, la Banque d'œuvres d'art vient tout juste d'ouvrir ses portes rue Catherine, à Ottawa.

Devant la multitude et la diversité des œuvres réunies par la Banque d'œuvres d'art, j'avais alors l'impression de contempler un vaste instantané où l'on aurait tenté de capter, sans souci d'ordre, tout ce qui pouvait se faire dans les arts visuels. L'organisme avait pour mission, disait-on, de venir en aide aux artistes en leur achetant des œuvres et en les plaçant en location dans les édifices du gouvernement. Soit, mais dites-moi, auriez-vous accepté de prendre *The Van*, de Fred Douglas (la Morris 1963), dans *votre* bureau de travail ? Dans la salle de *votre* conseil d'administration ? Non ? Évidemment...

Était-ce utopie ou hérésie de croire que des œuvres d'art contemporain pouvaient apporter quelque lumière au quotidien de nos fonction-

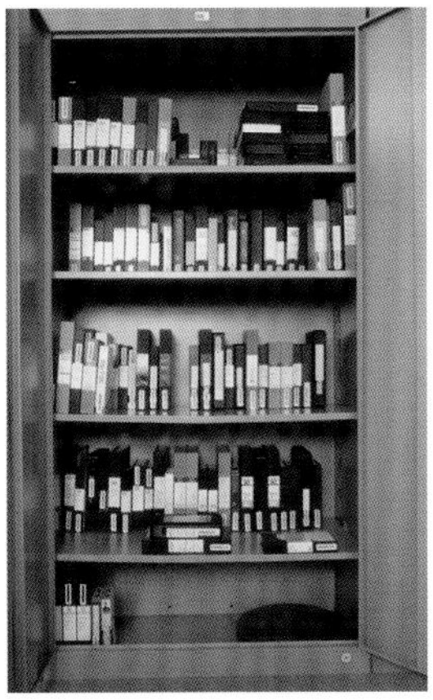

Cabinet filled with film and video collection. The collection was divested to NSCAD University in 2004. / Meuble rempli de films et de vidéos. La collection a été cédée à l'Université NSCAD en 2004. Tony Fouse

illuminate the daily lives of our civil servants, MPs, and ministers? Wasn't the Art Bank a sort of travesty, a substitute for the Museum of Modern Canadian Art that we had never built for ourselves?

Despite the vitality of the visual arts scene in Canada at the beginning of the 1970s, many artists lived a precarious existence. Favouring old masters and traditional styles, the art market provided few opportunities for experimental work. In 1972, bolstered by an impressive five million dollar budget over five years from the federal government, the Art Bank came at just the right time to give creators a tangible and essential means of support.

The acquisition program of the Art Bank operated according to the principles of its mother institution, the Canada Council for the Arts. Artists and galleries were invited to submit work, which was then assessed by peer juries composed of artists and visual arts specialists. The administrators decided that studio visits were essential to ensuring adequate representation of regions and communities across Canada, so, starting in 1971, representatives from the Art Bank travelled from coast to coast to coast, visiting galleries and studios. From the outset, the democratic nature of this selection process distinguished the Art Bank from other galleries and museums, where specialists, curators, and art historians made decisions about acquisitions.

For example, one of the first year's juries included renowned artists Yves Gaucher, of Montreal, and Bruno Bobak, of Fredericton, as well as Dennis Young, professor at the Nova

naires, de nos députés et de nos ministres ? La Banque d'œuvres d'art n'était-elle pas plutôt un simulacre du musée d'art contemporain que le Canada ne s'était jamais donné ?

Malgré la vitalité des arts visuels au début des années 1970, nombre d'artistes vivaient dans la précarité. Favorisant vieux maîtres et tradition, le marché de l'art de l'époque n'offrait guère de débouchés à la production expérimentale. En 1972, dotée par le gouvernement fédéral d'un impressionnant budget de cinq millions de dollars répartis sur cinq ans, la Banque d'œuvres d'art arrivait à point nommé pour offrir aux créateurs une aide essentielle.

Le programme d'acquisition fonctionnait selon les mêmes principes que l'institution mère, le Conseil des Arts du Canada. On invita les artistes et les galeristes à proposer des œuvres, puis des jurys formés d'artistes et de professionnels des arts visuels évaluèrent les soumissions. Comme les administrateurs jugeaient que les visites d'ateliers étaient indispensables pour une représentation adéquate des spécificités régionales, des représentants de la Banque d'œuvres d'art sillonnèrent le pays dès 1972. D'emblée, ce processus démocratique devait distinguer la collection de celle d'un musée où des experts – conservateurs et historiens de l'art – décident des acquisitions.

Prenons, par exemple, l'un des jurys de la première année d'activités. Il comptait deux artistes de renom, Yves Gaucher, de Montréal, et Bruno Bobak, de Fredericton, de même que Dennis Young, professeur au Nova Scotia College of Art and Design (NSCAD), et Luke Rombout, directeur de la Banque d'œuvres

Scotia College of Art and Design (NSCAD), and Luke Rombout, director of the Art Bank. During their meeting on September 15, 1972, the four men recommended the purchase of eight paintings and watercolours by well-known figurative artists: Alfred Pellan, Goodridge Roberts, E.J. Hughes and John Fox. Dating back to 1940, Alfred Pellan's *Jeune fille au chandail rayé* is the oldest painting in the collection.

Gaucher, Bobak, Young and Rombout also chose seven works by artists Marcel Barbeau, Jack Bush, Jean McEwen, and Kenneth Lochhead, uncontested pioneers of the abstract movement, as well as paintings, drawings, and sculptures by younger artists such as Charles Gagnon, Brian Fisher, Chris Knudsen, Milly Ristvedt, and Ulysse Comtois. Because of their smaller dimensions and lower cost, prints were a practical addition to the rental program. The jury purchased five or six copies each of ten prints by Charles Gagnon, Jacques Hurtubise, Gordon Smith, and Takao Tanabe. The fresh and innovative *Millerton*, in which Charles Gagnon experiments with photo negatives and the sensitivity of blueprint, is just one of the prints worthy of attention.

The choices made by this jury illustrate the guiding principles of the acquisition program. Throughout the Art Bank's history, the jury process has fulfilled the institution's purpose, fostering the development of contemporary art, representing the many regions of Canada both in the composition of juries and in the selection of work, and highlighting the stylistic trends of the period, whether avant-garde or established.

Twenty years later, in 1992, the acquisition

d'art. Réunis à Ottawa le 15 septembre 1972, les quatre hommes recommandèrent l'achat de huit peintures et aquarelles par des artistes figuratifs bien établis : Alfred Pellan, Goodridge Roberts, E.J. Hughes et John Fox. La *Jeune fille au chandail rayé*, d'Alfred Pellan, faisait partie du lot ; datant de 1940, c'est le tableau le plus ancien de la collection.

Gaucher, Bobak, Young et Rombout sélectionnèrent aussi sept tableaux de Marcel Barbeau, de Jack Bush, de Jean McEwen et de Kenneth Lochhead, des pionniers incontestables de la peinture abstraite, de même que des peintures, dessins et sculptures d'artistes plus jeunes : Charles Gagnon, Brian Fisher, Chris Knudsen, Milly Ristvedt et Ulysse Comtois. Puisque les dimensions pratiques et le faible coût des gravures se prêtaient bien au programme de location, le jury fit l'acquisition, à coups de cinq ou six exemplaires chacune, de 10 estampes de Charles Gagnon, de Jacques Hurtubise, de Gordon Smith et de Takao Tanabe. Signalons le caractère franchement novateur de *Millerton*, une estampe où Charles Gagnon expérimente avec la photographie en négatif et la sensibilité du papier ozalid.

Les choix réalisés par ce jury illustrent les principes directeurs du programme d'acquisition. La sélection par des jurys a permis à la Banque d'œuvres d'art, tout au long de son histoire, de remplir son mandat : favoriser l'avancement de l'art contemporain ; représenter les diverses régions du Canada tant dans la composition des jurys que dans le choix des acquisitions ; mettre en évidence les tendances stylistiques de l'heure, qu'elles soient à la pointe de l'avant-garde ou prêtes à entamer leur déclin.

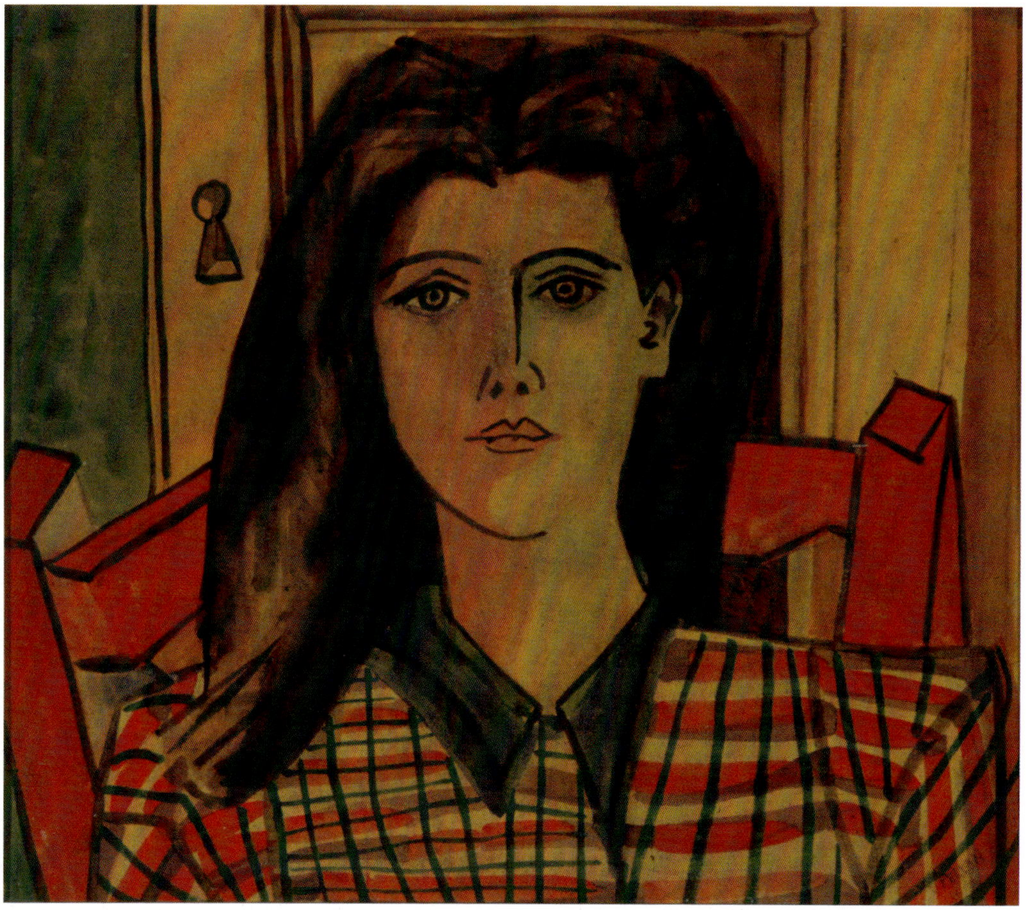

Alfred Pellan, *Jeune fille au chandail rayé*, 1940. This is the oldest work in the Art Bank collection. / C'est l'œuvre la plus ancienne de la collection de la Banque d'œuvres d'art. 72/3-0218. Yvan Boulerice

program had fifteen separate juries. A preselection jury made a preliminary choice of studios to visit. There were ten touring juries, three juries to assess works on paper, and one jury dedicated to film and video work. During the golden years, the principle of supporting artists sometimes justified the acquisition of works that were interesting but impractical, since they couldn't be rented for one reason or another: they were too complex, too heavy, or unsuitable for some settings – like *The Van*, or films and videos.

Unfortunately, the years of abundance were coming to an end. In 1995, hit by massive bud-

Vingt ans plus tard, en 1992, le programme d'acquisition comptait 15 jurys distincts : un jury de présélection des visites d'ateliers, 10 jurys itinérants, trois jurys d'œuvres sur papier et un jury consacré aux films et aux vidéos. Pendant les années fastes, il est arrivé que le principe d'aide aux artistes ait justifié l'acquisition d'œuvres intéressantes mais ne pouvant être louées parce que trop complexes, trop lourdes ou simplement peu propices à la décoration, comme *The Van*, comme les films et vidéos.

Malheureusement, les années d'abondance tiraient à leur fin. En 1995, frappé de compressions budgétaires massives, le Conseil des Arts

get cuts, the Canada Council for the Arts had to put an end to the Art Bank's operations. At the time, the collection included approximately 18,000 works of art. Without a doubt, the Art Bank held the largest and most representative collection of contemporary art in the country.

du Canada dut mettre fin aux activités de la Banque d'œuvres d'art. La collection comprenait alors quelque 18 000 œuvres d'art. Elle constituait sans contredit la collection d'art contemporain la plus vaste et la plus diversifiée du pays.

As Victoria Henry explains in "The Life Story," it was a close call: the Art Bank just barely escaped being dismantled. It had to be restructured to become self-sufficient. It was unavoidable; the collection had to be streamlined and the acquisition program frozen before growth could be considered again.

The need to lower the escalating costs of maintaining the collection led to a creative and original solution. Items that were difficult, or even impossible, to rent could be placed elsewhere. The program was designed in the tradition of the Canada Council for the Arts, putting priority on the artists' interests. Artists were informed of the decision to transfer certain of their works to public galleries, and they were invited to suggest the names of institutions they thought might welcome them.

Le couple dormant / The Sleeping Couple, by Barbara Steinman, represents a bed, with video screens inset in the pillows in place of the sleepers' heads. Photographs of a man and a woman are quilted into the comforter. It is one of Steinman's major works, an installation that is both moving and somewhat disturbing. Add to the massive dimensions the need to troubleshoot electronic components, the time-based video, and a rather intimate subject, and it is easy to understand why senior civil servants or business leaders might not

Comme le relate Victoria Henry dans « L'histoire d'une vie », la Banque d'œuvres d'art évita de justesse le démantèlement et se vit obligée de restructurer ses opérations afin d'atteindre l'autosuffisance. Inévitablement, la collection devait faire l'objet d'une rationalisation accompagnée du gel du programme d'acquisition avant que l'on puisse à nouveau envisager de l'augmenter.

Le besoin de réduire les coûts grandissants liés à la conservation de la collection conduisit à l'élaboration d'un programme de cession fort original permettant que des pièces difficiles, voire impossibles à louer soient placées dans d'autres établissements. Ce programme était conçu dans la tradition du Conseil des Arts du Canada en accordant la priorité aux intérêts des artistes. On informa les artistes de la décision de céder certaines de leurs œuvres à des musées publics et on les invita à soumettre les noms d'institutions susceptibles de les recevoir.

Le couple dormant / The Sleeping Couple, de Barbara Steinman, est un simulacre de lit où des écrans vidéo se substituent aux têtes des dormeurs. Sur le lit, des photographies de l'homme et de la femme forment une courtepointe. C'est une œuvre majeure de Steinman, une installation à la fois touchante et quelque peu troublante. Or, aux dimensions excessives, ajoutez l'entretien des composants électroniques, le déroulement

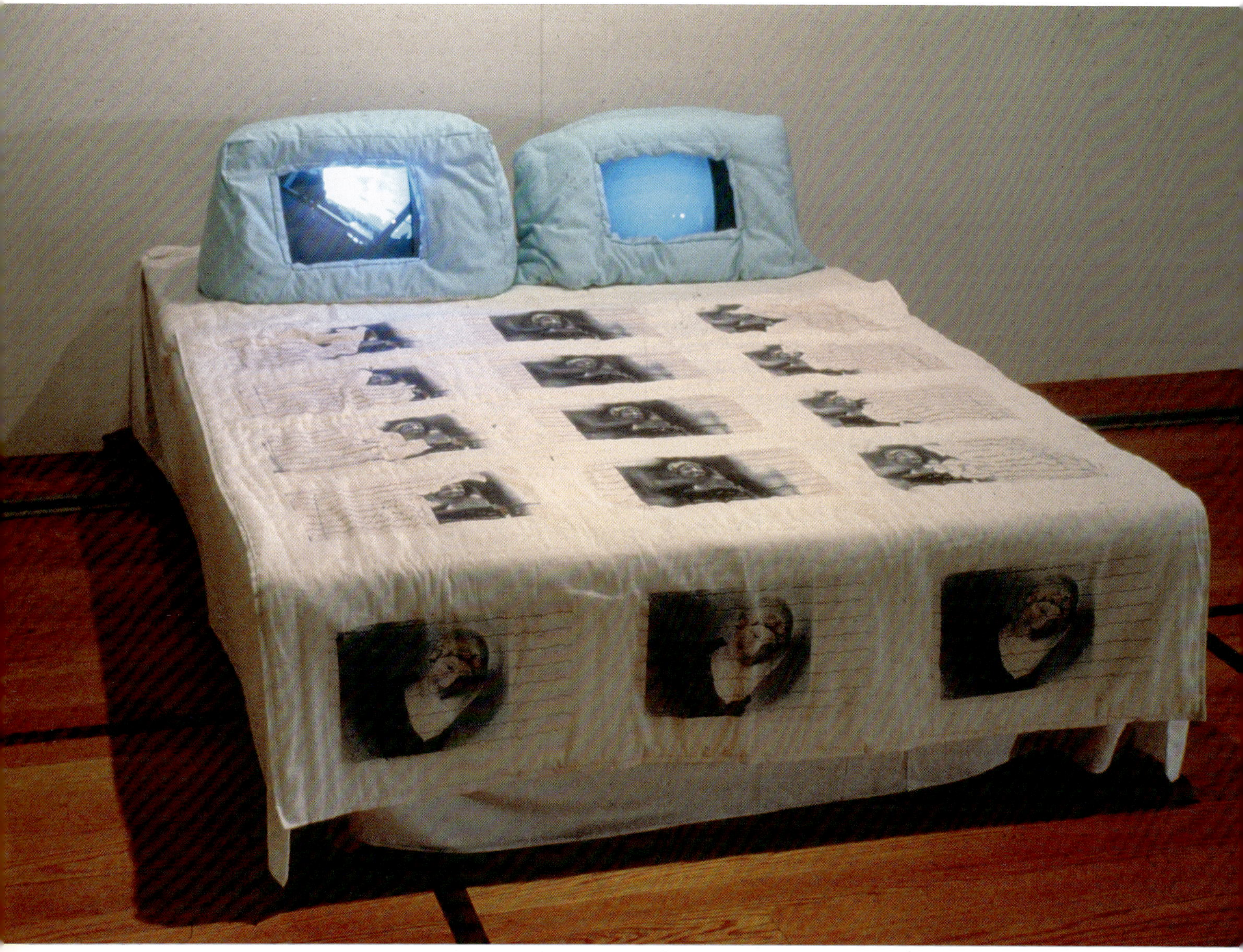

Barbara Steinman, *Le couple dormant / The Sleeping Couple*, 1980. 82/3-0355

be enthused enough to rent this work of art, which clearly is better suited to an art gallery. At the suggestion of the artist, *Le couple dormant / The Sleeping Couple* has now been given a home in the Musée d'art contemporain de Montréal. In an article in the May-September 2003 issue of *Le Journal du Musée d'art contemporain de Montréal*, Suzanne Lemire said, "The Musée's collection has been considerably enriched by the addition of these works. And we must offer a dual thank you: first to the artists themselves, who chose the Musée, and second to the Art Bank of the Canada Council for the Arts, donor of this group of masterworks by Quebec and Canadian artists."

In 2003 and 2004, thirty pieces were turned over to the Montreal gallery; they are works by such important artists as Geneviève Cadieux, Ian Carr-Harris, Gilles Milhalcean, and Irene F. Whittome. Twenty other galleries in Nova Scotia, Newfoundland and Labrador, Quebec, Ontario, Alberta, Saskatchewan, and British Columbia also benefited from the divestment program. The total value of the works removed from the Art Bank warehouse and returned to public view came to nearly $1.2 million. In addition, 164 films and videos were offered to NSCAD University, Halifax, in 2004; this body of work included experimental works by important avant-garde filmmakers such as Sara Diamond, Pierre Falardeau, Zacharias Kunuk, Jan Peacock, and Doug Porter.

To serve the needs and interests of clients, new work needs to be made available. In 2001, the bold marketing program instigated by Victoria Henry and her team of art consultants began

temporel de la vidéo et un sujet trop intime : on ne peut reprocher aux décideurs gouvernementaux ou aux chefs d'entreprise de ne pas s'être intéressés à une œuvre qui, de toute évidence, appartient au musée d'art. Sur recommandation de l'artiste, *Le couple dormant / The Sleeping Couple* a donc été cédé au Musée d'art contemporain de Montréal. Dans un article du numéro de mai-septembre 2003 du *Journal du Musée d'art contemporain de Montréal*, Suzanne Lemire écrit : « Toutes ces œuvres viennent à coup sûr enrichir notre collection. Nous avons un double merci à adresser : aux artistes eux-mêmes, qui ont privilégié le Musée, et à la Banque d'œuvres d'art du Conseil des Arts du Canada, qui a accepté de se départir d'œuvres magistrales de nos artistes québécois et canadiens. »

En 2003 et en 2004, l'institution montréalaise accueillit ainsi 30 œuvres d'artistes de premier plan tels que Geneviève Cadieux, Ian Carr-Harris, Gilles Milhalcean et Irene F. Whittome. Vingt autres musées d'art de la Nouvelle-Écosse, de Terre-Neuve-et-Labrador, du Québec, de l'Ontario, de l'Alberta, de la Saskatchewan et de la Colombie-Britannique bénéficièrent eux aussi du programme de cession. La valeur totale des œuvres soustraites à l'entreposage à perpétuité et redonnées au public s'élevait à près de 1,2 million de dollars. En outre, 164 films et vidéos furent offerts au NSCAD de Halifax, en 2004. Cet ensemble comprenait des œuvres créées par des cinéastes expérimentaux importants, tels Sara Diamond, Pierre Falardeau, Zacharias Kunuk, Jan Peacock et Doug Porter.

Qui dit service à la clientèle dit aussi renouvellement de l'offre. En 2001, le marketing

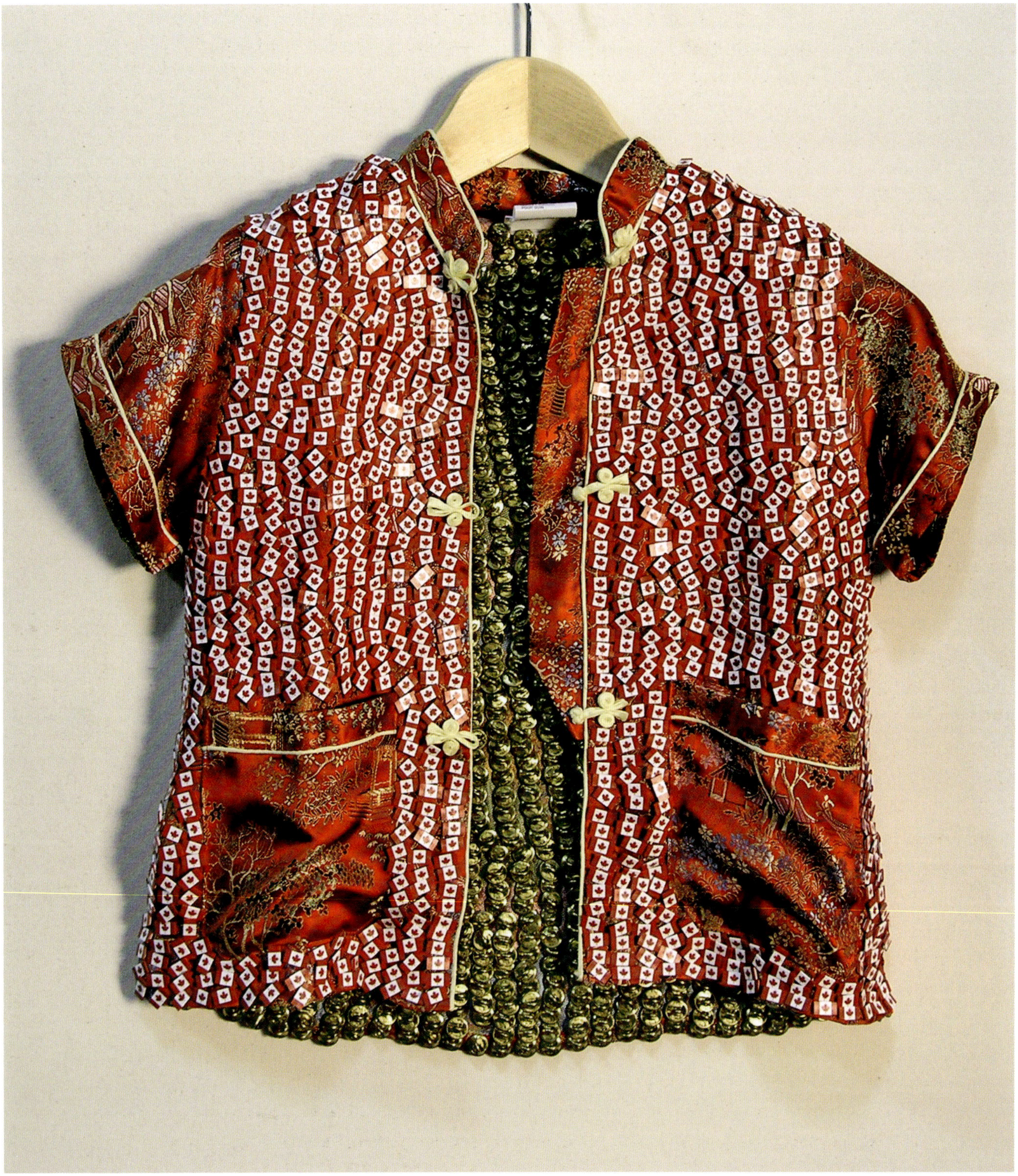

Pao Quang Yeh, *Wei*, 2001. The work was rented by the Asia Pacific section of Foreign Affairs Canada. / L'œuvre a été louée par la Section de l'Asie et du Pacifique des Affaires étrangères Canada. 01/2-0069. Luc Raymond

to bear fruit. The Art Bank started to show profits. This remarkable progress enabled it to reinvest in the collection and to launch the purchase program once again. The new acquisition program was guided by the same criteria of artistic excellence and the contribution to the advancement of Canadian art, but it also took into consideration the practical constraints of art rental. It proceeded as before, with the selection of works entrusted to juries composed of artists and art professionals.

The 472 works acquired between 2001 and 2007 demonstrate the Art Bank's commitment to effectively represent all the territories and provinces of Canada. As much as possible, the purchase of work by women artists was encouraged. At the time of writing, women represent 40 per cent of the artists whose work is held in the Art Bank collection.

Well known for her interest in Aboriginal culture, Victoria Henry insisted, from the start, on a collection that would better reflect the outstanding work done by First Nations, Métis, and Inuit artists across the country. In keeping with this goal, in 2003 the Art Bank established a separate jury dedicated to contemporary and traditional Aboriginal artwork. Three Aboriginal artists, Carl Beam (Ojibway), Katsi'tsakwas Ellen Gabriel (Mohawk), and July Papatsie (Inuit), worked alongside Karen Duffek, a curator at the University of British Columbia Museum of Anthropology. In all, seventy-one sculptures, paintings, prints, drawings, and textile works were acquired, including *Portrait of Am'yaxid*, by Marianne Nicolson; *Beaver*, by Mary Anne Barkhouse; and *Husband and Wife with Shaman Animal Helpers*, by Lypa Pitsiulak.

Under Henry's direction, the Art Bank has

audacieux préconisé par Victoria Henry et son équipe de conseillers se mit à porter fruit, alors que la Banque d'œuvres d'art commençait à enregistrer des profits. Ces progrès remarquables permirent à la Banque de réinvestir dans la collection en relançant le programme d'acquisition. Le nouveau programme d'acquisition s'appuyait sur les mêmes critères, soit la qualité artistique et la contribution à l'épanouissement de l'art canadien, mais tenait compte également des contraintes pratiques qu'impose la location d'œuvres d'art. Comme auparavant, la sélection des œuvres fut confiée à un jury formé d'artistes et de professionnels du milieu.

Les 472 œuvres acquises de 2001 à 2007 démontrent l'engagement de la Banque d'œuvres d'art à représenter efficacement l'ensemble des territoires et provinces du Canada. Dans la mesure du possible, la Banque encourage l'achat d'œuvres de femmes artistes : au moment d'écrire ces lignes, les femmes comptaient pour 40 % des artistes représentés dans sa collection.

Bien connue pour son intérêt envers la culture autochtone, Victoria Henry insista dès le début pour que la « collection reflète mieux l'exceptionnel travail des artistes métis, inuits et des Premières Nations partout au pays ». À cet effet, en 2003, la Banque affecta un jury exclusivement à l'art autochtone contemporain et traditionnel. Trois artistes autochtones, Carl Beam, ojibwa, Katsi'tsakwas Ellen Gabriel, mohawk, et July Papatsie, inuite, y siégeaient aux côtés de Karen Duffek, conservatrice au musée d'anthropologie de l'Université de la Colombie-Britannique. En tout, la Banque fit l'acquisition de 71 sculptures, peintures, estampes, dessins et textiles, dont *Portrait of Am'yaxid*, de Marianne

showcased the contribution made by immigrant artists and other cultures to the Canadian artistic landscape. One notable example, acquired in 2001, is *Wei*, a combination of two iconic artifacts: a Chinese brocade jacket covered with 2300 maple leaf pins. The jacket was created by Pao Quang Yeh, who came to Canada as a child from Vietnam. When he couldn't afford to pay a dollar each for the pins, Yeh approached the Minister Responsible for the Millennium Bureau of Canada, the Honourable Herb Gray, who gave him the pins he needed. Purchased by the Art Bank from the artist's graduating class exhibition at the University of Ottawa, *Wei* confronts head-on the immigrant's feeling of exile and desire for belonging.

La Habana, a photograph of striking beauty laden with social connotations, shows us the faces of Latin America, through the eyes of Pedro Isztin. Gu Xiong said that his photograph *Forbidden City Starbucks* "is part of *China Diary*, a series which consists of select images taken from 45 rolls of film I took in the summer of 2001 during a visit to my homeland. I revisited and recorded many meaningful locations to my early life. It was a shock: Starbucks moving into the Forbidden City. The global economy soaks into every corner of the world. A single culture cannot stand alone in the world any longer. It reacts and changes, creating a new hybrid identity."

The Art Bank includes works by immigrant artists and, as well, gives voice to diversity on juries. Between 1993 and 2001, the Art Bank acquired three works by Sarindar Dhaliwal, a Toronto artist of Punjabi origin; in 2004, she was invited to be on the selection jury.

Nicolson, *Beaver*, de Mary Anne Barkhouse, et *Husband and Wife with Shaman Animal Helpers*, de Lypa Pitsiulak.

Sous l'impulsion de Henry, la contribution culturelle des immigrants à la scène artistique canadienne a trouvé une vitrine exceptionnelle à la Banque d'œuvres d'art. Notons, acquise en 2001, *Wei*, une veste de brocart chinoise chargée de 2 300 épinglettes de feuille d'érable. L'œuvre est de Pao Quang Yeh, qui a émigré au Canada du Viêt-Nam alors qu'il était encore enfant. N'ayant pas les moyens d'acheter les épinglettes à un dollar chacune, Yeh s'est adressé au ministre responsable du Bureau du Canada pour le millénaire, Herb Gray, qui lui a donné les épinglettes dont il avait besoin. La Banque d'œuvres d'art a acheté *Wei* lors de l'exposition organisée par la promotion de l'artiste à l'Université d'Ottawa. L'œuvre aborde sans équivoque les sentiments d'exil et la volonté d'enracinement vécus par les immigrants.

La Habana, une photographie d'une beauté saisissante chargée de connotations sociales, nous montre les visages de l'Amérique latine, tel que saisi par Pedro Isztin. Non seulement la Banque d'œuvres d'art ouvre sa collection aux artistes issus de l'immigration, mais elle leur donne aussi droit de parole dans ses jurys. Gu Xiong a déclaré que son œuvre *Forbidden City Starbucks* « fait partie de *China Diary*, une série qui consiste dit-il en images choisies à partir de 45 rouleaux de photos que j'ai prises à l'été 2001, lors d'un voyage dans mon pays natal. J'ai alors revisité et photographié de nombreux endroits qui avaient été importants pour moi dans ma jeunesse. Ce fut un choc : Starbucks était entré dans la cité interdite. L'économie mondiale s'insère dans tous les coins du monde. Une culture

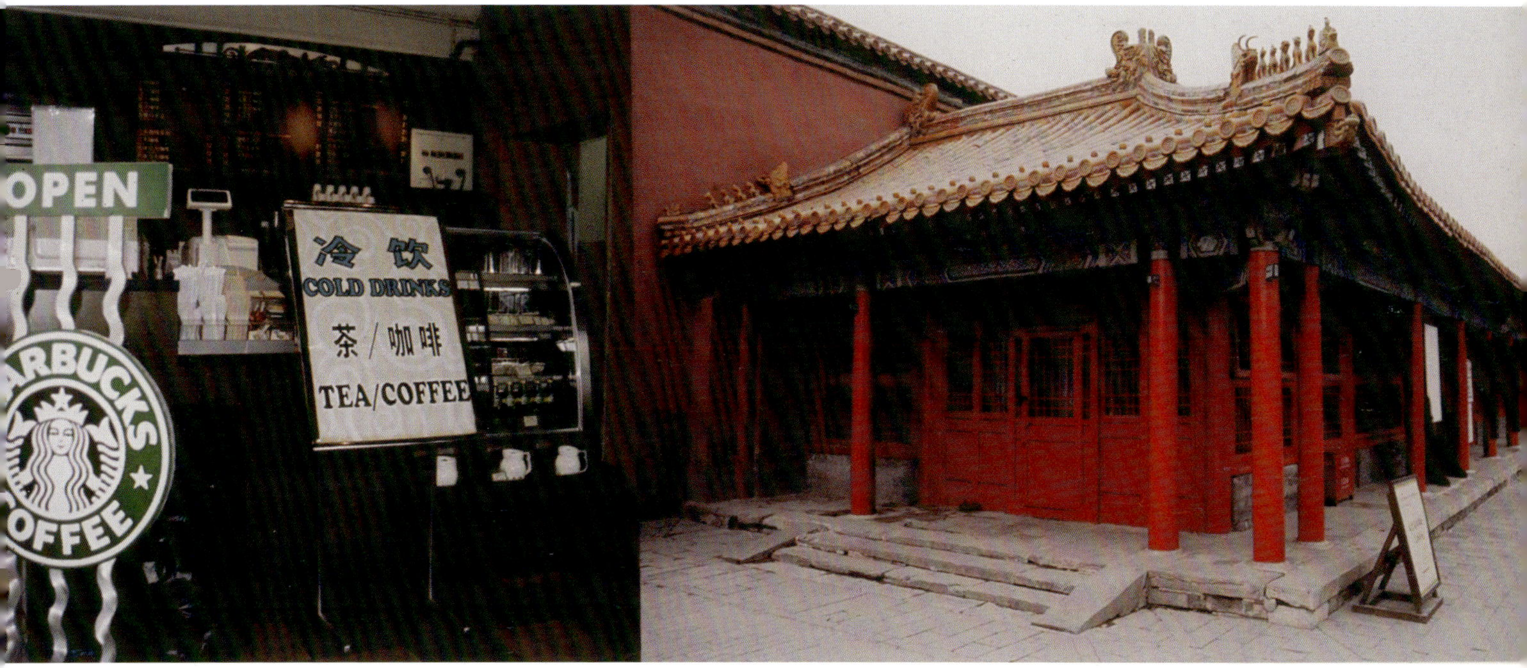

Gu Xiong, *Forbidden City Starbucks* (diptych), 2001.
03/4-0122

Today, in its space on St. Laurent Boulevard, Fred Douglas's *The Van* continues to spark amazement. A little farther along, a human figure is in the final stages of being transformed into a caribou: *Transformation Song*, 1998, by July Papatsie. Nearby, mounted on a metallic structure, is a large ceramic plate exhibiting the word "Purificazione": Miguel A. Berlanga's *Purificazione*, 1989.

On the art racks, on the walls, in the cases, you will find only a portion of the 2242 paintings, 6530 prints, 2666 photos and 4365 works on paper that constitute the majority of the collection. Headed for Calgary, Halifax, Toronto, Montreal, or Parliament Hill, the works of art come and go at the beck and call of clients. At any moment, one or another of the 1665 three dimensional objects – sculptures, installations, and textile and other works – might come out of its crate or down from its mount at 921 St.

ne peut plus survivre seule dans le monde. Elle réagit et se transforme, créant une nouvelle identité hybride. »

Ainsi, la Banque d'œuvres d'art fit l'acquisition de trois œuvres de Sarindar Dhaliwal entre 1993 et 2001, puis invita l'artiste torontoise d'origine punjabi à siéger au jury en 2004.

Aujourd'hui, dans les locaux du boulevard St-Laurent, la Morris 1963 de Fred Douglas (*The Van*, 1983) suscite encore l'étonnement. Un peu plus loin, un personnage achève sa transformation en caribou (July Papatsie, *Transformation Song*, 1998). Près de lui, monté sur une structure métallique, un large plat de céramique exhibe le mot « Purificazione » (Miguel A. Berlanga, *Purificazione*, 1989).

Sur les porte-tableaux, aux murs ou dans les caisses, vous ne trouverez qu'une partie des

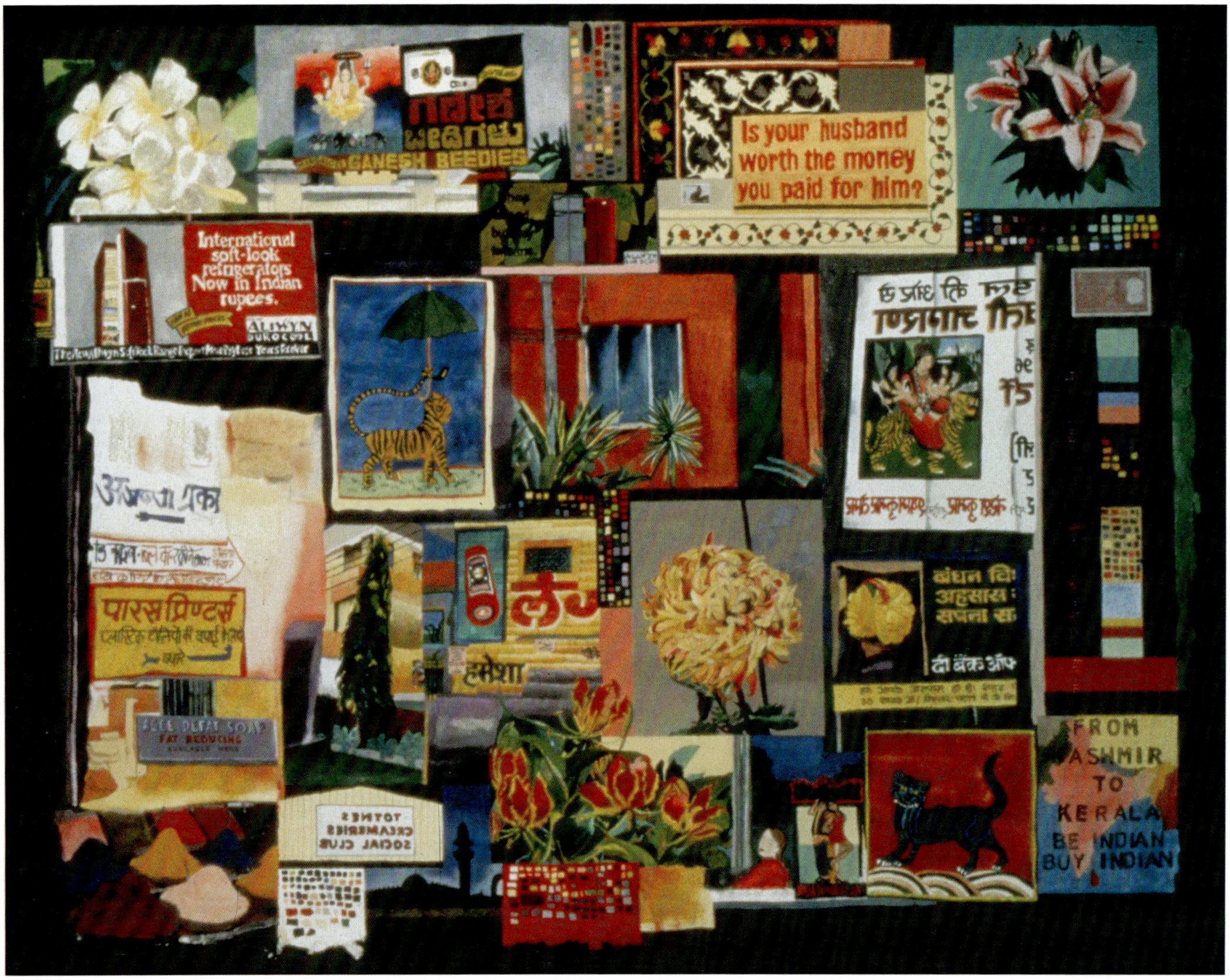

Sarindar Dhaliwal, *Indian Billboard*, 2000. 01/2-0019

Laurent Boulevard in order to go on show in a lobby, a boardroom, or an office somewhere in the country.

Art historian that I am, I am still intrigued by the collection, which seems as complex and surprising today as it was in 1989. The great names of Canadian art history stand next to those of young emerging artists. The major trends of contemporary arts are represented, but not necessarily according to the kind of order a curator would have imposed on the collection. Fortunately, three art consultants, Louise Pelland, Amy Jenkins, and Pierre Schnubb, are there to guide the clients who visit the Art Bank, providing extremely useful explanations to help them better understand the work available. Civil servants and business leaders have often opened themselves up to exciting new work because of their comments. Some have even abandoned the vacuous, purely decorative art with which they are familiar and developed a lasting interest in the innovative, highly creative contemporary art that leaves no room for compromise or caution. Neither utopian nor heretic, this is quite simply the brilliant realization of an exceptional concept.

2 242 peintures, 6 530 estampes, 2 666 photographies et 4 365 œuvres sur papier qui forment le gros de la collection. À destination de Calgary, Halifax, Toronto, Montréal ou la Colline parlementaire, les œuvres vont et viennent, selon les demandes des clients. À tout instant, l'un ou l'autre des 1 665 objets tridimensionnels – sculptures, installations, textiles et autres – peut quitter sa caisse ou son socle du 921, boulevard Saint-Laurent pour être exposé dans un hall d'entrée, une salle de conseil ou un bureau quelque part au pays.

Aux yeux de l'historien de l'art que je suis, cette collection demeure aussi déroutante aujourd'hui qu'elle me l'a semblé en 1989. Les grands noms de l'art canadien y côtoient ceux de jeunes artistes émergents. Les grandes tendances de l'art contemporain y sont représentées, mais sans l'ordre qu'un conservateur de musée aurait imposé. Heureusement que les trois conseillers, Louise Pelland, Amy Jenkins et Pierre Schnubb, éclairent les clients qui visitent la Banque d'œuvres d'art en leur fournissant des explications fort utiles à la compréhension des œuvres. C'est souvent grâce à ces commentaires que les fonctionnaires gouvernementaux et les chefs d'entreprise s'ouvrent à de nouvelles œuvres captivantes. Certains ont même délaissé les vacuités de l'art purement décoratif qui leur est familier et ont acquis un intérêt durable pour le caractère novateur et la créativité d'un art contemporain qui ne laisse pas de place au compromis ou à la circonspection. Ni utopie, ni hérésie, il s'agit simplement de la remarquable concrétisation d'une idée exceptionnelle.

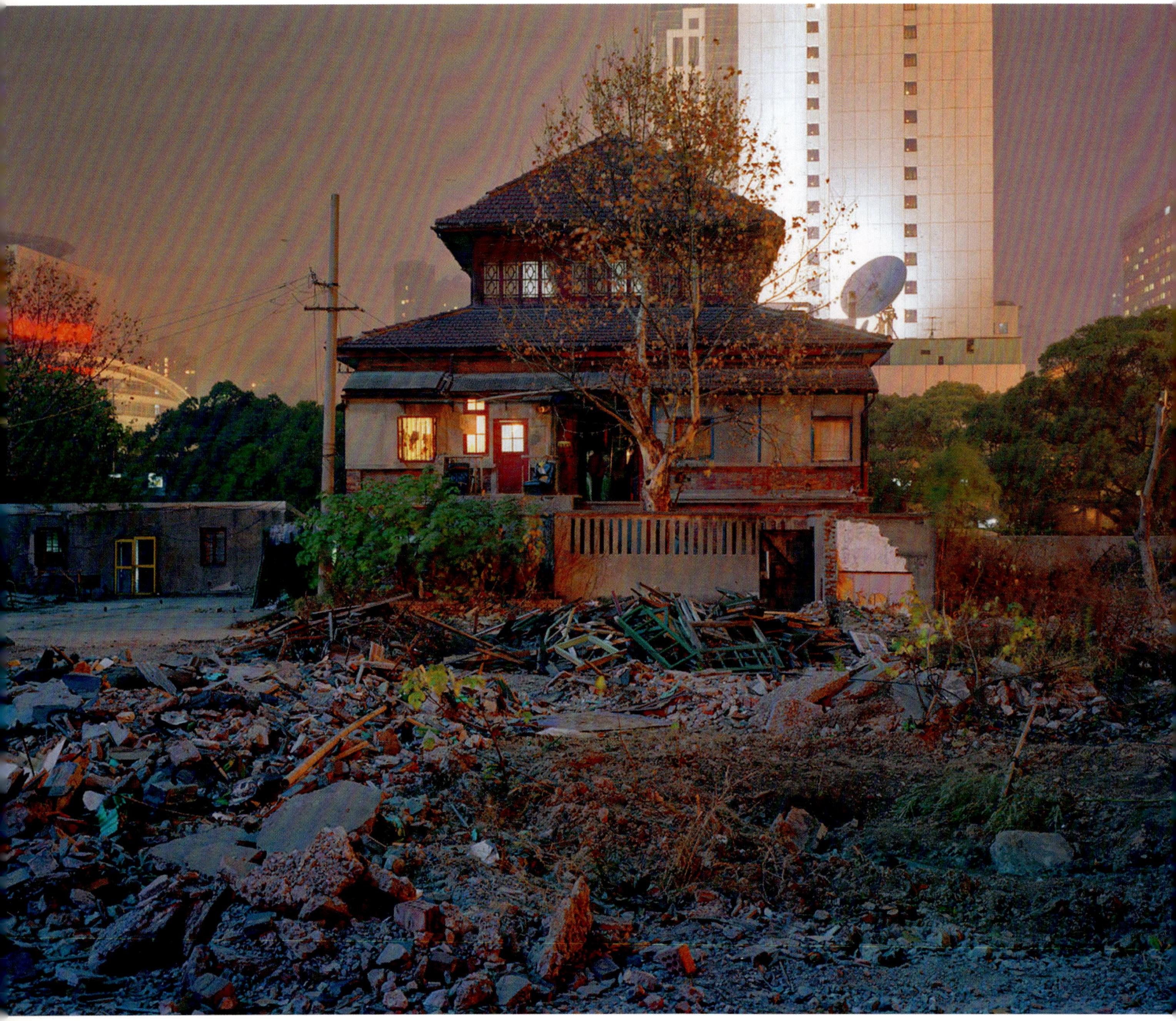

Greg Girard, *Huashan Lu House # 1*, 2006. 06/7-0052

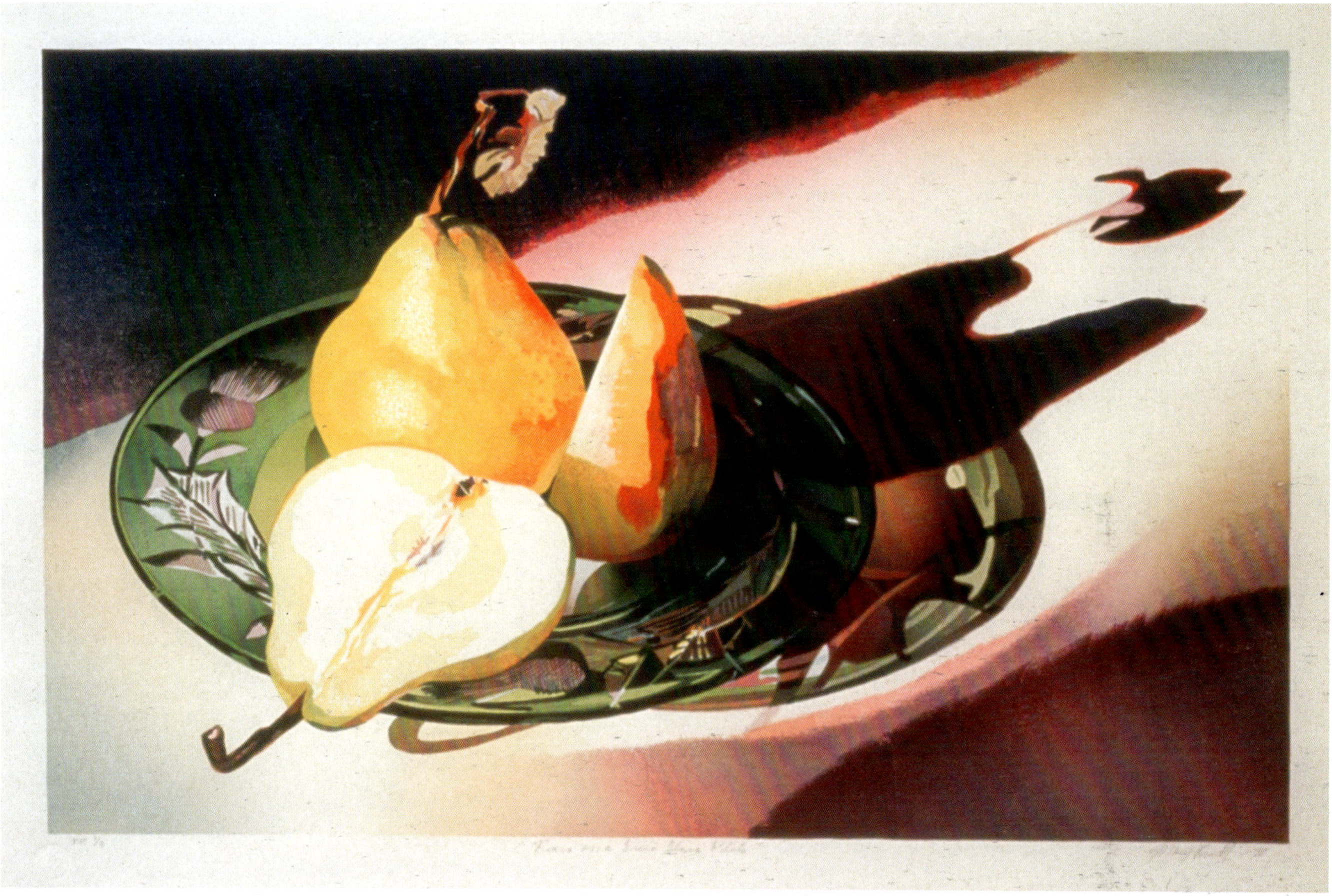

Mary Pratt, *Pears on a Green Glass Plate*, 1998. 01/2-0010

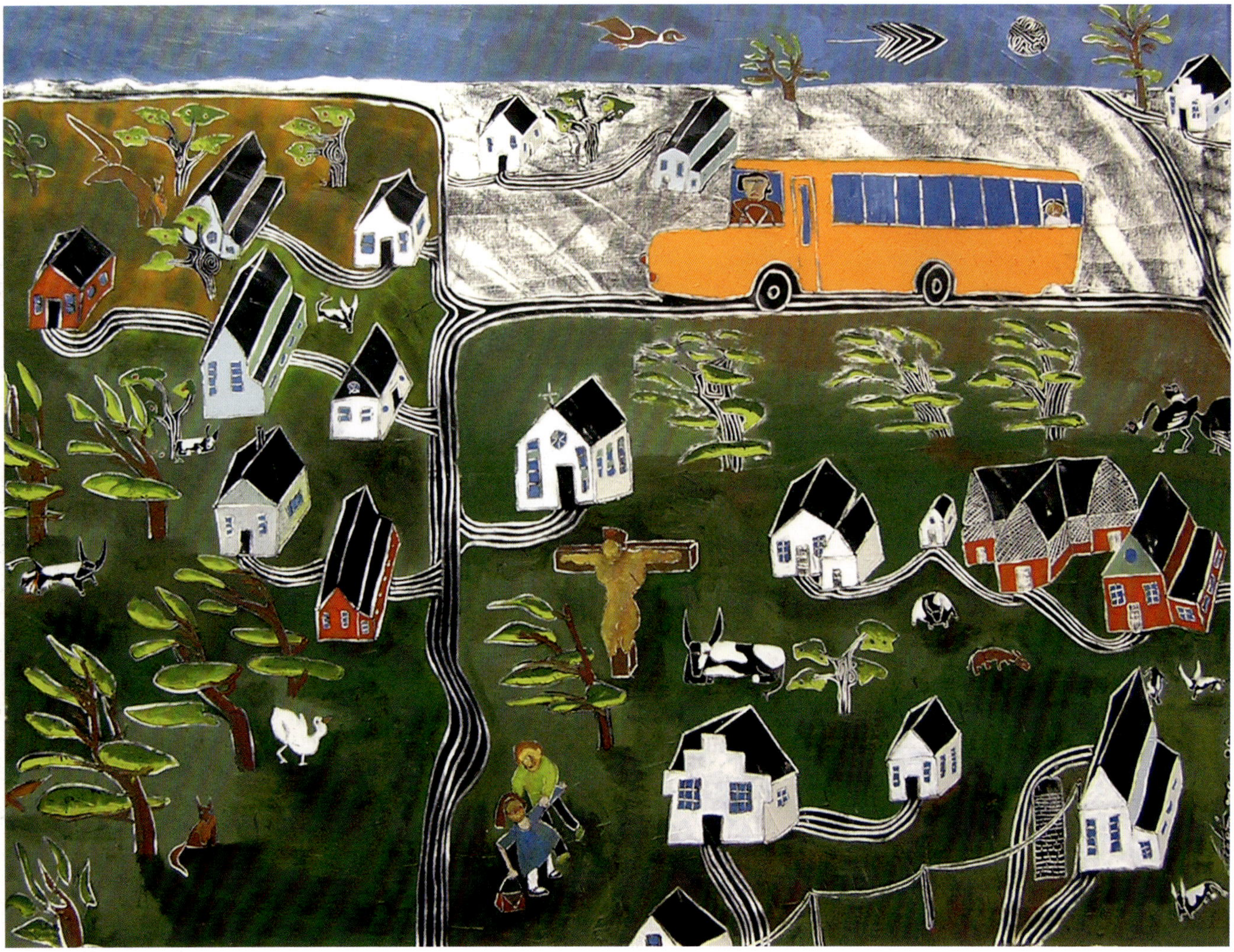

Raymond Martin, *L'autobus descend du rang #4*, 1989. 93/4-0145. Luc Raymond

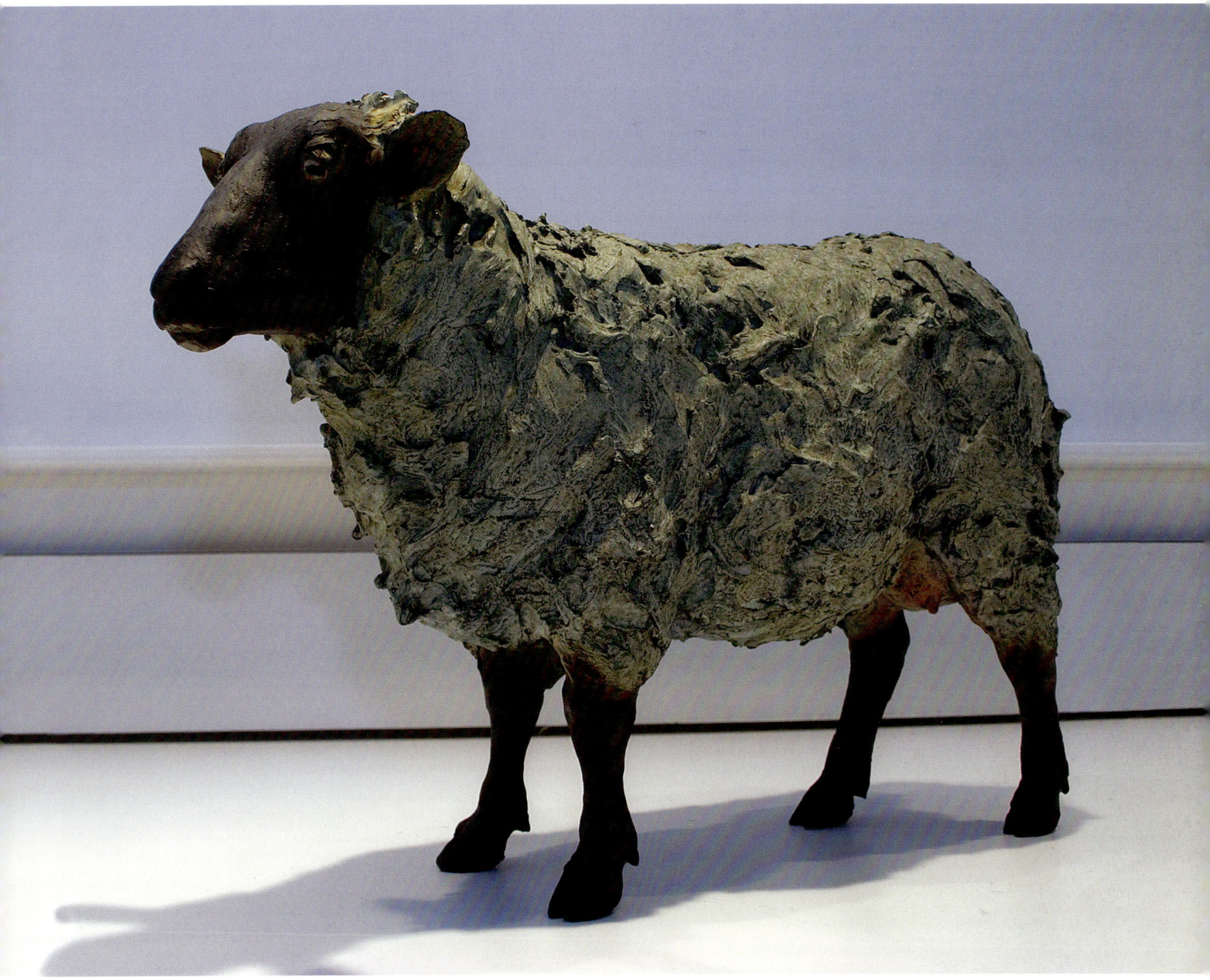

Joe H.Y. Fafard, *Nicola*, 2005. 06/7-0077

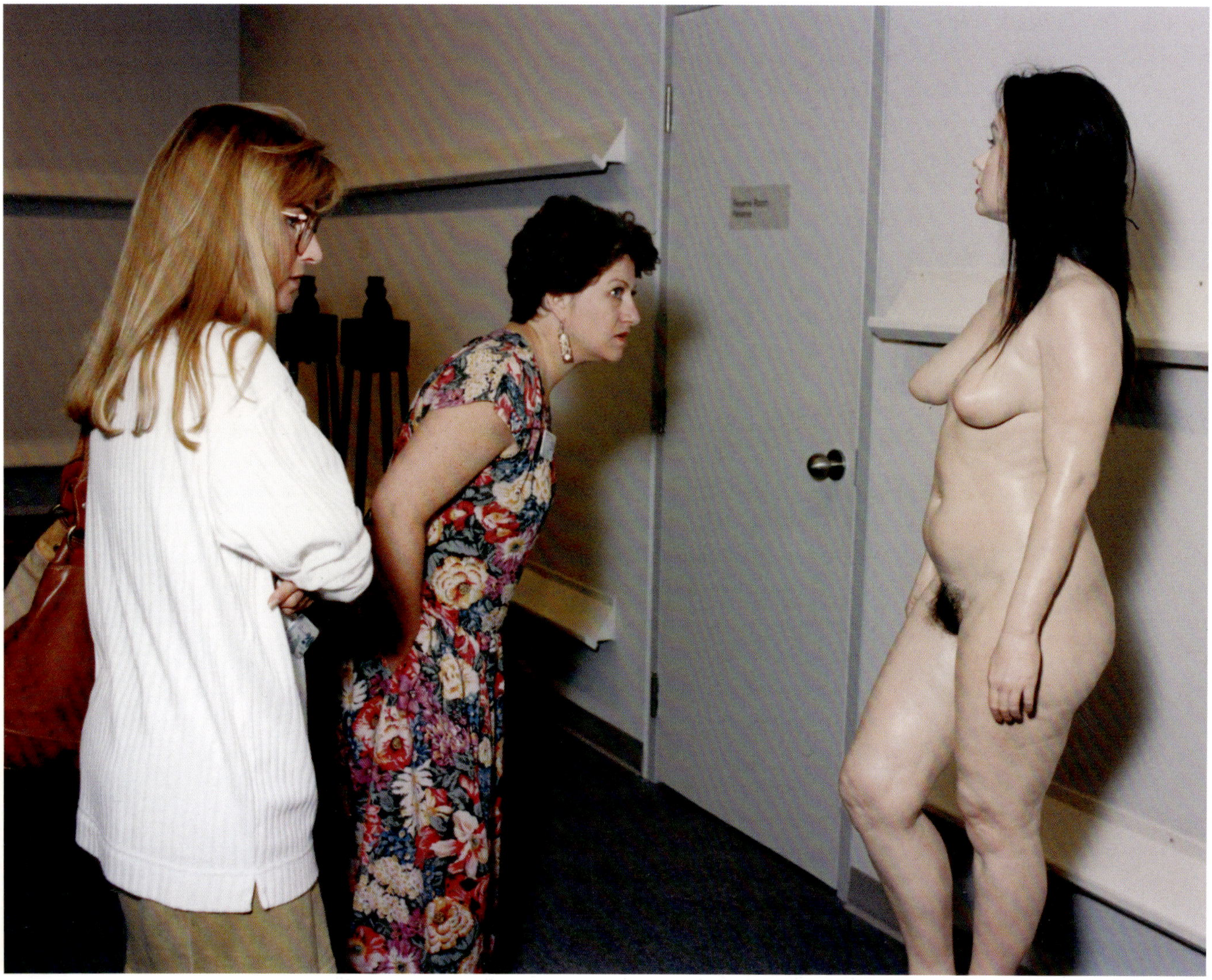

Evan Penny, *Ali*, 1983-1984. 84/5-0115. Art Bank Photo / Banque d'œuvres d'art

The Cloistered Nude

Peggy Gale

Cloistered: demure, in seclusion, protected from a dangerous world. As for the nudes, see below.

Since 1972, the Art Bank has been a bold experiment, a successful work in progress. Over the years, many thousands of Canadian artworks have been purchased and then rented or loaned to Art Bank clients, taking up temporary residence in government and, since 1995, corporate offices and boardrooms, as well as in airports and various cultural institutions across the country. But a few dozen of these works have remained under wraps, invisible.

Consider possible homes for Art Bank works. A grand ground-floor foyer, perhaps, with stone floors and flanking elevators. It's easy to picture large abstract works in oil or acrylic there, or an imposing sculpture. There is the senior office: spacious but low-key, with sober furnishings. More common is the open-plan workplace, crowded with filing cabinets and papers, chairs for visitors, and plenty of visual clutter. Some environments will be more formal – boardrooms or dining areas – while others are common offices and corridors. What is the artwork's role in each?

Selecting and hanging paintings, drawings, and prints or installing sculpture and ceramics is a delicate business that immediately con-

Cachez ce nu que je ne saurais voir

Peggy Gale

Depuis 1972, la Banque d'œuvres d'art est une expérience audacieuse, un travail couronné de succès qui se poursuit. Au fil des années, elle a acquis puis loué ou prêté à ses clients plusieurs milliers d'œuvres d'art canadiennes qui ont provisoirement élu domicile dans les bureaux et les salles de réunion du gouvernement et, depuis 1995, dans les bureaux et les salles de conseil d'entreprises, de même que dans les aéroports et diverses institutions culturelles d'un bout à l'autre du pays. Mais quelques douzaines de ces œuvres sont demeurées dans leur emballage, invisibles.

Ce ne sont pourtant pas les endroits qui manquent pour exposer les œuvres de la Banque. Un grand foyer au rez-de-chaussée, avec des planchers en pierre et des ascenseurs côte à côte. On y verrait facilement de grandes toiles abstraites à l'huile ou à l'acrylique, ou encore une imposante sculpture. Il y a le bureau du directeur, spacieux mais simple, meublé avec sobriété. Plus courant est le milieu de travail aménagé en espace fonctionnel, encombré de classeurs et de documents, de chaises pour les visiteurs et de tout un fouillis visuel. Certains endroits sont plus officiels, comme des salles de conseil ou des salles à manger, tandis que d'autres consistent en bureaux communs et en

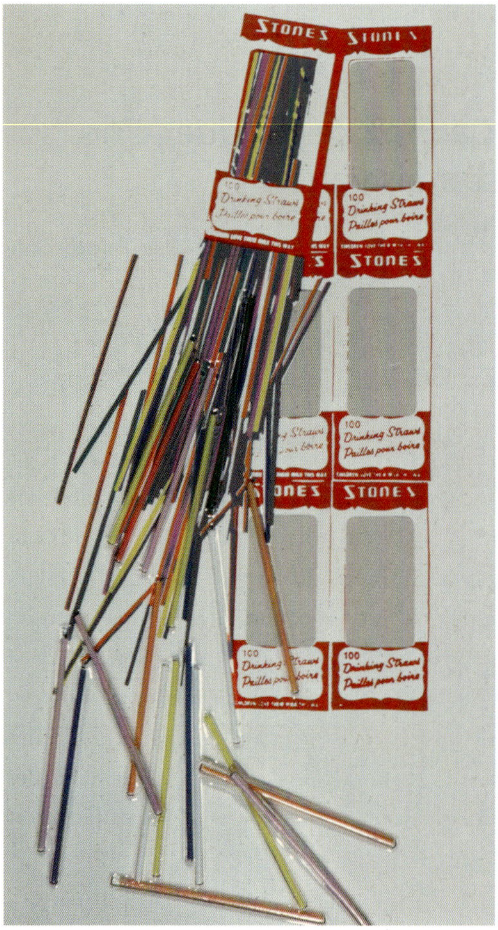

Pierre Ayot, *Pailles à boire*, 1973, one of many copies of this print in the Art Bank collection / un des nombreux exemplaires de cette estampe dans la collection de la Banque d'œuvres d'art. 72/3-1944

fronts issues of propriety as well as questions of visual pleasure or taste. Artworks are personal statements, self-portraits of those who display them. They may pose a challenge to people whose expertise lies elsewhere, or to viewers unaccustomed to the presence of art at such close range. Too close to a busy workstation, a bold piece might be distracting, and often it is not the inhabitant of the desk who chooses the work.

The Art Bank's efficient and detailed database readily shows which works have never been rented or been requested only once. By far the largest number of these are works on

corridors. Quel est le rôle de l'œuvre d'art dans chacun de ces endroits ?

La sélection et l'accrochage de tableaux, de dessins et d'estampes ou l'installation de sculptures et de céramiques sont une affaire délicate qui soulève immédiatement des questions de bienséance et de plaisir ou de goût visuel. Les œuvres d'art sont des affirmations personnelles, des autoportraits de ceux et celles qui les montrent sur la place publique. Elles peuvent poser des difficultés aux personnes dont les connaissances se situent ailleurs ou aux spectateurs non habitués à côtoyer aussi étroitement des œuvres d'art. Placée trop près d'un poste de travail débordant d'activité, une œuvre audacieuse peut constituer une distraction, d'autant plus que la personne qui occupe le poste de travail est rarement celle qui choisit l'œuvre d'art.

La base de données détaillée et facile à consulter de la Banque d'œuvres d'art permet de connaître immédiatement les œuvres que personne n'a louées ou qui n'ont fait l'objet que d'une seule demande de location. La grande majorité de celles-ci sont de loin des œuvres sur papier, généralement des dessins ou des éditions d'estampes. On rencontre quelques longues listes d'œuvres dont les titres, les dates et la valeur sont identiques, ce qui indique qu'il s'agit de séries d'estampes dues à des artistes tels que Pierre Ayot, Douglas Bentham, Michael de Courcy, General Idea, John Greer, Robin MacKenzie et David Rabinowitch. On imagine des jurys transportés d'enthousiasme, sûrs que « tout le monde » voudra suspendre l'une de ces œuvres attrayantes et peu coûteuses au-dessus de son bureau. Visiblement, les choses ne se sont pas toujours passées ainsi : les jurys ne peuvent prévoir les goûts de leurs clients avec exactitude.

paper, usually drawings or editions of prints. A few long lists of pieces with identical titles, dates, and values indicate suites of prints by artists including Pierre Ayot, Douglas Bentham, Michael de Courcy, General Idea, John Greer, Robin MacKenzie, and David Rabinowitch. One imagines juries carried away with enthusiasm, sure that "everyone" will want one of these attractive, inexpensive items above his or her desk. Obviously, it hasn't always worked that way; the juries couldn't anticipate their clients' tastes accurately. Undoubtedly some willful jurors imposed their strong opinions about artistic styles, subject matter, and materials on their fellows.

Yet many of these works on paper are unique and by artists of considerable repute. Perhaps the sheer number of available pieces is daunting. It seems unfortunate, however, that Jim Hansen's *Newfoundland Album* series seldom found a home, and that *Camp Scene and Spear Fishing*, by Janet Kigusiuq, *Untitled (Face / Wolves)*, by Victoria Mamnguqsualuk, and *At the Windbreak*, by Kananginak Pootoogook, were never rented, despite the fame of the artists' other works. Even quirky little drawings by Marcel Dzama, much loved by collectors in Canada and abroad, have mostly languished in hiding since their purchase. Single outings usually happen during a piece's first year in the collection, followed by retreat into storage. The Art Bank's works on paper are truly an embarrassment of riches.

Because the Art Bank's clients intend to display the works to the public, the subject matter is a significant issue. Clients seek artworks compatible with their confidence and personal taste as well as with what they perceive to be

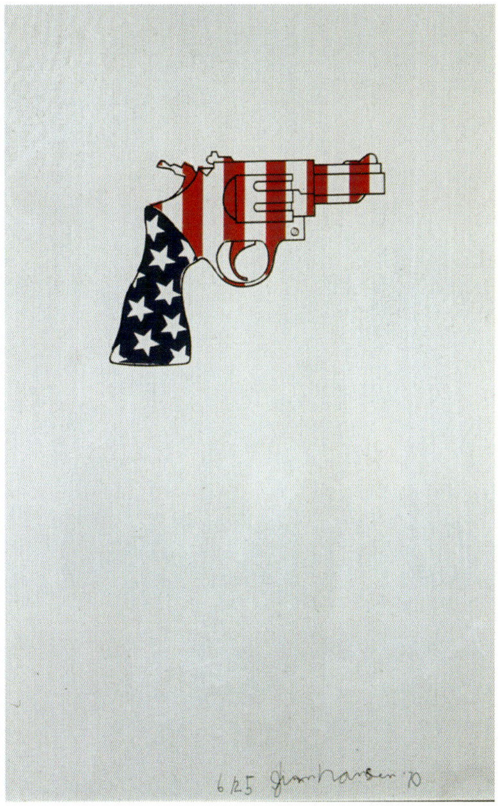

Jim Hansen, *Kent State*, 1970. This painting refers to the brutal 1970 killings by the National Guard of student demonstrators protesting the Vietnam War. Hansen had graduated from Kent State University the year before. / Cette peinture rappelle le massacre, par la Garde nationale, de manifestants étudiants qui protestaient contre la guerre du Viêt-Nam en 1970. Hansen avait reçu son diplôme de la Kent State University l'année précédente. 72/3-2147. Yvan Boulerice

Sans doute que des jurés obstinés ont imposé leurs opinions, en matière de styles artistiques, de sujets et de matériaux, à leurs collègues.

Pourtant, bon nombre de ces œuvres sur papier sont uniques et ont été réalisées par des artistes jouissant d'une renommée considérable. Peut-être que le grand nombre d'œuvres disponibles décourage certains clients potentiels. Il semble malheureux, toutefois, que la série *Newfoundland Album*, de Jim Hansen, ait rarement trouvé preneur ou que *Camp Scene and Spear Fishing*, de Janet Kigusiuq, *Untitled (Face / wolves)*, de Victoria Mamnguqsualuk, et *At the Windbreak*, de Kananginak Pootoogook, n'aient jamais trouvé preneur, malgré la célébrité des autres œuvres de ces artistes. Même les bizarres petits dessins de Marcel Dzama, très appréciés

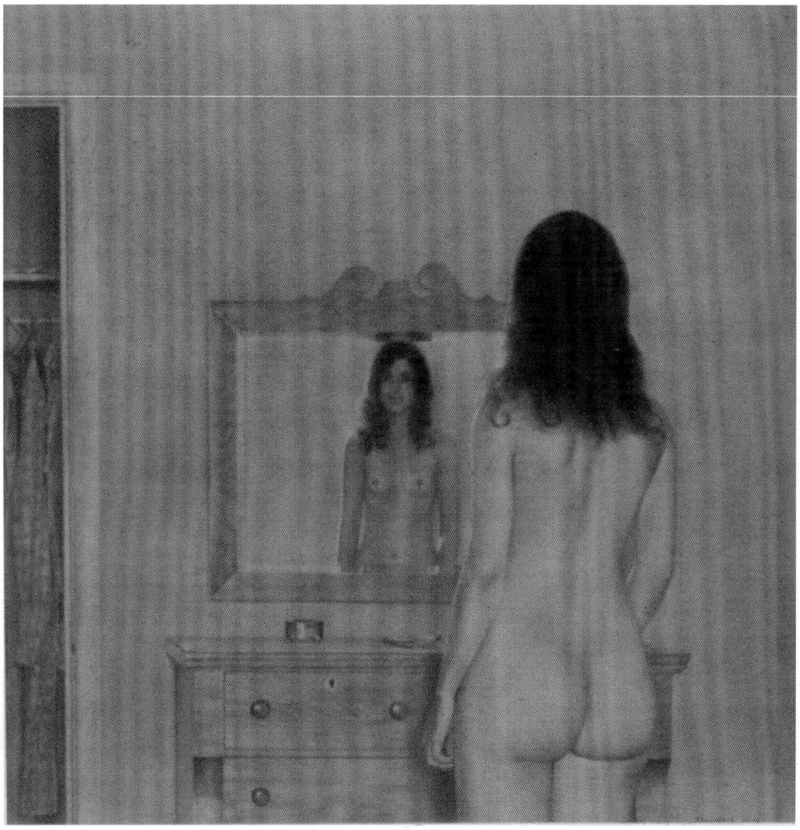

Jack Chambers, *Nude*, 1973. 73/4-0822. Yvan Boulerice

uncontroversial public imagery. Nude figures, whether modestly academic or more provocative in style, thus pose a range of challenges in an office environment. Interestingly, however, juries have continued to purchase nudes, beginning with Dennis Burton's *Garter Belt* series and related works in 1972-1973, 1977-1978, and 1978-1979. Many of Ernst Lindner's fine pencil renderings of the female form were bought in 1972-1973 and again in 1977-1978. Like these, Evan Penny's startlingly lifelike nudes, slightly smaller than life-size and complete with natural pubic hair, also languish unrented in the Art Bank collection. Penny's *Ali* always gets a second look, although it has never been rented. In 2002, as part of a marketing initiative, *Ali*

des collectionneurs canadiens et étrangers, ont généralement langui dans leur cachette depuis leur acquisition. Les œuvres sont habituellement louées au moins une fois au cours de leur première année dans la collection, pour ensuite être entreposées. Les œuvres sur papier de la Banque offrent vraiment l'embarras du choix.

Étant donné que les clients de la Banque désirent montrer les œuvres au public, le sujet qu'elles traitent a son importance. Les clients recherchent des œuvres qui reflètent leur confiance et leurs goûts personnels et qui projettent une image publique qu'ils veulent non controversée. Les figures nues, qu'elles soient surtout modestement académiques ou d'un style plus provocateur, posent ainsi toutes sortes de difficultés dans un milieu constitué de bureaux. Cependant, il est intéressant de remarquer que les jurys ont continué d'acheter des nus, en commençant par la série *Garter Belt*, de Dennis Burton, et ses œuvres connexes en 1972-1973, 1977-1978 et 1978-1979. En 1972-1973 et, à nouveau, en 1977-1978, la Banque a acquis de nombreux dessins minutieux au crayon réalisés par Ernst Lindner, qui représentent le corps féminin. De même, les nus étonnamment réalistes d'Evan Penny, un peu plus petits que grandeur réelle et complets avec des poils pubiens naturels, se morfondent eux aussi dans l'entrepôt de la Banque faute de locataires. *Ali*, de Penny, incite toujours le spectateur à y regarder deux fois, même si elle n'a jamais été louée. En 2002, dans le cadre d'une initiative de marketing, on emporta *Ali* à une conférence juridique au Château Montebello. Un participant mal à l'aise recouvrit le corps d'un sac à ordures vert et mit un béret écossais sur les cheveux « naturels ».

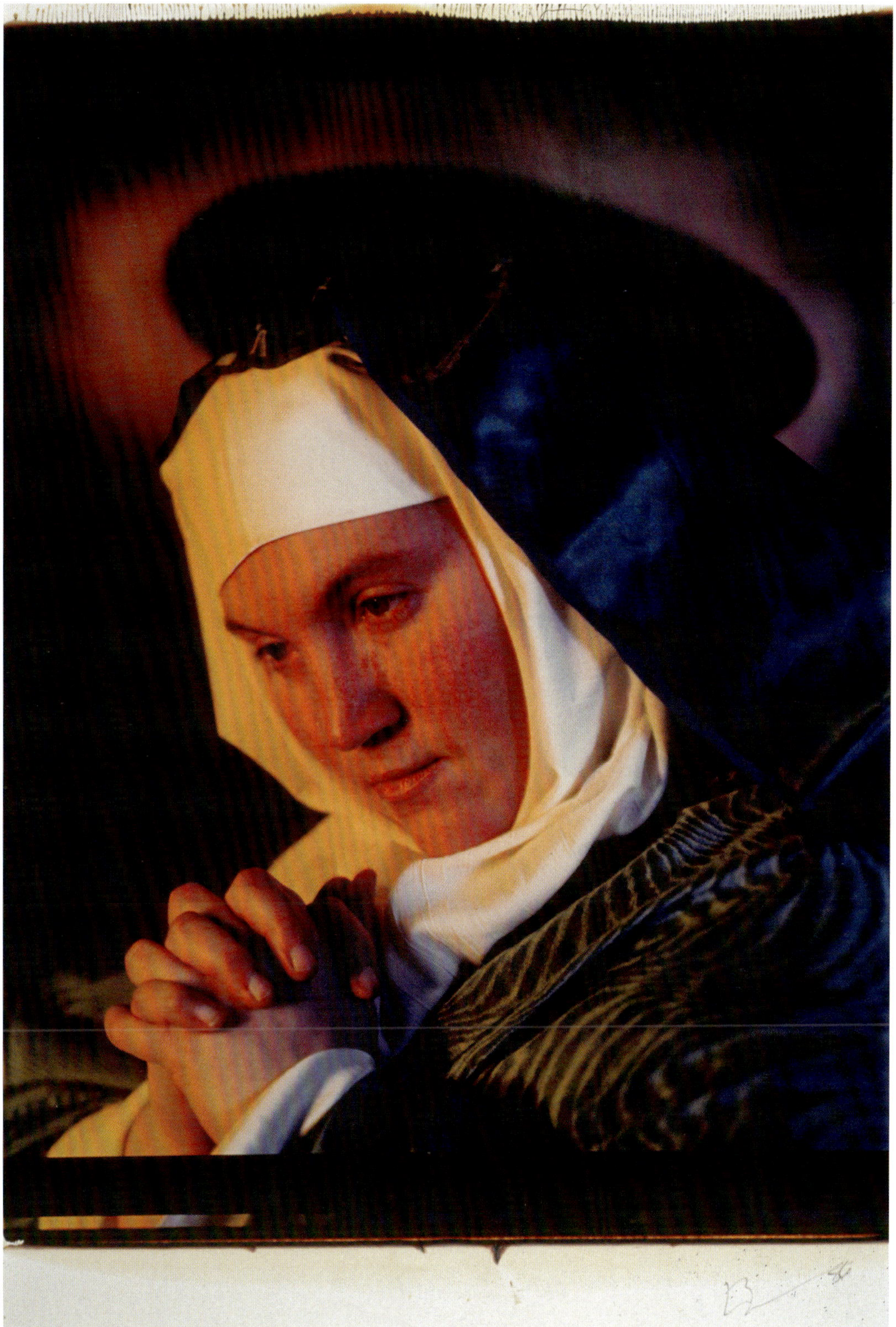

Evergon, *Untitled / Sans titre*, 1986. 93/4-0326.

Vincenzo Pietropaolo, *Crown of Thorns (Ritual Series)*, 1982. 85/6-0054. Yvan Boulerice

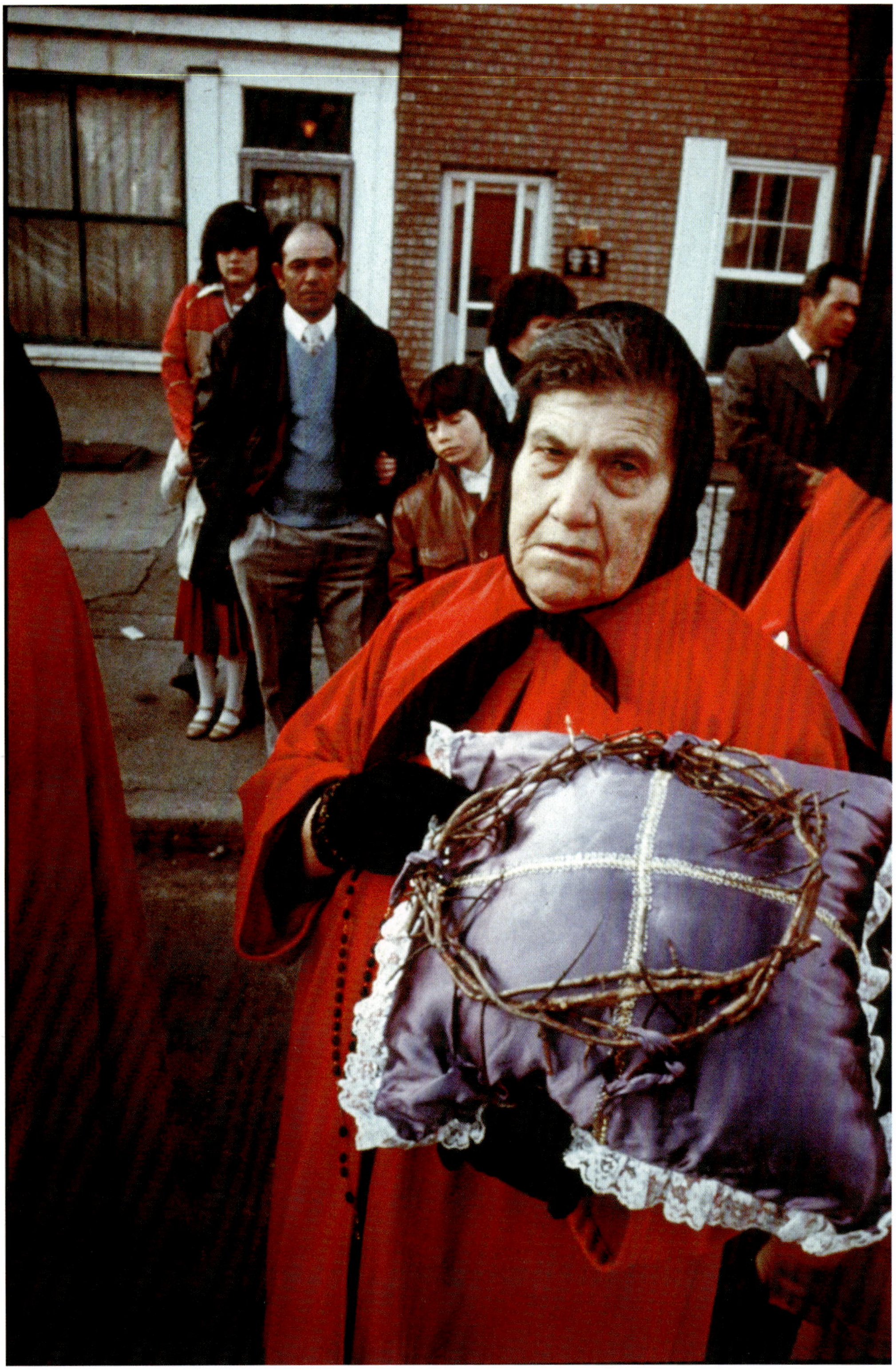

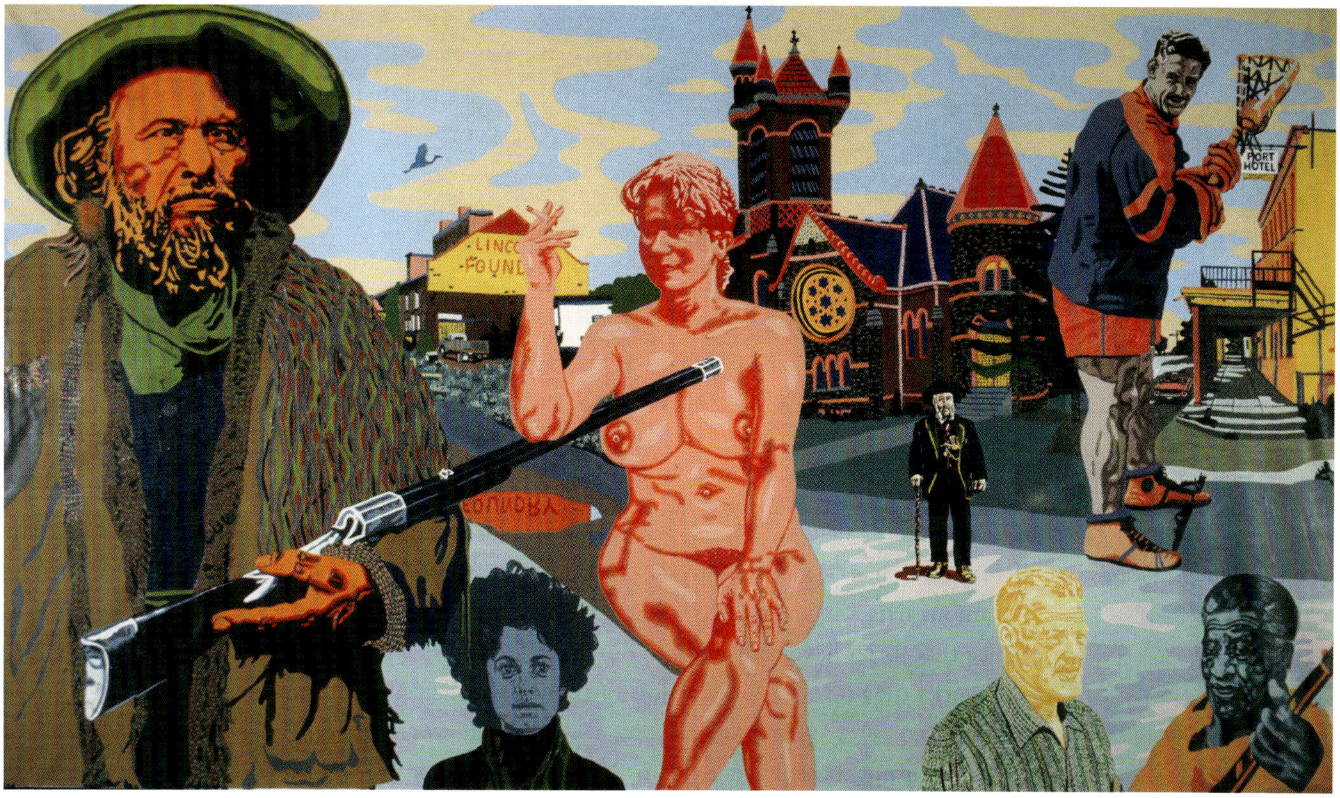

John Boyle, *Ontario Street*, 1971. 72/3-1903. Yvan Boulerice

was taken to a legal conference at the Château Montebello. One uncomfortable conference participant covered the body with a green garbage bag, and a Scottish tam was placed on the "natural" hair.

Neither Hugh Mackenzie's fine drawing of a woman's torso, her face obscured by a fencing mask, nor Jack Chambers's discreet nude, seen from behind as she gazes into her bedroom mirror – both elegant and restrained works that would be comfortable in any public museum collection – ever found a rental home. The Art Bank collection includes many other nudes: smiling sunbathers by Glenn Howarth, unidentified torsos at the beach by John Greer, languid ladies in déshabille by Fred Ross, Kathy Hooper's expressionist contortions. The long

Ni le dessin de Hugh Mackenzie représentant le buste d'une femme, au visage obscurci par un masque d'escrime, ni le nu discret de Jack Chambers, dont le sujet vu de dos se regarde dans le miroir de sa chambre à coucher – deux œuvres élégantes et pleines de retenue qui cadreraient très bien dans toute collection de musée – n'ont jamais été loués. La collection de la Banque d'œuvres d'art comporte bien d'autres nus : femmes souriantes prenant un bain de soleil, de Glenn Howarth ; bustes non identifiés à la plage, de John Greer ; femmes langoureuses en déshabillé, de Fred Ross ; contorsions expressionnistes, de Kathy Hooper. La longue liste de nus, de tous les styles et dans toutes les poses possibles, d'artistes célèbres et d'autres moins connus, témoigne du fait que les

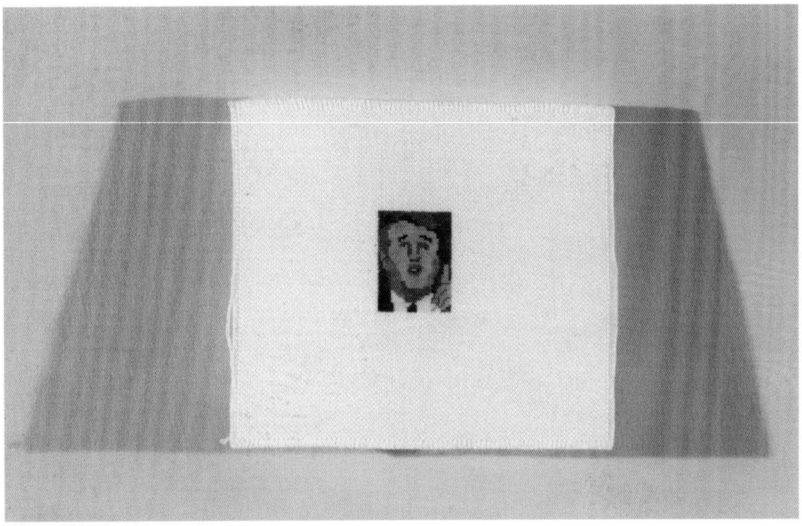

Colette Whiten, *Mulroney Series*, 1986. 88/9-0003. Yvan Boulerice

list of nudes in every possible style and pose, by famous artists and names less known, is evidence that juries have continued to purchase the works they favoured, regardless of their rentability.

Nudity is not the only contentious subject. A number of works with religious content are among the "cloistered" material, including a haloed saint by Evergon and Carl Beam's silkscreen quotations of old masters. Several works by Vincenzo Pietropaolo have been purchased over the years, but especially his *Crown of Thorns* poses problems. Any suggestion of violence causes consternation as well. Jim Hansen draws a neat little handgun in American flag colours. Warren Peterson's drawing of a door with its posted sign, "No milk today," has a scrawled note about murder along the bottom. André Panneton shows a man with a blanked-out face pointing his finger at his temple or frames an arm shooting a revolver into the corner of the photograph. Steve Higgins constructs a lifelike rifle in *M-16*, and Carl Daoust shows a bullet blasting with a splatter through a barrier. None

jurys ont continué d'acheter les œuvres qu'ils préféraient, sans se soucier de leur rentabilité.

La nudité n'est pas le seul sujet controversé. Un certain nombre d'œuvres à contenu religieux figurent parmi le matériel « à l'index », dont un saint auréolé, d'Evergon, et les citations sérigraphiées de vieux maîtres, de Carl Beam. Plusieurs œuvres de Vincenzo Pietropaolo ont enrichi la collection au cours des années, mais c'est surtout son *Crown of Thorns* qui fait problème. Toute suggestion de violence suscite également de la consternation. Jim Hansen a dessiné un joli petit pistolet aux couleurs du drapeau américain. Le dessin d'une porte sur laquelle une affiche indique « *No milk today* », de Warren Peterson, comprend une note au sujet d'un meurtre griffonnée au bas. André Panneton montre un homme au visage effacé qui pointe son doigt vers sa tempe, ou il place un bras tirant au revolver dans le coin de la photographie. Steve Higgins construit une carabine qui semble vraie dans *M-16*, tandis que Carl Daoust montre une balle qui éclate à travers une barrière. Aucune de ces excellentes œuvres n'a jamais trouvé un foyer régulier.

Les œuvres ayant un contenu explicitement politique sont également problématiques. *Mulroney Series*, de Colette Whiten, trace des portraits en perles délicates où la tête de l'ancien premier ministre remplace la feuille d'érable du Canada sur un drapeau. Les photographies de Carole Condé et de Karl Beveridge demandent aux spectateurs et aux gouvernements d'agir de façon responsable. *Somalia / War Artist #2*, d'Allan Harding Mackay, évoque des souvenirs qui ne sont pas toujours les bienvenus.

Même l'histoire ancienne est risquée, comme celle représentée dans les grands tableaux

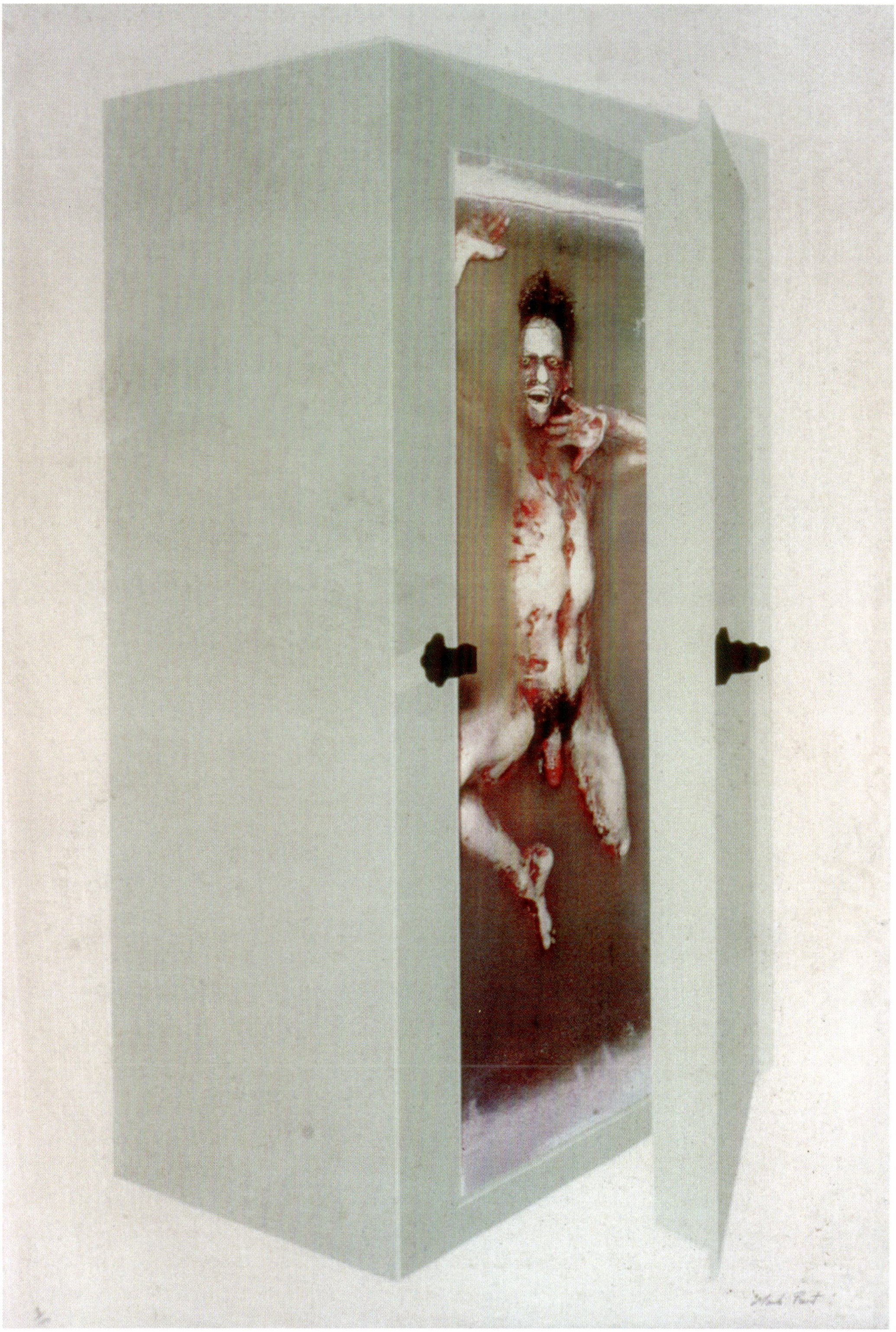

Mark Prent, *Thawing Out*, 1974, one of the artist's many disturbing but powerful works in the Art Bank collection / une des nombreuses œuvres dérangeantes mais puissantes de l'artiste dans la collection de la Banque d'œuvres d'art. 75/6-0712

General Idea (A.A. Bronson, Jorge Zontal, Felix Partz), *Mondo Cane*, 1985.
85/6-0564. Yvan Boulerice

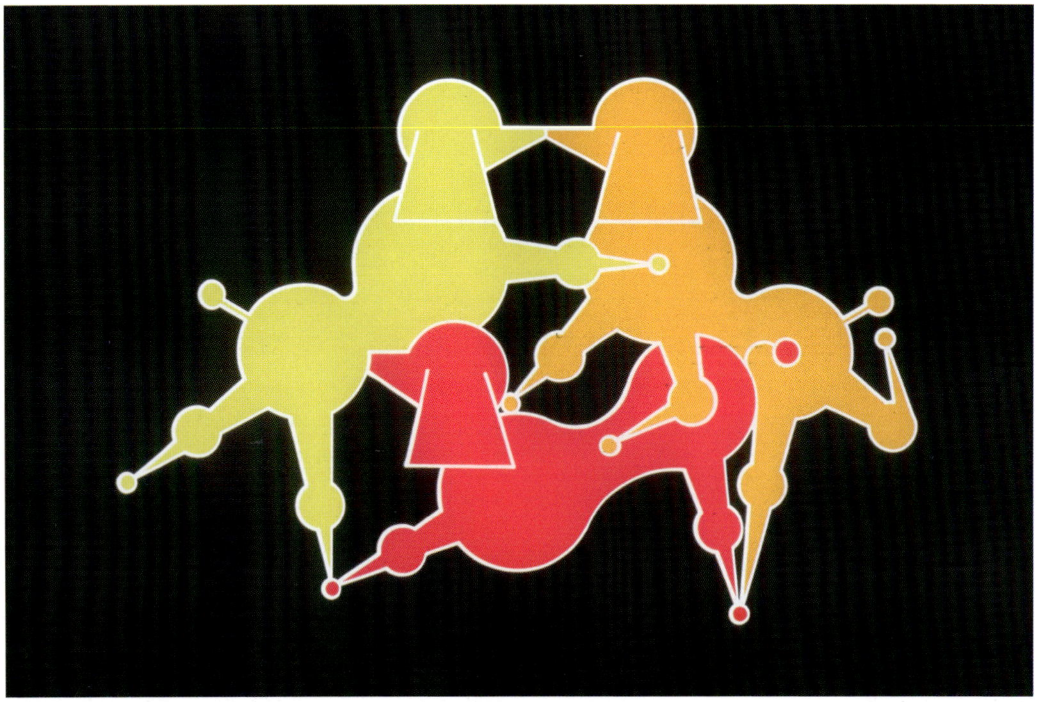

of these fine pieces have ever found regular homes.

Work with overt political content is also problematic. Colette Whiten's *Mulroney Series* traces portraits in delicate beadwork, with the former prime minister's head replacing Canada's maple leaf on a flag. Photo works by Carole Condé and Karl Beveridge challenge viewers and governments to act responsibly. Allan Harding Mackay's *Somalia / War Artist #2* may bring unwelcome memories.

Even long-ago history is risky, as depicted in John Boyle's large and colourful paintings with images of Louis Riel or cowboys or the Parliament buildings. Ever since he began painting, Boyle says, he has "been obsessed with exploring the Canadian landscape of my everyday experience and examining the people, friends, local or national heroes or villains,

colorés de John Boyle, avec des images de Louis Riel, de cow-boys ou des édifices du Parlement. Boyle affirme que, depuis qu'il a commencé à peindre, il est obsédé par la volonté d'explorer le paysage canadien qu'il voit tous les jours et d'examiner les gens, ses amis, les héros locaux ou nationaux ou les bandits qui partagent son patrimoine et vont sans gêne dans le monde comme des êtres complètement humains. Ici, cependant, c'est peut-être la taille des œuvres qui est le véritable problème : malgré la similitude de leur contenu politique, les œuvres grand format de Boyle dans le métro de Toronto sont fort appréciées depuis de nombreuses années.

Puis il y a le sexe, même suggéré. Les estampes fluorescentes de trios de caniches gambadants de General Idea, *Mondo Cane*, sont indéniablement suggestives. Les « boucliers » héraldiques

who share my heritage and go unashamed into the world as full human beings." Here, however, perhaps the size of the works is the real problem: although their political content is similar, Boyle's large works in the Toronto subway system have been popular favourites for many years.

Then there's sex, even by implication. General Idea's fluorescent prints of frolicking trios of poodles, *Mondo Cane*, are undeniably suggestive. The flocked heraldic "shields" from *The Armoury of the Miss General Idea Pavillion* include penis-like *fleur-de-lys*, along with dollar signs and skulls and flaming lions rampant. These are not simple decorative pieces; all are definitely intended to alert or challenge the viewer.

Other works seem distressing, perhaps because their subjects are too "real." Mark Prent's life-size man, naked and silently screaming in his freezer-prison, or his image of an apparently decomposing body in an open coffin, are understandably viewed with distaste or, at the very least, dismay. Aganetha Dyck's sculptures and installations include objects overgrown with beeswax, an uncomfortable choice of materials. Catherine Heard's doll-size figures crafted in soft fabrics are unnerving for their mutant qualities – two heads, or conjoined bodies. And Donigan Cumming's photographs, purchased regularly since 1985, are equally discomfiting in their depiction of aged bodies and figures from society's margins.

Almost any subject matter is potentially troubling, but other factors can also render works unsuitable for rental. Installations pose the obvious problem of scale, often compounded by sound components, time-based elements involving video or other projections, and working

veloutés de *The Armoury of the Miss General Idea Pavillion* comprennent des fleurs de lys ressemblant à des pénis, ainsi que des signes de dollar, des crânes et des lions flamboyants rampants. Il ne s'agit pas de pièces purement décoratives ; ces œuvres sont assurément toutes destinées à alerter ou à défier le spectateur.

D'autres œuvres bouleversent peut-être parce que leur sujet est trop « réel ». L'homme grandeur nature produit par Mark Prent, nu et criant silencieusement dans son congélateur-prison, ou sa représentation d'un corps en apparente décomposition dans un cercueil ouvert répugnent ou, à tout le moins, laissent le visiteur consterné, ce qui est compréhensible. Les sculptures et les installations d'Aganetha Dyck comprennent des objets recouverts de cire d'abeille, un choix de matériau peu commode. Les figures de Catherine Heard, ayant la taille de poupées et fabriquées en tissus souples, dérangent par leurs qualités mutantes – elles ont deux têtes ou les corps sont joints ensemble. Et les photographies de Donigan Cumming, achetées régulièrement depuis 1985, sont tout aussi déconcertantes par leur représentation de corps âgés et de figures marginales de la société.

À peu près n'importe quel sujet est susceptible de déranger, mais d'autres facteurs expliquent pourquoi une œuvre ne se loue pas. Les installations posent l'évident problème de l'échelle, auquel s'ajoutent souvent des composantes sonores, des éléments temporels nécessitant des projections vidéo ou autres, et des pièces mécaniques qui risquent toujours de tomber en panne. L'œuvre chargée d'une douce intimité *Don't Lie, Don't Cheat, Don't Be Afraid*, de Robin Collyer, qui se compose de plusieurs petites sculptures, exige beaucoup d'espace au sol.

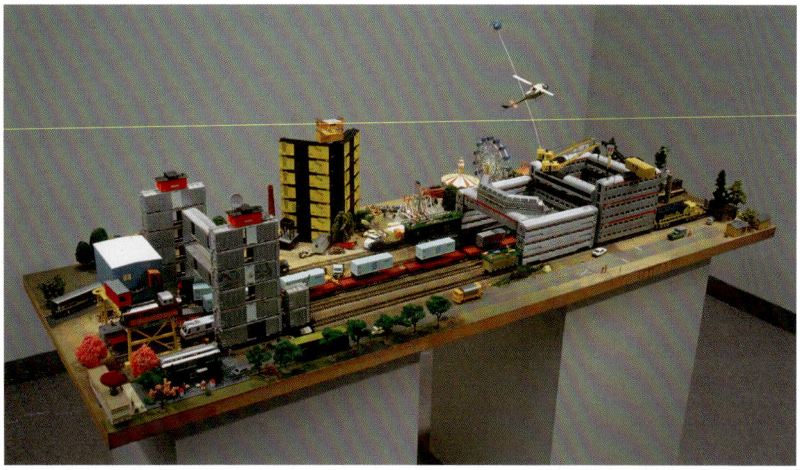

Kim Hastings Adams,
Artist Colony, 1987-1989.
90/1-0041. Yvan Boulerice

parts that are always in danger of breakdown. Robin Collyer's quietly intimate *Don't Lie, Don't Cheat, Don't Be Afraid*, made up of several small sculptures, requires significant floor-space. Vera Frenkel's expanded video work, *The Business of Frightened Desires (or The Making of a Pornographer)*, a witty and incisive spoof on censorship in the guise of a scientific study of fleas, is a very large piece with many parts. Raymond Gervais's elegant *Cap T (Le tombeau de Charles Ives d'après "The Unanswered Question")* also needs a spacious layout. Very few office sites can accommodate such scale, even if the demands on a viewer's informed attention could be met successfully. Though smaller in size, projection pieces by Ian Carr-Harris or Wyn Geleynse require careful siting so the images can be seen properly, and viewers must be willing to commit the necessary time. Even stable, silent sculptures may be overwhelming, like Kim Adams's enormous constructions of found objects and Royden Rabinowitch's *6 Left Limits Added to a Piecewise Linear Developed Manifold*, purchased in 1978-1979, and his *9 Left Limits Added to a Developed 5 Manifold Plate*, acquired the following year.

L'œuvre vidéo *The Business of Frightened Desires (or The Making of a Pornographer)*, de Vera Frenkel, une parodie incisive et pleine d'esprit sur la censure qui se présente sous l'apparence d'une étude scientifique des puces, est de très grande taille et compte de multiples pièces. L'élégant *Cap T (Le tombeau de Charles Ives d'après « The Unanswered Question »)*, de Raymond Gervais, a également besoin d'un aménagement spacieux. Très peu d'immeubles de bureaux ont l'espace voulu pour présenter de telles œuvres, même si celles-ci réussiraient à retenir l'attention du spectateur. Bien qu'elles soient plus petites, les projections d'Ian Carr-Harris ou de Wyn Geleynse exigent un endroit choisi avec soin afin que les images soient bien vues, et il faut que les spectateurs soient disposés à y consacrer le temps nécessaire. Même des sculptures stables et silencieuses risquent de ne pas convenir, comme les énormes constructions d'objets trouvés de Kim Adams, la pièce *6 Left Limits Added to a Piecewise Linear Developed Manifold*, de Royden Rabinowitch, achetée en 1978-1979, ou encore *9 Left Limits Added to a Developed 5 Manifold Plate*, acquise l'année suivante.

D'autres facteurs diminuent la rentabilité des œuvres d'art. Certains sont d'ordre physique – c'est trop grand, trop fragile, trop bruyant – et d'autres, d'ordre intellectuel ou émotionnel – c'est trop intense ou simplement trop dérangeant par la forme, le contenu ou les matériaux. Depuis le début, cependant, la véritable question a été de savoir ce qui mérite d'être collectionné. Les jurys se composent d'artistes représentant de nombreuses techniques de création et venant de tous les coins du pays. Ce qui est considéré comme « acceptable » varie d'un jury à un autre et d'une décennie à l'autre,

Other factors diminish the rentability of artworks, ranging from the physical – too big, too fragile, too noisy – to the intellectual and emotional: too intense, or simply upsetting in form, content, or materials. All along, however, the real question has been, what is worthy of collection? Juries advising on purchases are made up of artists representing many media and all parts of the country. Their sense of what is "acceptable" changes from jury to jury and decade to decade, but the commitment to buy the best works and to support contemporary artists has been unwavering.

The Art Bank is not a collection assembled for a private client or a public museum, and it cannot reflect a single taste or narrow definition of artistic values. The collection is not committed to being coherent, symbolic, comprehensive, or representative, and rightly so. The Art Bank is an assembly of works rather than a single œuvre. Ideally, it is never seen as a whole, for the collection is always dispersed as widely as possible. Rather than coming from a centralized individual taste, the works as installed – as seen in the world – will be a reflection of users' (clients) pleasures, anxieties, passions, and perceptions.

When the Art Bank was first announced to the public, *Maclean's* magazine saw its potential for a new form of "rug-ranking": who would get the Michael Snow? Who would score a Guido Molinari? It's a charming notion, in retrospect, for the Art Bank has been admirably catholic in both its purchases and its rental policies. The collection has become an evolving portrait of both Canadian art and, finally, its wide and changing audience.

mais l'engagement à acquérir les meilleures œuvres et à appuyer les artistes contemporains est demeuré inébranlable.

La Banque d'œuvres d'art n'est pas une collection qui a été montée pour un client privé ou un musée public et elle ne peut refléter un goût unique ou une définition étroite des valeurs artistiques. La collection ne cherche pas à être cohérente, symbolique, exhaustive ou représentative, et à juste titre. La Banque est un rassemblement d'œuvres plutôt qu'une œuvre unique. Idéalement, la collection n'est jamais vue comme un tout, car elle est toujours aussi diversifiée que possible. Au lieu de résulter des goûts d'une seule personne, les œuvres telles qu'elles sont installées – telles qu'elles sont vues dans le monde – sont un reflet des plaisirs, des anxiétés, des passions et des perceptions des usagers (les clients).

Lorsqu'on a annoncé la création de la Banque d'œuvres d'art au public, le magazine *Maclean's* y a vu la possibilité d'une nouvelle forme de « classement parallèle » : Qui obtiendrait le Michael Snow ? Qui décrocherait un Guido Molinari ? Avec le recul, l'idée fait sourire, car la Banque a été admirablement éclectique dans ses acquisitions aussi bien que dans sa politique de location. La collection est devenue un portrait de l'évolution tant de l'art canadien que, en fin de compte, de son auditoire étendu et changeant.

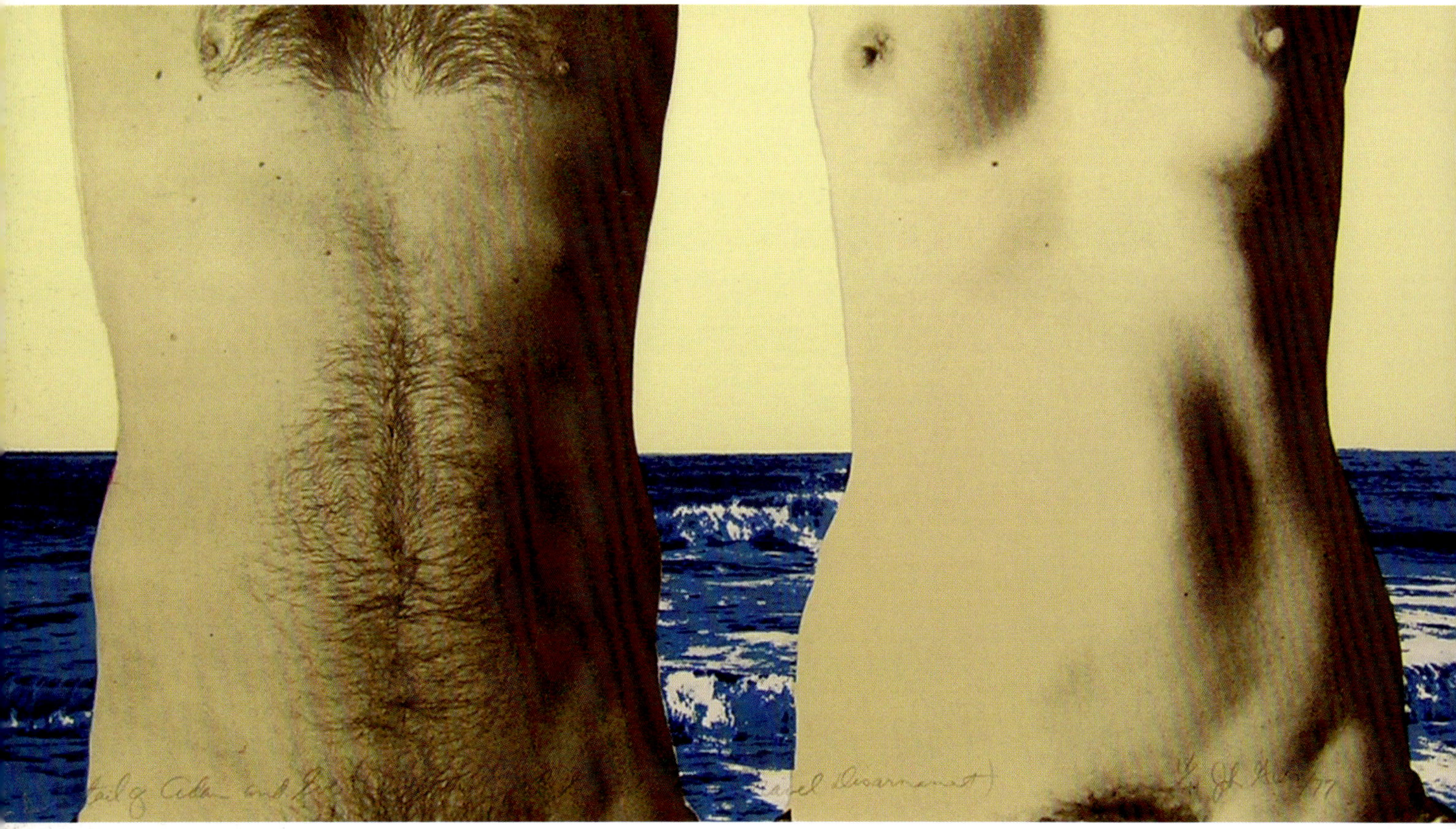

John Greer, *Detail of Adam and Eve (can't very well be called Naval Disarmament)*, 1977. 77/8-0259.

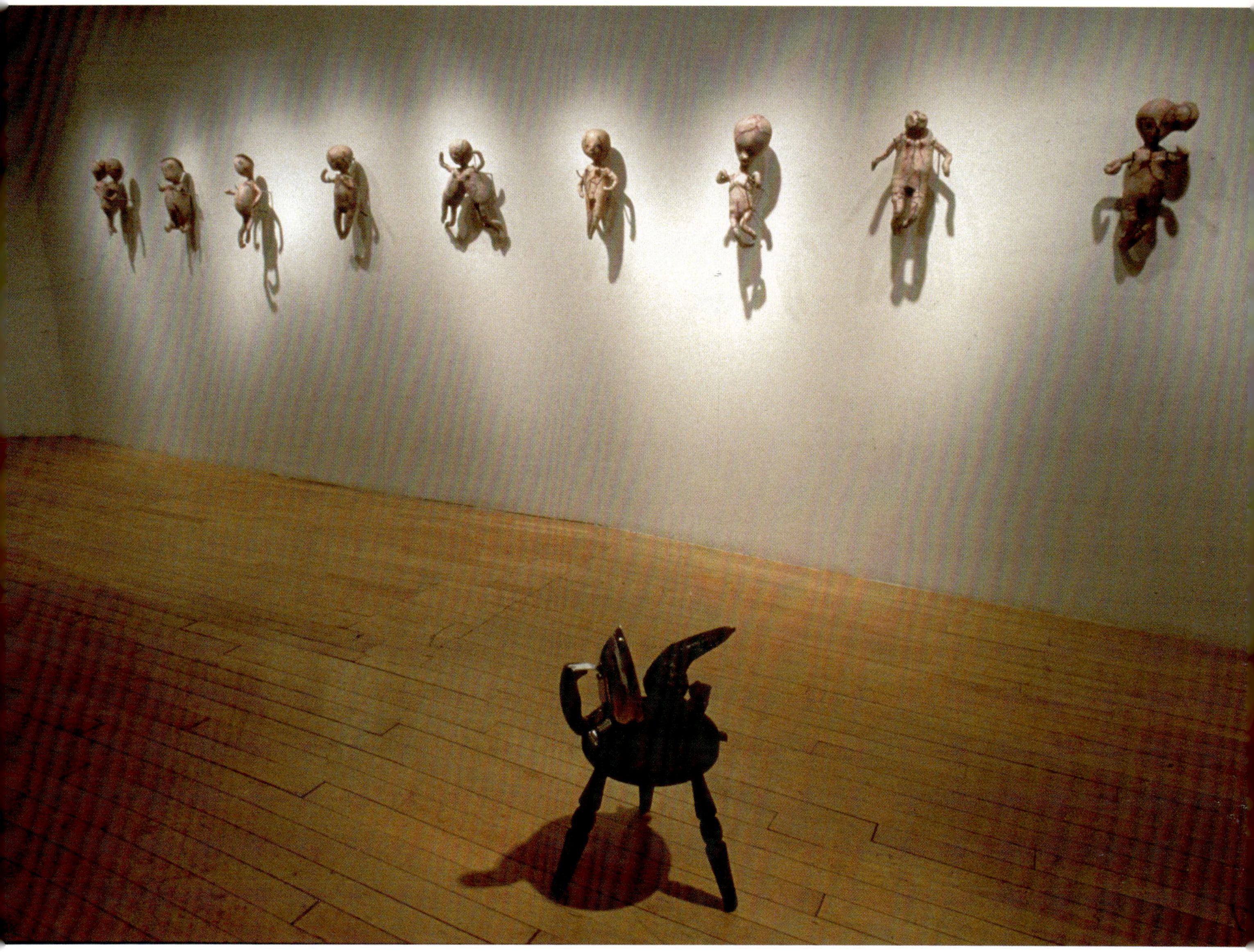

Catherine Heard, *Casebook Series*, 1993. 93/4-0126. Yvan Boulerice

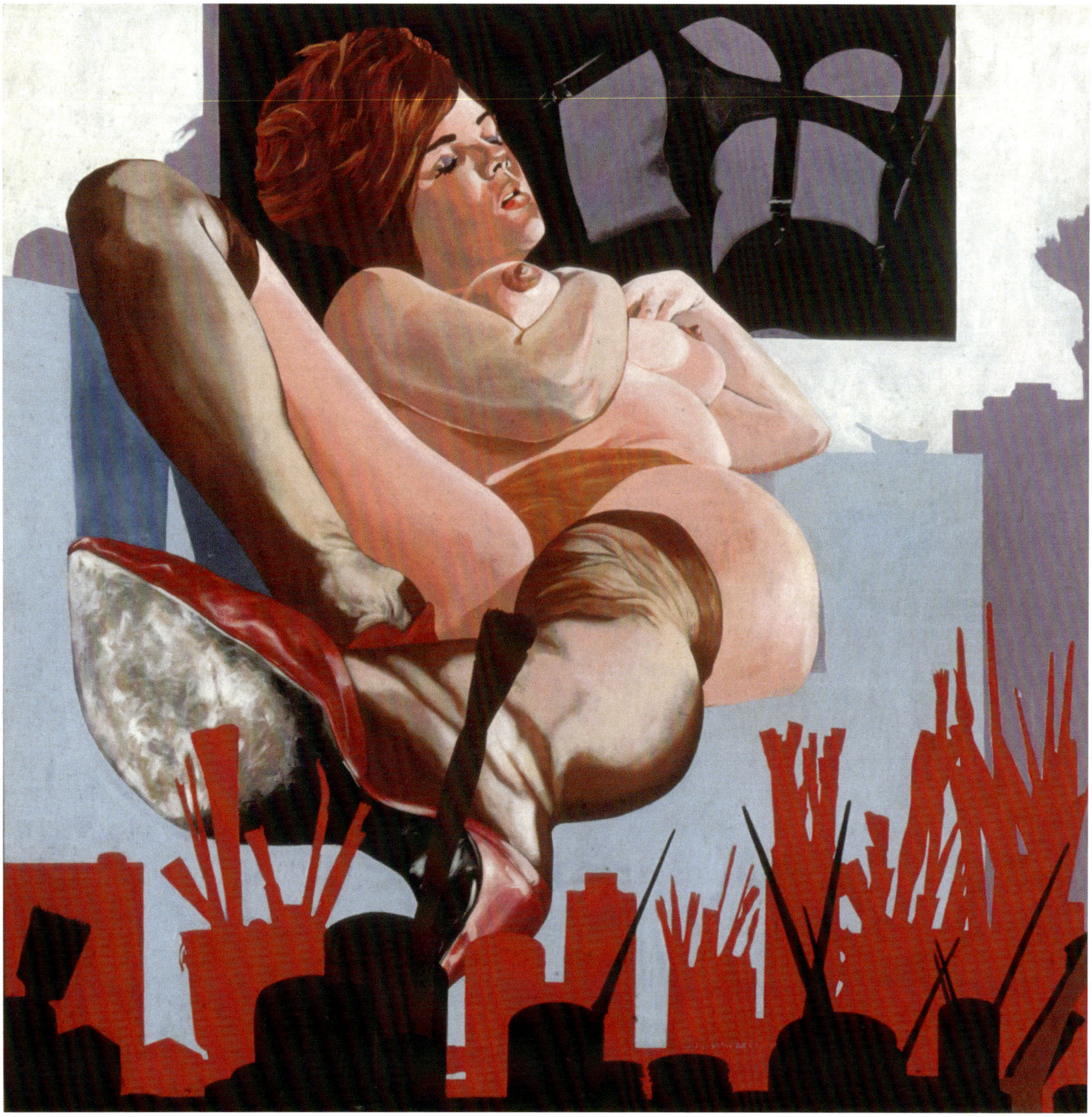

Dennis Burton, *Listening to the Stones*, 1966. 78/9-0672. Yvan Boulerice

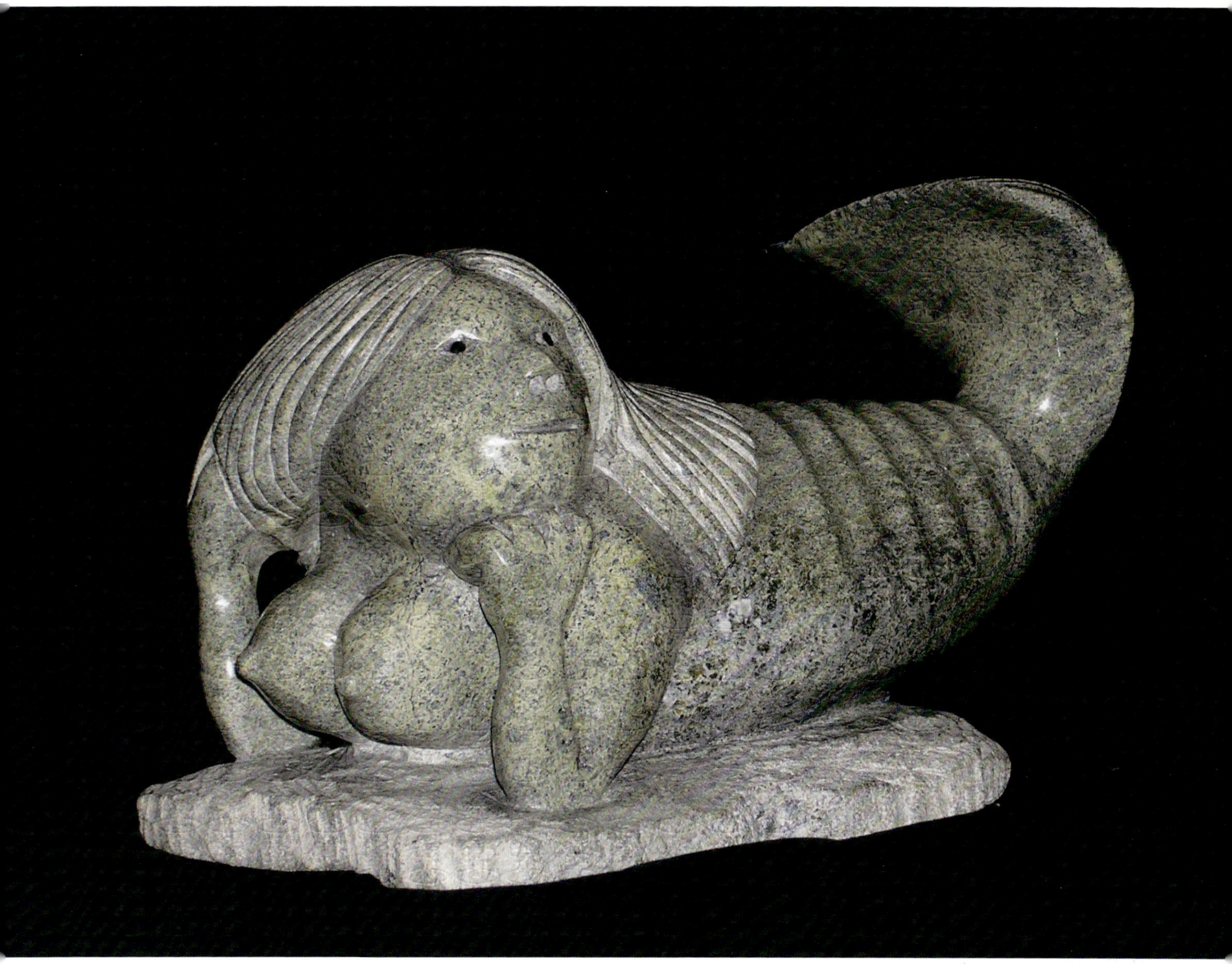

Ohito Ashoona, *Serpentine Sedna*, 2004. 04/5-0013. Luc Raymond

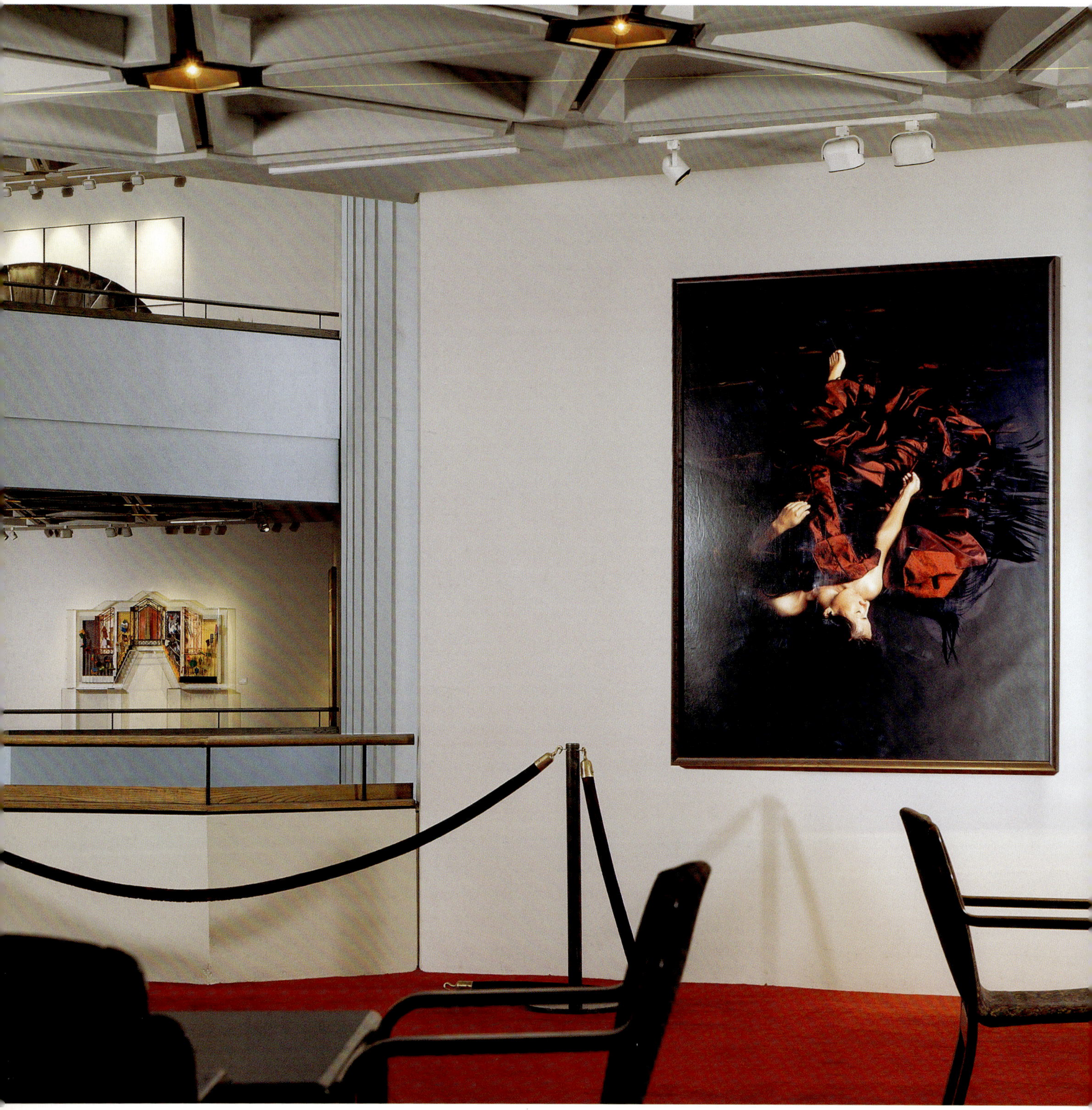

Rebecca Belmore, *To Rest and to Dream*, 2001, National Arts Centre / Centre national des Arts (2005).
In 2005, the artist became the first Aboriginal woman to represent Canada at the Venice Biennale. /
En 2005, l'artiste est devenue la première femme autochtone à représenter le Canada à la Biennale de Venise.
03/4-0099. Lipman Still Pictures

Aboriginal Art in the Art Bank Collection

Jeffrey Thomas

L'art autochtone dans la collection de la Banque d'œuvres d'art

Jeffrey Thomas

As a child I experienced storytelling by sitting quietly, listening carefully, and becoming engulfed by the voice of the storyteller. The stories my elders told brought the past to life in a way that I did not experience in school, when a photograph or painting of an important person or event usually accompanied the lesson. My elders spoke from experience, even if the story was about an event from five hundred or a thousand years earlier. There was a feeling of continuity with the past and a belief in the importance of preserving events and passing on culture. There was a need to keep the past alive, to ensure that the traditions were carried along to the next generation.

The power of storytelling is not about using your eyes, it is about using your imagination.

I applied this sense of storytelling to the Aboriginal works in the Art Bank collection. I imagined an audience who rents these works, an audience who may be largely unfamiliar with Aboriginal storytelling and who may not automatically hear and understand the stories the works tell.

Many artists and art critics argue that a work of visual art should be able to stand on its own, that an accompanying story or text takes away from the aesthetic experience. Yet a good

Quand j'étais petit, j'ai connu l'art de raconter des histoires en restant assis sagement, en écoutant attentivement et en me laissant envoûter par la voix du conteur. Les histoires que racontaient mes aînés faisaient revivre le passé d'une façon que je ne retrouvais pas à l'école, lorsqu'on nous présentait des photographies ou des tableaux de personnages ou d'événements importants pour accompagner la leçon. Mes aînés parlaient de leurs expériences, même si leurs histoires se rapportaient à des événements survenus 500 ou 1 000 ans plus tôt. Nous éprouvions un sentiment de continuité avec le passé et croyions en l'importance de conserver la mémoire des événements et de transmettre la culture. Nous ressentions le besoin de garder le passé vivant, de veiller à ce que les traditions soient transmises à la génération suivante.

Le pouvoir des contes ne réside pas dans l'utilisation des yeux, mais dans l'utilisation de l'imagination. J'ai appliqué ce principe aux œuvres d'art autochtone qui figurent dans la collection de la Banque d'œuvres d'art. J'ai imaginé un auditoire qui loue ces œuvres, un auditoire qui ne connaît peut-être pas l'art de raconter des Autochtones et qui n'entend pas et ne comprend pas forcément les histoires que racontent les œuvres.

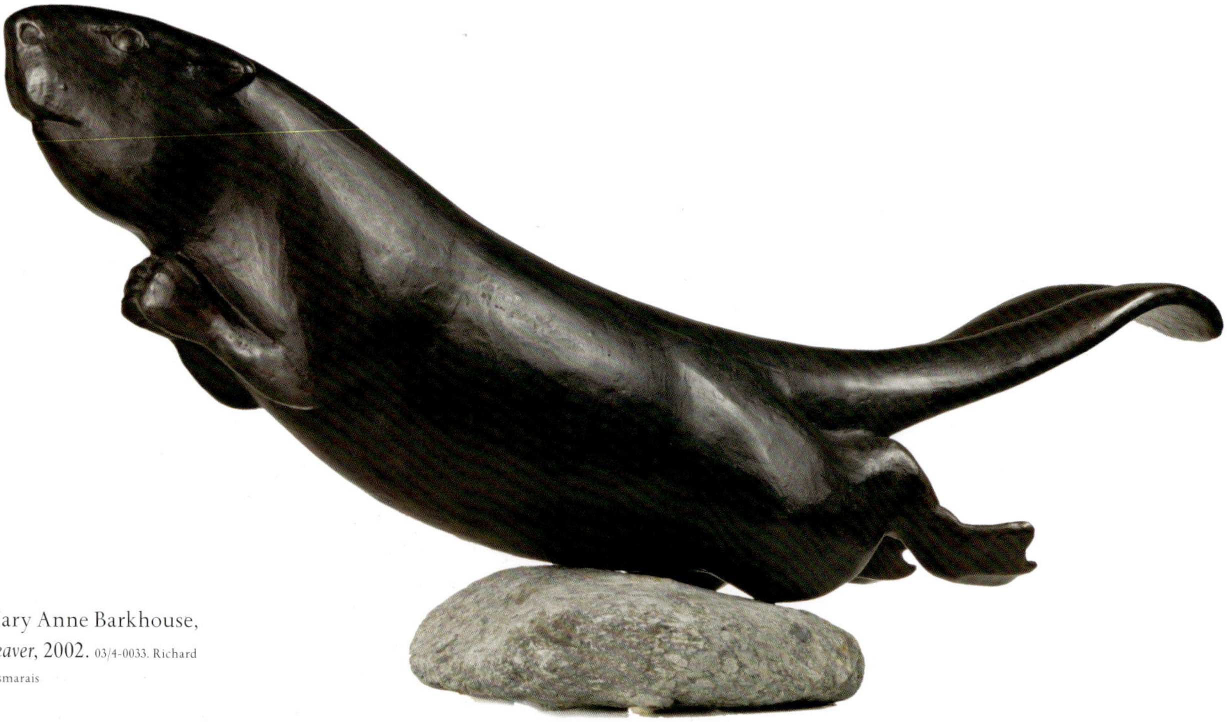

Mary Anne Barkhouse, *Beaver*, 2002. 03/4-0033. Richard Desmarais

storyteller does not dictate or circumscribe meaning. Just the opposite. A good storyteller creates a space in which the listener's imagination is encouraged to take part. I want to tell the stories that emerged for me while looking at some of the works in the Art Bank collection. I do not claim that they are the stories that the artists themselves would tell, but I believe that these works allowed me a space in which to listen to them and make connections. These are the stories I can tell.

While looking at the personality-laden *Beaver*, by Mary Anne Barkhouse (Nimpkish Kwakiutl First Nation), I found myself drawn into the work by the beaver's playful body language, but what also emerged was a potent reminder of the slaughter of beaver by Aboriginals and

Bon nombre d'artistes et de critiques d'art soutiennent qu'une œuvre d'art visuel devrait pouvoir se tenir toute seule, que l'expérience esthétique en souffre si l'œuvre est accompagnée d'une histoire ou d'un texte. Pourtant, un bon conteur ne dicte pas ou ne circonscrit pas le sens. Au contraire, un bon conteur crée un espace dans lequel l'auditeur est encouragé à utiliser son imagination. Je veux raconter les histoires qui me sont venues pendant que je regardais des œuvres de la collection de la Banque d'œuvres d'art. Je ne prétends pas qu'elles soient les histoires que les artistes auraient racontées, mais je crois que ces œuvres m'ont laissé un espace dans lequel j'ai pu les écouter et faire des liens. Voici les histoires que je peux raconter.

En regardant *Beaver*, de Mary Anne Barkhouse (Première Nation de Nimpkish Kwakiutl), je me suis senti attiré dans l'œuvre

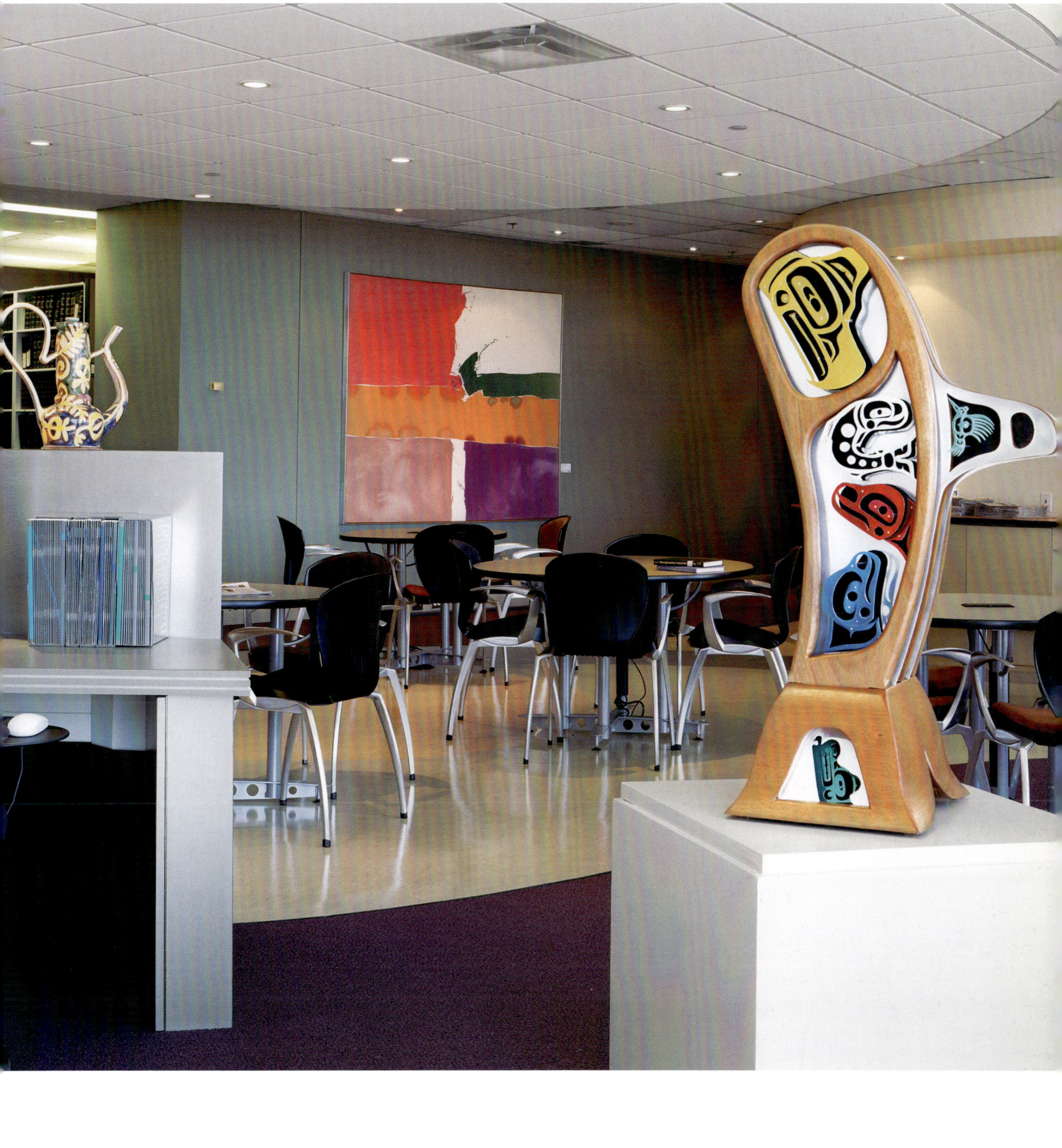

Jane Donovan, *Coffee Pot*, 1992; Janis Hoogstraten, *Untitled #2*, 1973; Connie Watts, *Play*, 2001,
Finance and Treasury Board / Finances et Conseil du Trésor (2005). 92/3-0348 , 74/5-0418 , 03/4-0034. Lipman Still Pictures

Europeans for the pelts. I thought about how greed for traded goods changed the relationship between Aboriginal people and the beaver and how the European greed for land eventually pushed Aboriginal peoples to the margins of their former homeland when the beaver trade ended.

During the early 1980s I saw *The Unexplained*, by Carl Beam (Ojibwa First Nation), at the Art Gallery of Ontario in Toronto. I was quickly engaged with his vision, how he exploded the myth of Indian-ness by juxtaposing what some might see as incongruous elements, such as Christopher Columbus and Christian iconography, with Aboriginal symbols. My impression was similar to hearing jazz for the first time: I didn't really understand how the image was made, but I could feel my mind and body move to its rhythm, and it was important for me, a young First Nations artist, to know we have a rhythm of our own.

Another artist who breaks the tightly scripted "Indian" mold for me is Robert Houle (Saulteaux First Nation). His series *Extinct / Distinct* echoes messages my elders planted in my mind as a young boy: "If you don't agree with something, then work to change it." I thought about my experiences in primary school in Buffalo, where my family moved from the reserve to find work. As I learned about white politicians and the American "melting pot," I wondered when my own history would be taught. Looking at Houle's work, I imagine him entering my classroom and projecting his work over a blackboard filled with white history.

I saw the work of Allen Sapp (Plains Cree) in a Regina art gallery in 1983. His straightforward paintings of life on the Red Pheasant reserve in

par le langage corporel ludique du castor, mais il s'en est également dégagé un puissant rappel du massacre des castors par les Autochtones et les Européens en quête de peaux. J'ai pensé à la façon dont l'avidité commerciale a altéré la relation entre les peuples autochtones et le castor et à la façon dont l'avidité territoriale des Européens a fini par repousser les peuples autochtones aux marges de leurs terres ancestrales lorsque le commerce des peaux de castor a pris fin.

Au début des années 1980, j'ai vu *The Unexplained*, de Carl Beam (Première Nation des Ojibwas), au Musée des beaux-arts de l'Ontario, à Toronto. J'ai vite été saisi par cette vision, par la manière dont l'artiste fait exploser le mythe de l'indianité en juxtaposant ce que d'aucuns pourraient voir comme des éléments incongrus, tels que Christophe Colomb et l'iconographie chrétienne, avec des symboles autochtones. Cela m'a fait la même impression que lorsque j'ai entendu du jazz pour la première fois : je ne comprenais pas vraiment comment l'image avait été créée, mais je pouvais sentir mon esprit et mon corps suivre le rythme, et il était important pour moi, jeune artiste des Premières Nations, de savoir que nous avions un rythme bien à nous.

Un autre artiste qui, à mon avis, brise le moule étroitement défini de « l'Indien » est Robert Houle (Première Nation de Saulteaux). Sa série *Extinct / Distinct* me rappelle les messages que mes aînés ont gravés dans mon esprit de petit garçon : « Si tu n'es pas d'accord avec une chose, efforce-toi de la changer. » J'ai pensé à mes expériences à l'école primaire à Buffalo, où ma famille avait déménagé, quittant la réserve pour trouver du travail. Pendant que j'apprenais

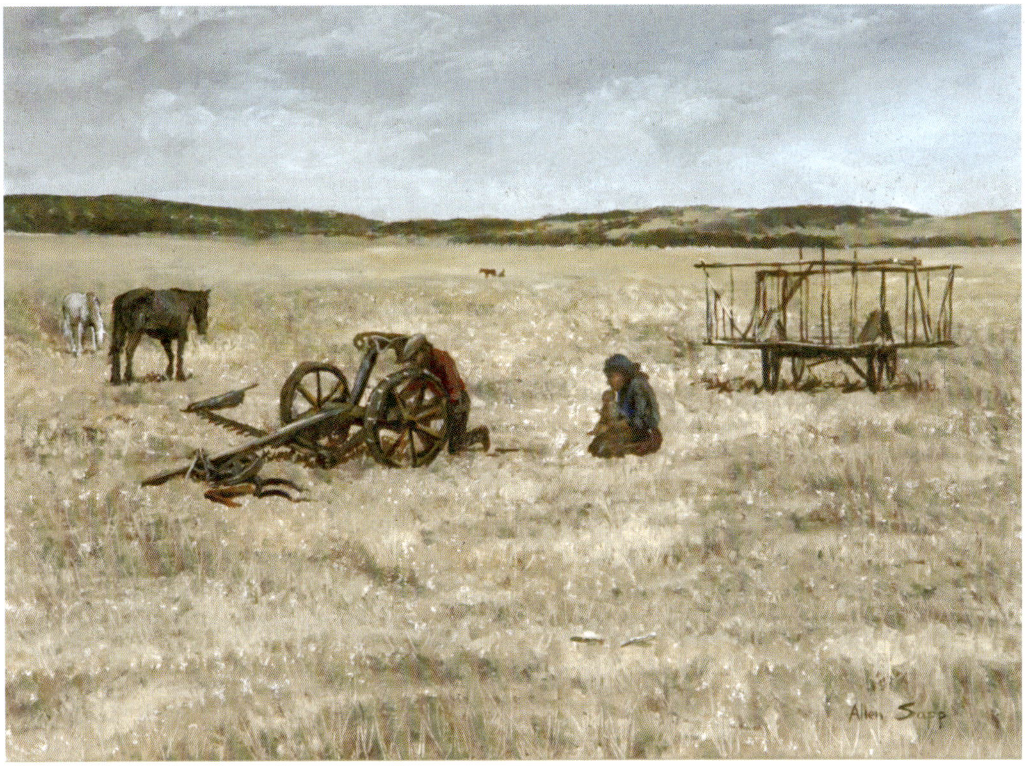

Allen Sapp, *Fixing the Mower, 1969*, c. / vers 1972.
72/3-1806. Yvan Boulerice

Saskatchewan reminded me of the landscapes my elders created in their stories of the old days on the Six Nations reserve. Although Sapp's community is far away from the Six Nations reserve, the universality of old-time First Nations communities as stable and nourishing environments is clear from his community scenes of everyday life: people working in the fields and attending social gatherings.

The photo-based work of Shelley Niro (Mohawk) personalizes the First Nations women's experience and stands in stark contrast to the static and often nameless images of First Nations women that white photographers have made since the 1840s. Those old photographs may suggest that First Nations communities did not value women, but actually it is the cultural

l'histoire des politiciens blancs et du « creuset » américain, je me demandais quand on allait enseigner celle de mon peuple. En regardant l'œuvre de Houle, je l'imagine entrant dans ma salle de classe et projetant son œuvre sur le tableau noir rempli d'histoire blanche.

J'ai vu le travail d'Allen Sapp (Cri-des-Plaines) dans une galerie d'art de Regina en 1983. Ses scènes de la vie dans la réserve Red Pheasant, en Saskatchewan, m'ont rappelé les paysages que mes aînés créaient dans leurs histoires des temps anciens dans la réserve des Six Nations. Bien que la communauté de Sapp soit éloignée de la mienne, l'universalité des anciennes communautés autochtones comme milieux stables et nourrissants ressort clairement de ses scènes communautaires de la vie quotidienne :

Carl Beam,
The Unexplained, 1988.
Beam won the 2005 Governor General's Award in Visual and Media Arts. /
Beam fut lauréat du Prix du Gouverneur général en arts visuels et en arts médiatiques en 2005.
90/1-0450. Yvan Boulerice

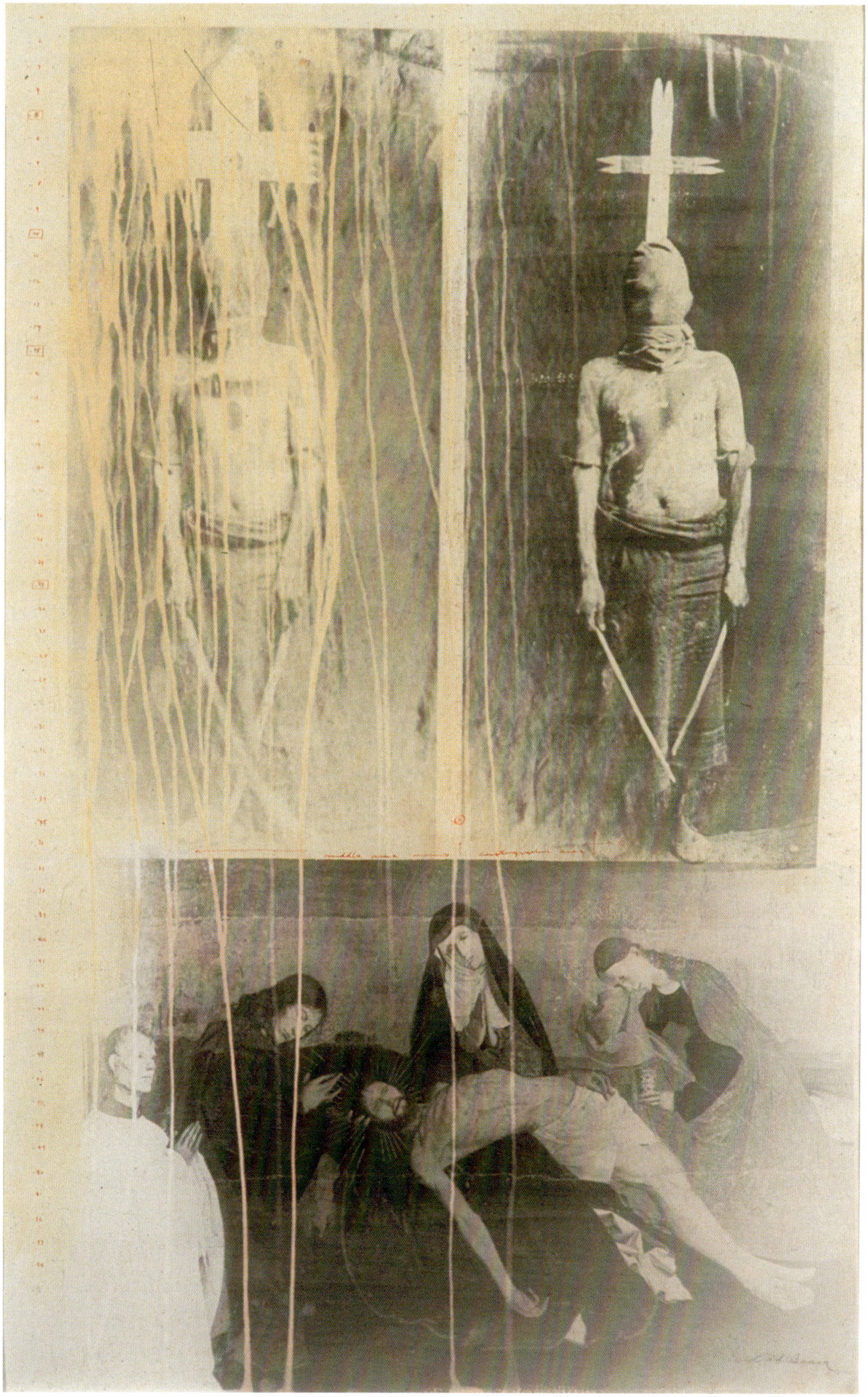

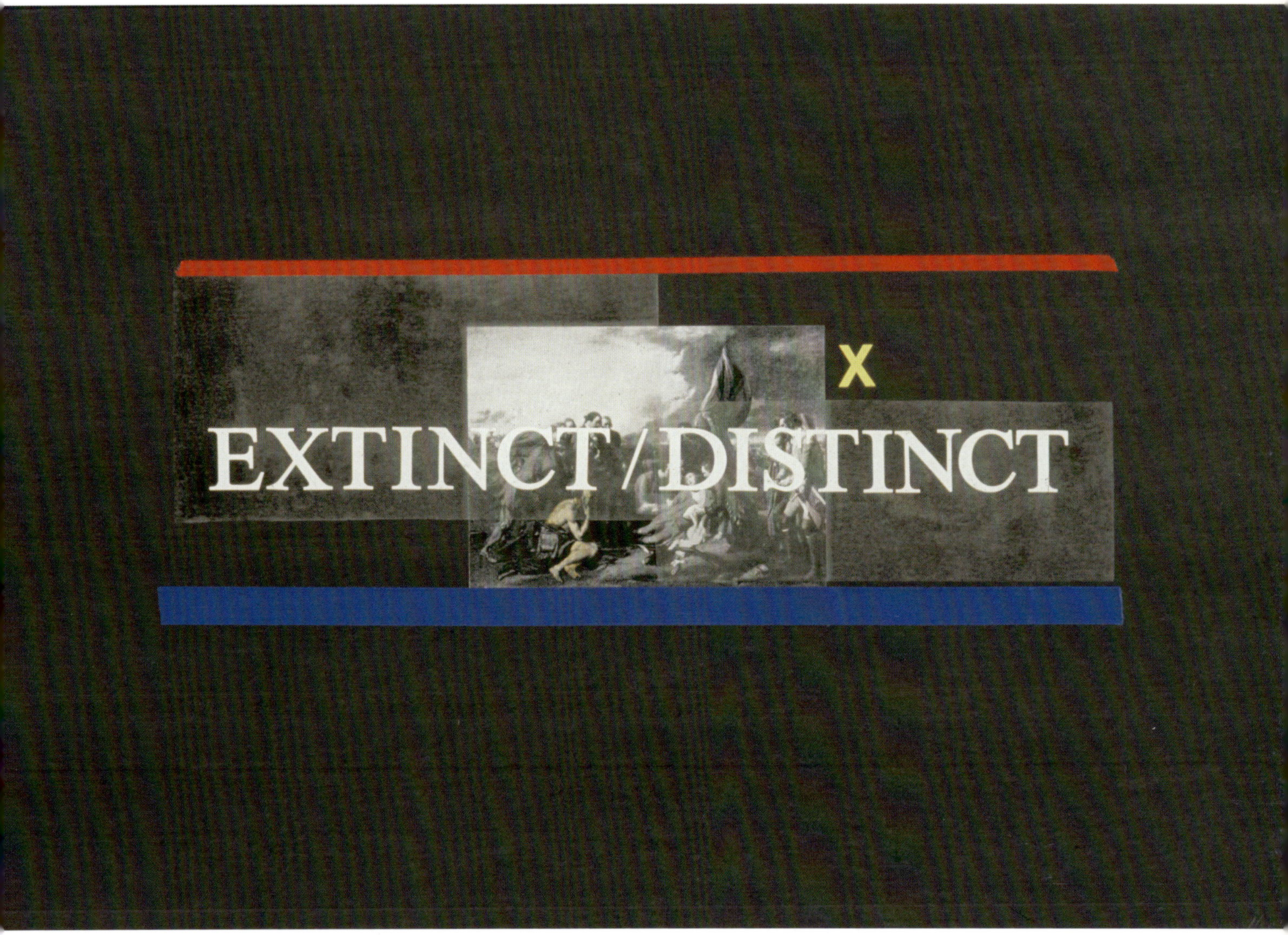

Robert Houle, *Extinct / Distinct*, 1991. 91/2-0549. Yvan Boulerice

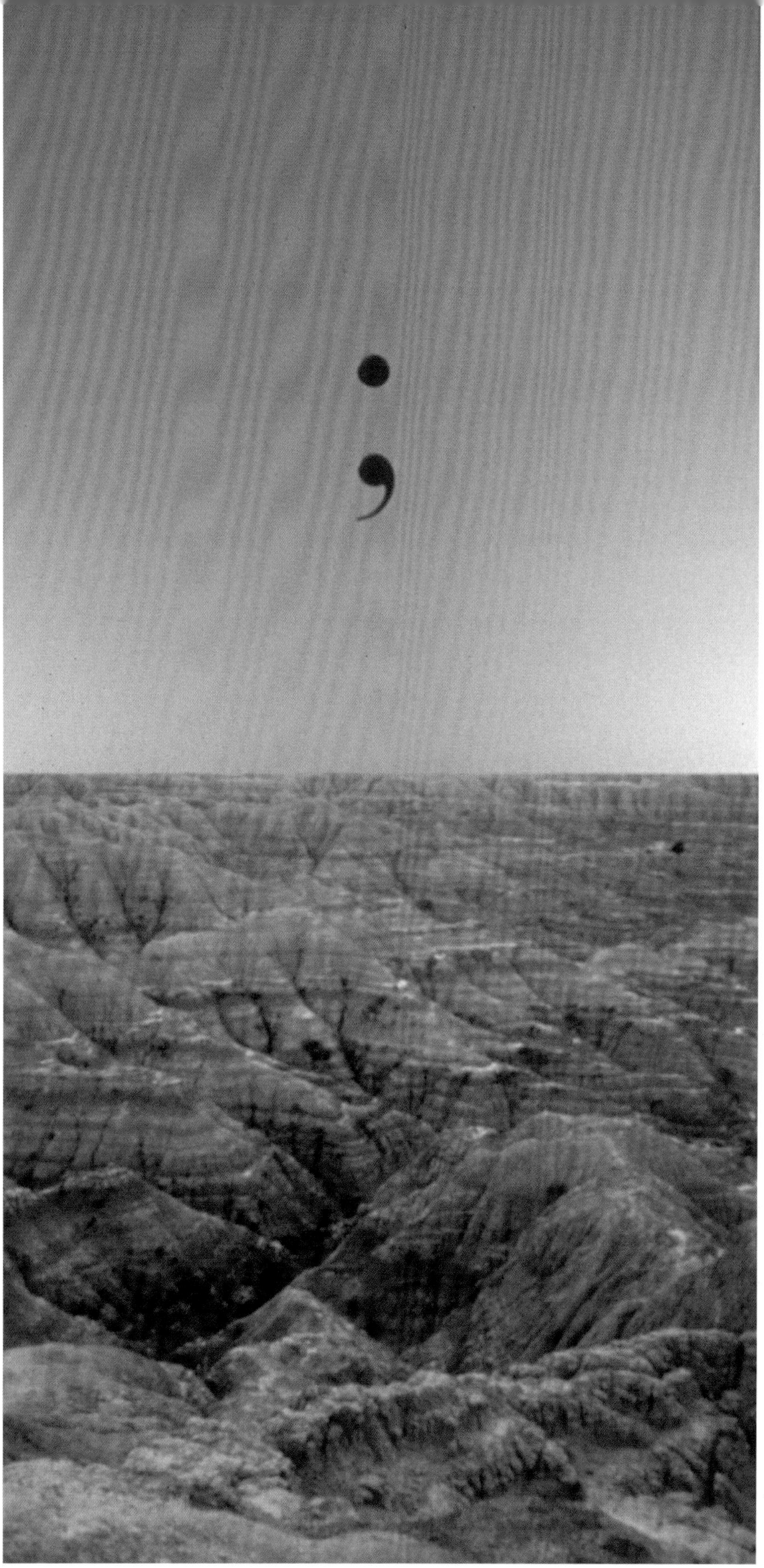

Arthur L. Renwick,
Wo-Qui-Ni (Roman Nose),
2004. 04/5-0029

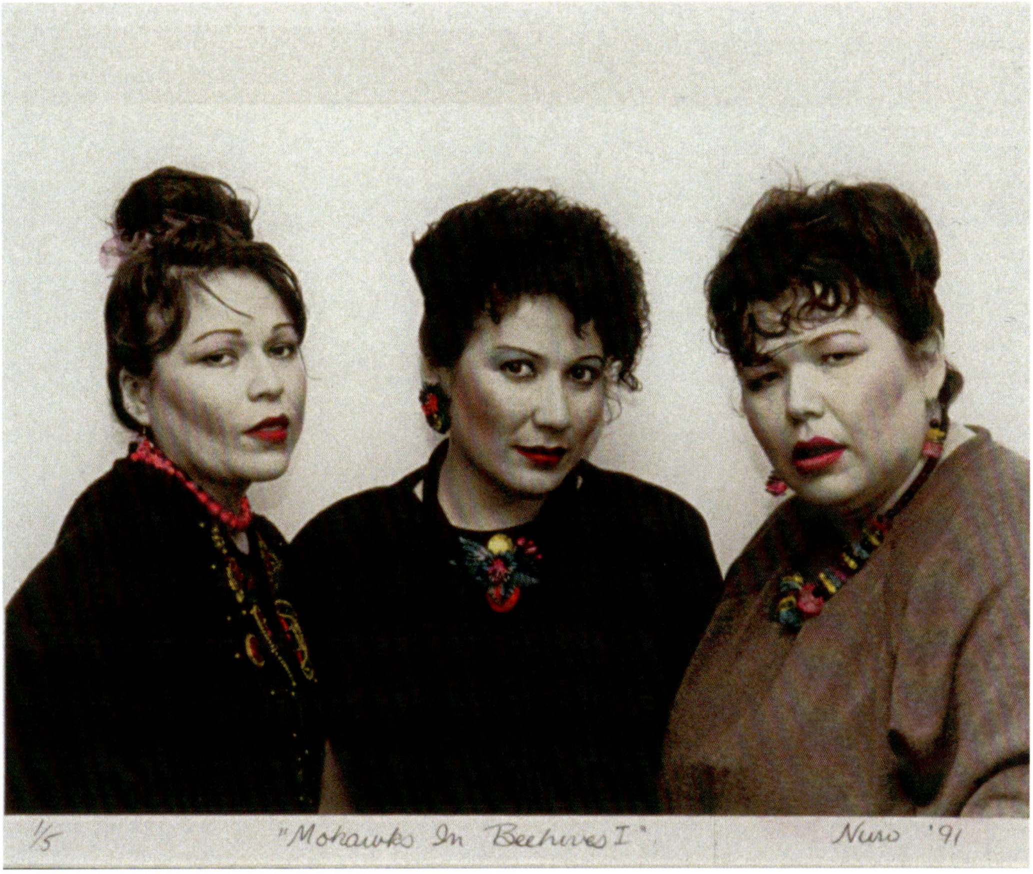

Shelley Niro, *Mohawks in Beehives I*, 1991. This photograph shows Niro's three sisters dressed in sixties-style makeup and hairdos. / Cette photographie montre les trois sœurs de Niro maquillées et coiffées dans le style des années 60. 91/2-0246. Yvan Boulerice

norms of the white photographers that frame how these women are shown. Niro shows us First Nations women from a First Nations perspective. She enlists family members, around whom she weaves Iroquois tradition with contemporary Iroquois culture in her hometown of Brantford, Ontario. Niro's provocative and demystifying body of work, like those of Beam and Houle, explodes the stoic Indian woman myth in her series *Mohawks in Beehives*, a series of photographs taken in various sites around Brantford, Ontario. More recently, in *Ghost*, Niro frames a portrait with a wampum bead design that reminds me of my elders' directive: "To know your history is to know your future."

des gens qui travaillent dans les champs et qui assistent à des rencontres sociales.

L'œuvre photographique de Shelley Niro (Mohawk) personnalise l'expérience des femmes des Premières Nations et contraste vivement avec les images statiques et souvent anonymes que les photographes blancs ont données d'elles depuis les années 1840. Ces vieilles photographies peuvent laisser supposer que les communautés des Premières Nations ne valorisaient pas les femmes. En fait, ce sont plutôt les normes culturelles des photographes blancs qui dictent comment ces femmes sont montrées. Niro nous fait voir les femmes des Premières Nations d'un point de vue autochtone. Elle

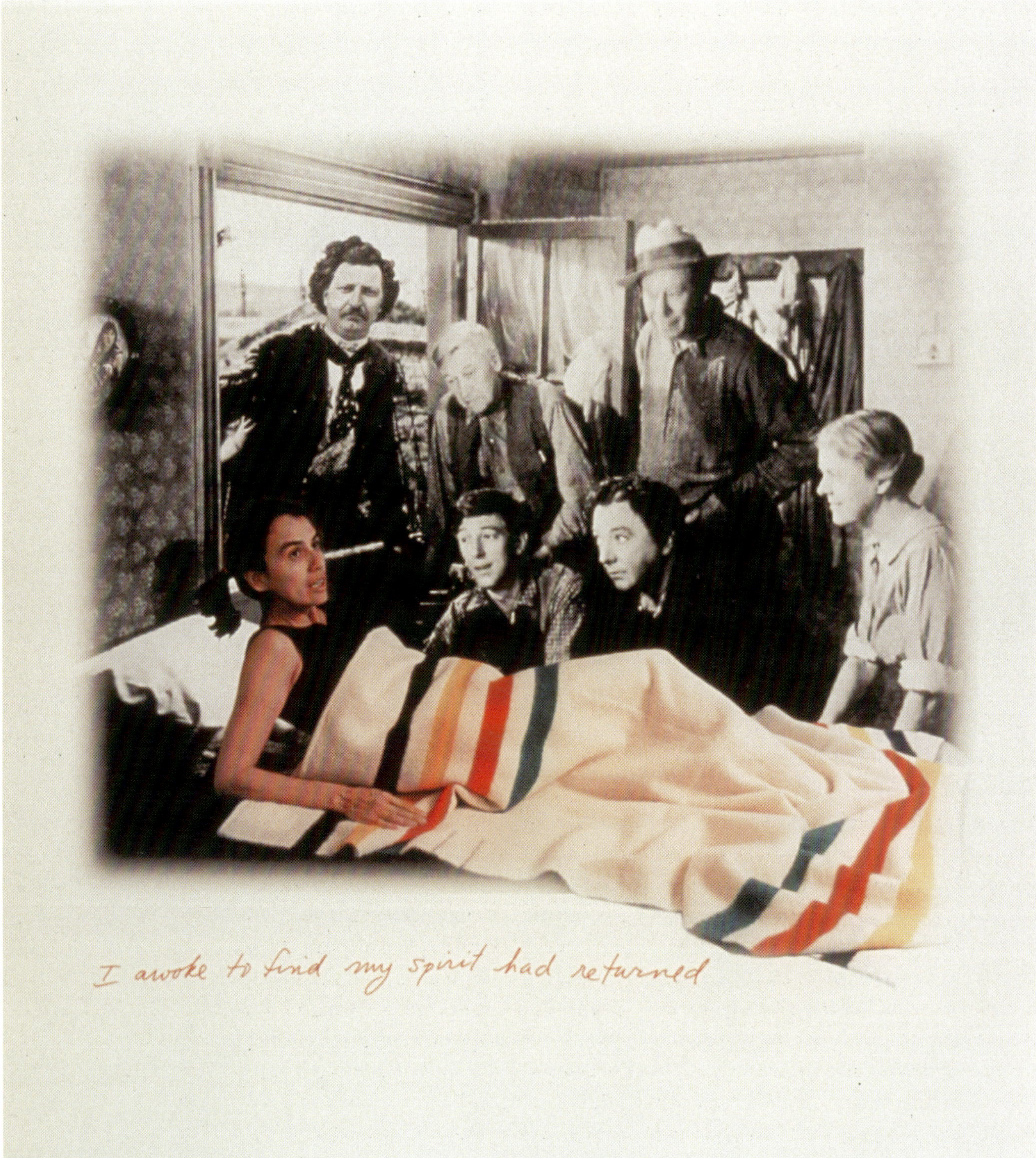

Rosalie Favell, *I awoke to find my spirit had returned, Plain(s) Warrior Artist*, 1999. 05/6-0003

The wampum elegantly grounds Iroquois tradition with contemporary identity.

Arthur Renwick (Haisla First Nation) questions the historical legacy of treaty signing in which white politicians used adjectives such as "child-like" and "primitive" to describe First Nations leaders who did not understand what they were signing away. In fact, it was the clash of ideologies and the language barriers that allowed such a shameful process to take place. Renwick's juxtaposition of contemporary photographic views of land the Lakota people in North and South Dakota lost to the Americans with symbols taken from the treaties graphically illustrates this almost invisible history. We know the outcome of these treaties only as "progress," yet some of the poorest communities in North America are found on the Lakota reservations in North and South Dakota.

Marianne Nicolson (Kwakwaka'wakw First Nation) foregrounds family photographs, framing them with culturally specific tribal iconography. I respond to the fluidity of her work in the context of self-determination and the resurgence of family in the wake of the destructive residential school experience. Here is an example of the healing power of the photograph and a natural resolution to tragedy, the reunification of family and culture.

Rosalie Favell's digital approach to the photograph brings to mind how our elders crafted their non-linear stories by mixing historical fact, legend, dreams, and humour to create an almost surreal landscape. Favell, a Manitoba Métis, plays on the tradition of storytelling by mixing *The Wizard of Oz* and Dorothy's search for a way home with images

recrute des membres de sa famille, dans les compositions où s'entrelacent la tradition iroquoise et la culture iroquoise contemporaine de sa ville natale de Brantford, en Ontario. L'œuvre provocatrice et démystifiante de Niro, tout comme celle de Beam et de Houle, fait exploser le mythe de la femme indienne stoïque dans sa série *Mohawks in Beehives*, une série de photos prises à divers endroits dans les environs de Brantford, en Ontario. Plus récemment, dans *Ghost*, Niro encadre un portrait d'un motif fait de perles de wampum qui me rappelle la directive de mes aînés : « Si tu connais ton histoire, tu connaîtras ton avenir. » Le wampum ancre élégamment la tradition iroquoise dans l'identité contemporaine.

Arthur Renwick (Première Nation des Haislas) remet en question l'héritage historique des traités dans lesquels les politiciens blancs utilisaient des qualificatifs tels que « enfantins » et « primitifs » pour décrire les chefs des Premières Nations, qui ne comprenaient pas ce à quoi ils renonçaient. D'ailleurs, c'est le choc des idéologies et les barrières linguistiques qui ont permis que quelque chose d'aussi honteux se produise. Chez Renwick, la juxtaposition de vues photographiques contemporaines des terres que le peuple lakota, du Dakota du Nord et du Dakota du Sud, a dû céder aux Américains avec des symboles tirés des traités illustre graphiquement cette histoire quasi invisible. L'issue de ces traités n'est connue que comme un « progrès », mais certaines des communautés les plus pauvres en Amérique du Nord se trouvent dans les réserves des Lakotas, dans le Dakota du Nord et le Dakota du Sud.

Marianne Nicolson (Première Nation des Kwakwaka'wakw) présente en avant-plan des

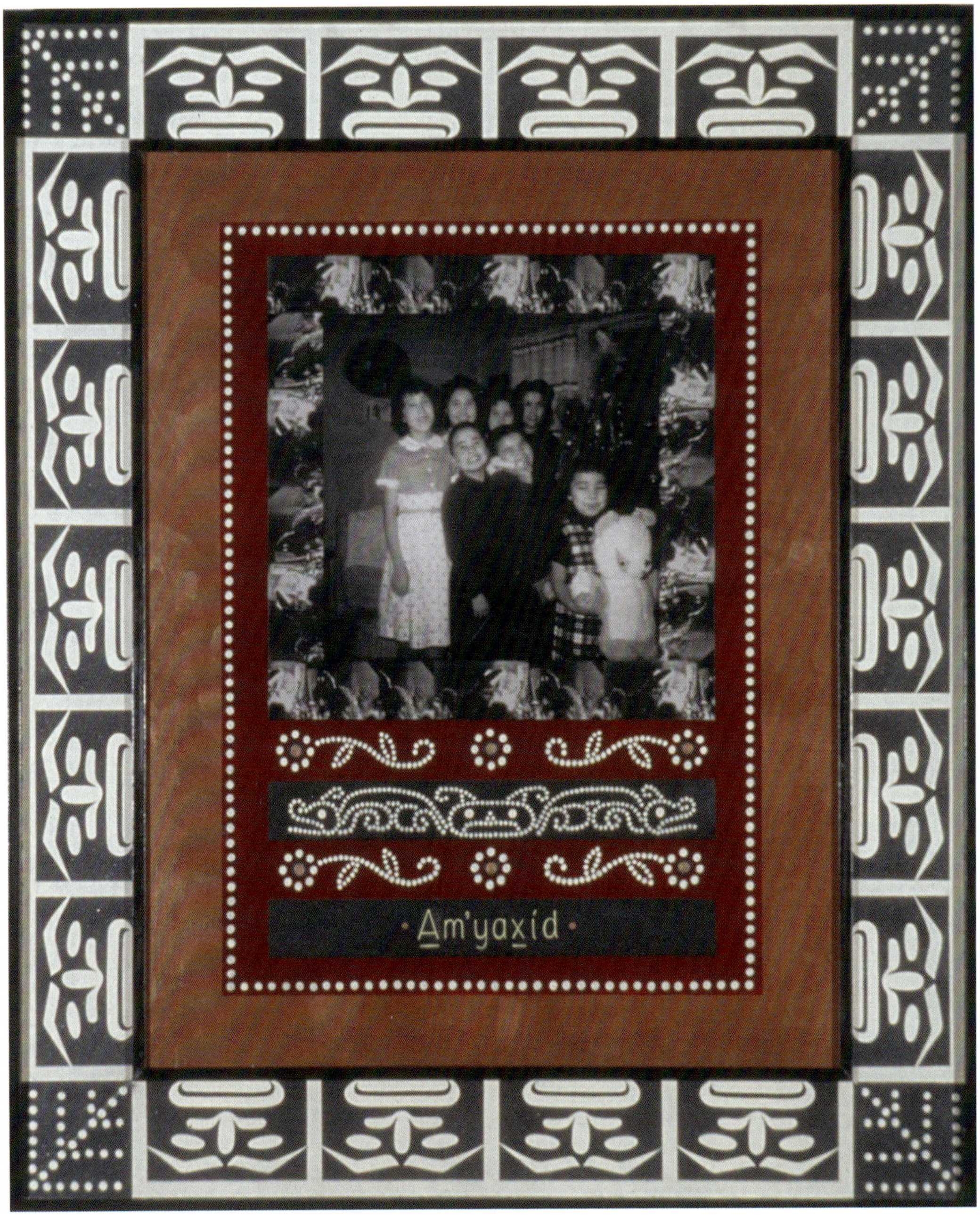

Marianne Nicolson, *Portrait of Am'yaxid*, 2001. 03/4-0040

of Métis leader Louis Riel. Her work highlights the difficulties contemporary Aboriginal peoples face trying to discover a sense of place in an urban landscape. She says, "In my series *Plain(s) Warrior Artist*, in one adventure, *'I awoke to find my spirit had returned'*; the desire to go home is always present while questioning where home is. The leap that I make in this work is in making the connection of this history, both personal and cultural, to the characters of Xena, Warrior Princess, Dorothy in the classic story of the Wizard of Oz, and Louis Riel. Riel is often quoted (including in my work) as 'My people will sleep for one hundred years, and when they awake it will be the artist that gives them their spirit back . . .' Riel as a prophet or the Wizard of Oz telling us that everything that we need is right inside of us, that all roads lead to home, that being true to our people is the way to recovering our pride, self respect."

These artists, along with a new generation including Frank Shebageget, Goota Ashoona, Linus Woods, Kent Monkman, and others, share the desire and need to dissect our world and reconfigure it according to the stories our storytellers have told us. But as my story comes to a close I have one question: Are these stories reaching the public, in whose offices these works will eventually hang? By early 2006, the Art Bank had purchased 836 works identified as Aboriginal and Inuit; these works made up five per cent of the collection, and sixty-two per cent of them were rented. In 1972-1973, the year of the first Art Bank purchases, it bought 120 works by Norval Morrisseau, Rita Letendre, and Allen Sapp, five point three per cent of the works purchased that first year. In 2003 the Art Bank did a special purchase of Aboriginal and

photographies de famille en les encadrant de symboles culturels propres à la tribu. Je réagis à la fluidité de son œuvre dans le contexte de l'autodétermination et de la résurgence de la famille à la suite de l'expérience destructrice des écoles résidentielles. Voici un exemple du pouvoir de guérison de la photographie et une résolution naturelle de la tragédie : la réunification de la famille et de la culture.

L'approche numérique de la photographie pratiquée par Rosalie Favell rappelle comment nos aînés fabriquaient leurs histoires non linéaires en mélangeant faits historiques, légendes, rêves et humour pour créer un paysage presque surréel. Favell, une Métisse du Manitoba, exploite la tradition du conte en combinant *Le magicien d'Oz* et les efforts de Dorothée pour trouver une façon de rentrer chez elle avec des images du leader métis Louis Riel. Son œuvre fait ressortir les difficultés que doivent surmonter les peuples autochtones contemporains pour découvrir un sentiment d'appartenance dans un paysage urbain. Elle dit : « Dans une aventure de ma série *Plain(s) Warrior Artist, I awoke to find my spirit had returned*, le désir de rentrer chez soi est omniprésent, même si l'on se demande où c'est, chez soi. Le saut que je fais dans cette œuvre consiste à relier cette histoire tant personnelle que culturelle aux personnages de Xena, princesse guerrière, à Dorothée dans l'histoire classique du *Magicien d'Oz* et à Louis Riel. Riel est souvent cité (y compris dans mon œuvre) comme ayant dit : « Mon peuple dormira pendant cent ans et lorsqu'il se réveillera, ce sera l'artiste qui lui rendra son esprit… » Riel en tant que prophète ou magicien d'Oz nous disant que tout ce dont nous avons besoin se trouve à l'intérieur de nous, que tous

les chemins mènent au bercail, que la façon de recouvrer notre fierté, notre dignité, c'est d'être fidèles à notre peuple. »

Ces artistes, de même qu'une nouvelle génération dont font partie Frank Shebageget, Goota Ashoona, Linus Woods, Kent Monkman et d'autres, partagent le désir et le besoin de disséquer notre monde et de le reconfigurer selon les histoires de nos conteurs. Mais alors que mon histoire tire à sa fin, je me pose une question : ces histoires parviennent-elles au public dans les bureaux où ces œuvres finissent par se retrouver ? Au début de 2006, la Banque d'œuvres d'art avait acheté, au fil des ans, 836 œuvres désignées comme art autochtone ou inuit, soit 5 % de sa collection ; 62 % de ces œuvres étaient louées. En 1972-1973, année où elle a fait ses premières acquisitions, la Banque a acheté 120 œuvres de Norval Morrisseau, de Rita Letendre et d'Allen Sapp, soit 5,3 % du total. En 2003, la Banque a procédé à un achat spécial d'œuvres d'art autochtone et inuit de partout au Canada. Sur les 78 œuvres achetées, 81 % étaient en location au début de 2006.

Collectionner est une activité continue. En janvier 2003, Victoria Henry s'est rendue au Nunavut afin d'y acheter des œuvres originales grâce au Fonds discrétionnaire de la direction et d'encourager les artistes inuits à s'inscrire au programme d'acquisition de la Banque d'œuvres d'art. Elle a acquis *Husband and Wife with Shaman Animal Helpers* après avoir rencontré Lypa Pitsiulak au Frobisher Inn, à Iqaluit, juste après le retour de celui-ci du camp éloigné de Pangnirtung, en motoneige. À cause de la distance et du mauvais temps, la CBC avait suivi l'artiste par téléphone dans le but d'assurer sa sécurité.

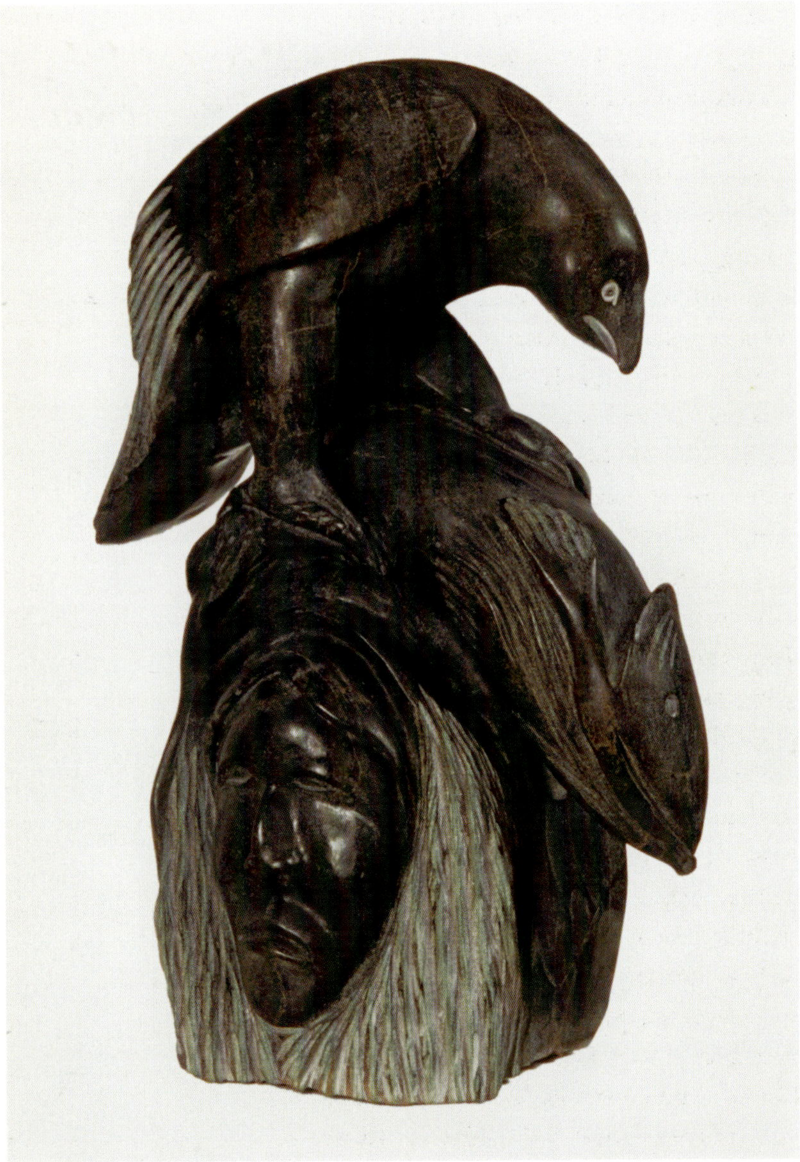

Lypa Pitsiulak, *Husband and Wife with Shaman Animal Helpers*, 2003.
03/4-0019

Inuit art from across Canada. Of the seventy-eight works purchased, eighty-one per cent were out on rental at the beginning of 2006.

Collecting is continuous. In January 2003, Victoria Henry travelled to Nunavut both to purchase original works with the Director's Discretionary Budget and to encourage Inuit artists to submit to the Art Bank purchase pro-

gram. She met Lypa Pitsiulak at the Frobisher Inn in Iqaluit just after he had arrived from the Pangnirtung Outpost camp by snowmobile, and she purchased *Husband and Wife with Shaman Animal Helpers*. Because of the distance and the weather, the CBC had tracked him by phone to ensure his safety.

Both the Art Bank and the artists have a responsibility to ensure that the Aboriginal tradition of storytelling is included in the presentation of the works to the general public. If this does not take place, important stories will be missed.

Consider the story told by the Inuit artist Lypa Pitsiulak on September 10, 2004, in Washington, D.C. The event was an exhibition of Canadian Aboriginal artists organized by the Art Bank and hosted by the Canadian Embassy. Entitled *Dezhan Ejan: Aboriginal Works from the Collection of the Canada Council Art Bank*, the exhibition coincided with the opening of the new Smithsonian museum, the National Museum of the American Indian. As part of the opening events, artists in the exhibition gave two panel talks with each artist telling about his or her personal artistic journey. Pitsiulak explained the role his sculptures play in the community work he and his wife Annie do with troubled Inuit youth. He will not change the subjects of his sculptures to conform to contemporary trends in Inuit sculpture, he said, because the legends he expresses have kept all their social potency. By reconnecting Inuit youth to their ancient traditions, Pitsiulak's work provides a framework for healing. I was impressed by this remarkable Inuit storyteller's commitment to his people. The Art Bank must ensure that stories like his are part of the permanent record.

La Banque d'œuvres d'art et les artistes ont la responsabilité de s'assurer que la tradition autochtone du conte est incluse dans la présentation des œuvres au grand public. Sinon, on passera à côté d'histoires importantes.

Songeons à l'histoire racontée par l'artiste inuit Lypa Pitsiulak le 10 septembre 2004, à Washington (DC). C'était à l'occasion d'une exposition d'œuvres d'artistes autochtones du Canada, organisée par la Banque d'œuvres d'art et tenue par l'ambassade du Canada. Intitulée *Dezhan Ejan : Aboriginal Works from the Collection of the Canada Council Art Bank*, cette exposition coïncidait avec l'ouverture du nouveau musée Smithsonian, le National Museum of the American Indian. Dans le cadre des activités d'ouverture, des artistes exposants ont participé à deux tables rondes, chaque artiste parlant de son parcours artistique personnel. Pitsiulak a expliqué le rôle de ses sculptures dans le travail communautaire que lui et sa femme accomplissent auprès des jeunes Inuits en difficulté. Il ne changera pas le sujet de ses sculptures pour se conformer aux tendances contemporaines de la sculpture inuite, a-t-il dit, parce que les légendes qu'il exprime ont conservé toute leur puissance sociale. En permettant aux jeunes Inuits de renouer avec leurs traditions anciennes, l'œuvre de Pitsiulak offre un cadre de guérison. J'ai été impressionné par le remarquable engagement de ce conteur inuit envers son peuple. La Banque d'œuvres d'art doit veiller à ce que les histoires comme les siennes fassent partie des archives permanentes.

Afterword: **Stepping Into** the Future

Victoria Henry

The seeds for the Art Bank's increasing influence in encouraging public support of the visual arts, its ongoing sustainability, and its capacity to expand its role in the conservation and management of public art have been nurtured over the past few years. How will it thrive? That depends . . .

The other authors of *Art at Work* have demonstrated the great popular support for the role of the Art Bank as the art rental arm of the Canada Council for the Arts. None is more enthusiastic than former Governor General Adrienne Clarkson, who describes the delight of the Art Bank in her Foreword: "if you particularly enjoy something, you can take it with you." At the Governor General's Award in Visual and Media Arts ceremony in 2005, Mme Clarkson told how her husband, John Ralston Saul, tried to do just that. Only the intervention of the Director, who "threw herself across the door to stop him," kept him from making off with his favorite treasure. Many clients take such immense pleasure from *their* Art Bank artwork that they develop a strong sense of possession. Some have held a single work for years, renewing contract after contract and requesting that the work be moved with them from position to position, even to the office of the Canadian High Commissioner in London.

Postface : **Un pas** dans l'avenir

Victoria Henry

Au cours des dernières années, on a jeté les bases de l'influence grandissante de la Banque d'œuvres d'art en faveur de l'appui public aux arts visuels, de sa viabilité soutenue et de sa capacité à accroître son rôle en matière de conservation et de gestion d'œuvres d'art publiques. Comment la Banque va-t-elle poursuivre son évolution ? Cela dépend . . .

Les autres collaborateurs de *L'art au travail* ont montré à quel point la Banque jouit d'un vaste appui populaire à titre d'organe responsable de la location des œuvres d'art du Conseil des Arts du Canada. Personne n'est plus enthousiaste que l'ancienne gouverneure générale, Adrienne Clarkson, qui décrit dans son avant-propos le plaisir qu'elle a eu à visiter la Banque d'œuvres d'art : « Si quelque chose vous plaît en particulier, vous pouvez l'emporter avec vous ! » En 2005, lors de la remise du Prix du Gouverneur général en arts visuels et en arts médiatiques, Mme Clarkson a raconté que c'est justement ce que son mari, John Ralston Saul, avait essayé de faire. Seule l'intervention de la directrice, qui « s'est jetée en travers de la porte pour l'arrêter », l'a empêché de partir avec son œuvre favorite. De nombreux clients retirent un tel plaisir de *leurs* œuvres de la Banque qu'ils acquièrent un profond sentiment de propriété à leur égard. Certains gardent la même œuvre pendant des

Marketing material to introduce potential clients to the Art Bank program. / Matériel de marketing utilisé pour présenter le programme de la Banque d'œuvres d'art aux clients éventuels.
01/2-0071

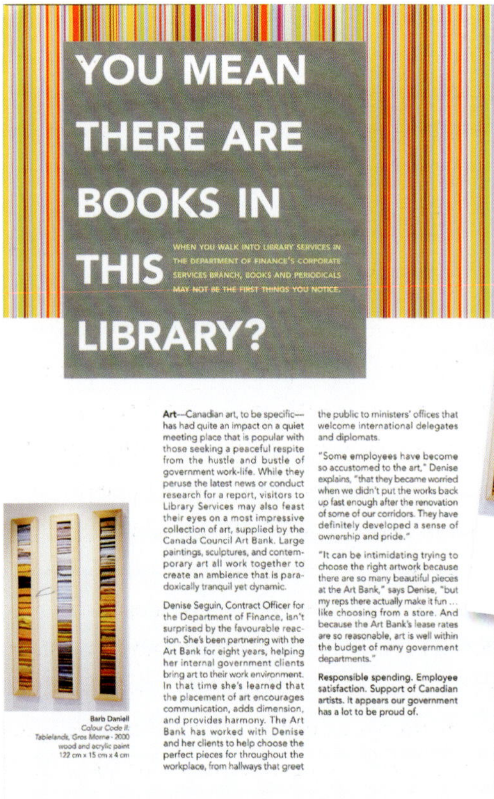

YOU MEAN THERE ARE BOOKS IN THIS LIBRARY?

WHEN YOU WALK INTO LIBRARY SERVICES IN THE DEPARTMENT OF FINANCE'S CORPORATE SERVICES BRANCH, BOOKS AND PERIODICALS MAY NOT BE THE FIRST THINGS YOU NOTICE.

Art—Canadian art, to be specific—has had quite an impact on a quiet meeting place that is popular with those seeking a peaceful respite from the hustle and bustle of government work-life. While they peruse the latest news or conduct research for a report, visitors to Library Services may also feast their eyes on a most impressive collection of art, supplied by the Canada Council Art Bank. Large paintings, sculptures, and contemporary art all work together to create an ambience that is paradoxically tranquil yet dynamic.

Denise Seguin, Contract Officer for the Department of Finance, isn't surprised by the favourable reaction. She's been partnering with the Art Bank for eight years, helping her internal government clients bring art to their work environment. In that time she's learned that the placement of art encourages communication, adds dimension, and provides harmony. The Art Bank has worked with Denise and her clients to help choose the perfect pieces for throughout the workplace, from hallways that greet the public to ministers' offices that welcome international delegates and diplomats.

"Some employees have become so accustomed to the art," Denise explains, "that they became worried when we didn't put the works back up fast enough after the renovation of some of our corridors. They have definitely developed a sense of ownership and pride."

"It can be intimidating trying to choose the right artwork because there are so many beautiful pieces at the Art Bank," says Denise, "but my reps there actually make it fun … like choosing from a store. And because the Art Bank's lease rates are so reasonable, art is well within the budget of many government departments."

Responsible spending. Employee satisfaction. Support of Canadian artists. It appears our government has a lot to be proud of.

Barb Daniell
Colour Code II: Tablelands, Gros Morne - 2000
wood and acrylic paint
122 cm x 15 cm x 4 cm

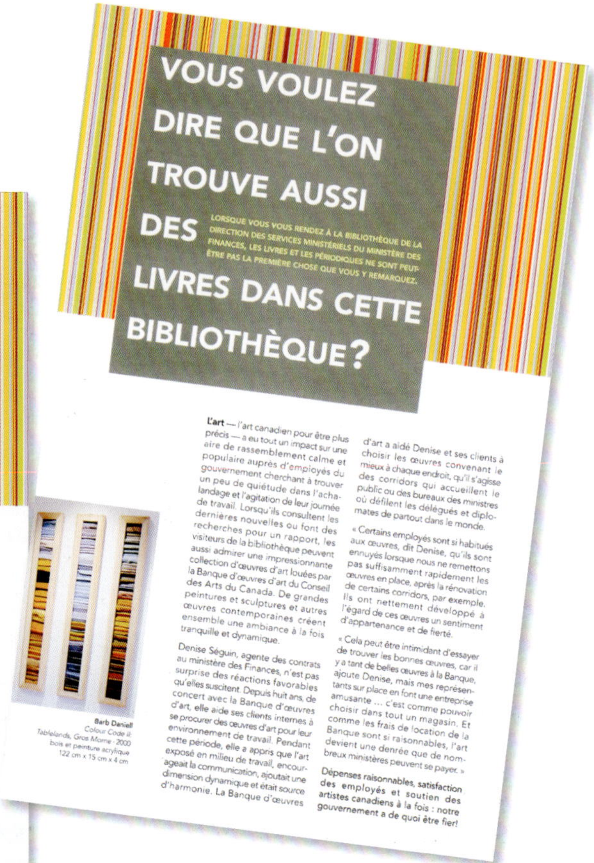

VOUS VOULEZ DIRE QUE L'ON TROUVE AUSSI DES LIVRES DANS CETTE BIBLIOTHÈQUE?

LORSQUE VOUS VOUS RENDEZ À LA BIBLIOTHÈQUE DE LA DIRECTION DES SERVICES MINISTÉRIELS DU MINISTÈRE DES FINANCES, LES LIVRES ET LES PÉRIODIQUES NE SONT PEUT-ÊTRE PAS LA PREMIÈRE CHOSE QUE VOUS Y REMARQUEZ.

L'art — l'art canadien pour être plus précis — a eu tout un impact sur une aire de rassemblement calme et populaire auprès d'employés du gouvernement cherchant à trouver un peu de quiétude dans l'achalandage et l'agitation de leur journée de travail. Lorsqu'ils consultent les dernières nouvelles ou font des recherches pour un rapport, les visiteurs de la bibliothèque peuvent aussi admirer une impressionnante collection d'œuvres d'art louées par la Banque d'œuvres d'art du Conseil des Arts du Canada. De grandes peintures et sculptures et autres œuvres contemporaines créent ensemble une ambiance à la fois tranquille et dynamique.

Denise Séguin, agente des contrats au ministère des Finances, n'est pas surprise des réactions favorables qu'elles suscitent. Depuis huit ans, de concert avec la Banque d'œuvres d'art, elle aide ses clients internes à se procurer des œuvres d'art pour leur environnement de travail. Pendant cette période, elle a appris que l'art exposé en milieu de travail, encourageait la communication, ajoutait une dimension dynamique et était source d'harmonie. La Banque d'œuvres d'art a aidé Denise et ses clients à choisir les œuvres convenant le mieux à chaque endroit, qu'il s'agisse des corridors qui accueillent le public ou des bureaux des ministres où défilent les délégués et diplomates de partout dans le monde.

« Certains employés sont si habitués aux œuvres, dit Denise, qu'ils sont ennuyés lorsque nous ne remettons pas suffisamment rapidement les œuvres en place, après la rénovation de certains corridors, par exemple. Ils ont nettement développé à l'égard de ces œuvres un sentiment d'appartenance et de fierté.

« Cela peut être intimidant d'essayer de trouver les bonnes œuvres, car il y a tant de belles œuvres à la Banque, ajoute Denise, mais mes représentants sur place en font une entreprise amusante … c'est comme pouvoir choisir dans tout un magasin. Et comme les frais de location de la Banque sont si raisonnables, l'art devient une denrée que de nombreux ministères peuvent se payer. »

Dépenses raisonnables, satisfaction des employés et soutien des artistes canadiens à la fois : notre gouvernement a de quoi être fier!

Barb Daniell
Colour Code II: Tablelands, Gros Morne - 2000
bois et peinture acrylique
122 cm x 15 cm x 4 cm

The Art Bank has been self-sufficient since 2000. After all expenses have been paid, its surpluses have been used to purchase more artwork. As the client base grows, however, it is becoming increasingly pertinent to select artworks with great concern for their placement in public sites. In "A National Collection," Pierre Landry asks, "But tell me, would you have agreed to place Fred Douglas's *The Van* (the '63 Morris) in *your* office? How about *your* boardroom? No? Understandable…" His question identifies one of the key issues the Art Bank will address over the next few years. While many of the works purchased since 1972 have been well received, many others proved to be inappropriate for an art rental program. It's clear from the outset that artworks like *The*

années, renouvelant les contrats de location et demandant que l'œuvre soit déménagée avec eux d'un poste à un autre, même au bureau du Haut-Commissaire à Londres.

La Banque d'œuvres d'art est autosuffisante depuis 2000. Une fois toutes les dépenses payées, les excédents sont utilisés pour acquérir d'autres œuvres. Toutefois, à mesure que la clientèle s'agrandit, il importe de plus en plus de choisir les œuvres en se préoccupant de leur placement dans les lieux publics. Dans « Une collection nationale », Pierre Landry demande : « Mais dites-moi, auriez-vous accepté de prendre *The Van*, de Fred Douglas (la Morris 1963), dans *votre* bureau de travail ? Dans la salle de *votre* conseil d'administration ? Non ? Évidemment . . . » Sa question fait ressortir un des problèmes clés sur lesquels la Banque devra se pencher au cours des prochaines années. Même si bon nombre des œuvres acquises depuis 1972 ont été bien

Van, despite their inherent excellence, cannot realistically be expected to attract renters. For sustainability, the Art Bank's service must reflect the values and sensitivities of its clients, while at the same time showcasing the significance of contemporary art practice.

Reviewing the Art Bank's purchase policy involves asking some difficult questions. What is the value of the program? What does it actually achieve? Does the accessibility of contemporary art in offices change the way people think about art? If so, will this new understanding translate into more support in the marketplace, more visits to the public galleries, and a greater awareness of what contemporary artists are doing? These questions will be examined with some solid research in the next few years, and the answers will provide support for developing a purchase policy that benefits everyone.

At one time, the Art Bank was the sole supplier to federal government offices anywhere in Canada, but during the downsizing of the 1990s, this special status was lost. More recently, the Art Bank has been asked to accept, restore, and circulate works held by other government departments, works no longer being used or cared for. Through the new Art Bank Donation Policy, the Art Bank accepts artwork at its discretion from other government departments. In 2005, it was the grateful beneficiary of two important donations: a selection of seven original works by artists including Alfred Pellan, David Partridge, and York Wilson, from Transport Canada, and *Personnages*, a grouping of eleven sculptures created for Expo '67 by Louis Archambault. The Art Bank has been able to preserve and restore these invaluable works

accueillies, de nombreuses autres se prêtaient mal à un programme de location. De toute évidence, il est irréaliste de s'attendre à ce que des œuvres telles que *The Van* attirent des locataires, malgré leur excellence intrinsèque. Pour être viable, le service de la Banque d'œuvres d'art doit refléter les valeurs et les sensibilités de ses clients, tout en soulignant l'importance de la pratique artistique contemporaine.

Pour réviser la politique de la Banque en matière d'acquisitions, il faudra se poser des questions difficiles. Quelle est la valeur du programme ? Que permet-il vraiment de réaliser ? L'accessibilité de l'art contemporain dans les bureaux change-t-elle la façon de penser des gens à l'égard de l'art ? Si oui, cette nouvelle compréhension se traduira-t-elle par un plus grand soutien sur le marché, une plus grande fréquentation des musées d'art publics et une plus grande conscience de ce que font les artistes contemporains ? Ces questions seront examinées dans le cadre de recherches approfondies au cours des années à venir, et les réponses aideront à élaborer une politique d'acquisition qui sera profitable pour tout le monde.

À une certaine époque, la Banque était le seul fournisseur d'œuvres d'art pour les bureaux du gouvernement fédéral dans l'ensemble du Canada, mais elle a perdu ce statut spécial à la suite de la rationalisation des années 1990. Plus récemment, on a demandé à la Banque d'accepter, de restaurer et de diffuser des œuvres appartenant à d'autres organismes gouvernementaux, des œuvres qui ne servaient plus ou dont on ne voulait plus. Pour pouvoir accepter des œuvres à sa discrétion, la Banque a adopté une nouvelle politique en matière de dons provenant d'autres organismes gouvernementaux.

and make them available again to government and corporate offices.

The Art Bank is a huge success. After thirty-five years, it is a unique collection of 18,000 art works; it is representative of the work of 3000 artists; and it is a model for others to follow. So far, Australia has followed the Canada Council Art Bank model to ensure that its visual arts reach a broad public; the city of Johannesburg, South Africa, is following suit. The government of Taiwan and the Shanghai Cultural Development Foundation are eager to proceed as well. Here in Canada, all provincial governments or arts councils have established their own art banks.

The purchase of *The Van* in 1987 demonstrates the democratic interpretation of the vision that has sustained the Art Bank for thirty-five years; it expresses the willingness of the jurors and the Council staff to take risks and encourage the development of contemporary art. Over the next thirty-five years, policies and programs may change, but the essential aspect of the Art Bank – its mandate to support artists by purchasing their work and making the works purchased available to public and corporate sector clients – will remain.

En 2005, elle a reçu avec reconnaissance deux dons importants : une sélection de sept œuvres originales d'artistes tels qu'Alfred Pellan, David Partridge et York Wilson, de Transports Canada, et *Personnages*, un groupe de 11 sculptures créées par Louis Archambault pour Expo 67. La Banque d'œuvres d'art a pu préserver et restaurer ces œuvres inestimables et les mettre à nouveau à la disposition des bureaux du gouvernement et des entreprises.

La Banque d'œuvres d'art est une immense réussite. Après 35 ans d'existence, elle constitue une collection de 18 000 œuvres unique en son genre, elle est représentative de l'œuvre de 3000 artistes et elle est un modèle que d'autres cherchent à imiter. L'Australie s'en est inspirée pour assurer la diffusion de ses arts visuels auprès d'un vaste public et la ville de Johannesburg, en Afrique du Sud, a fait de même. Le gouvernement de Taïwan et la Shanghai Cultural Development Foundation souhaitent ardemment tirer parti de notre savoir-faire. Ici, au Canada, tous les gouvernements provinciaux ou conseils des arts ont établi leur propre banque d'œuvres d'art.

L'acquisition de *The Van* en 1987 illustre la vision démocratique qui anime la Banque d'œuvres d'art depuis 35 ans ; elle démontre la volonté des jurys et du personnel du Conseil de prendre des risques et d'encourager le développement de l'art contemporain. Au cours des 35 prochaines années, les politiques et les programmes changeront, mais l'aspect essentiel de la Banque d'œuvres d'art – son mandat d'aider les artistes par l'acquisition de leurs œuvres et de louer celles-ci à des clients des secteurs public et privé – restera.

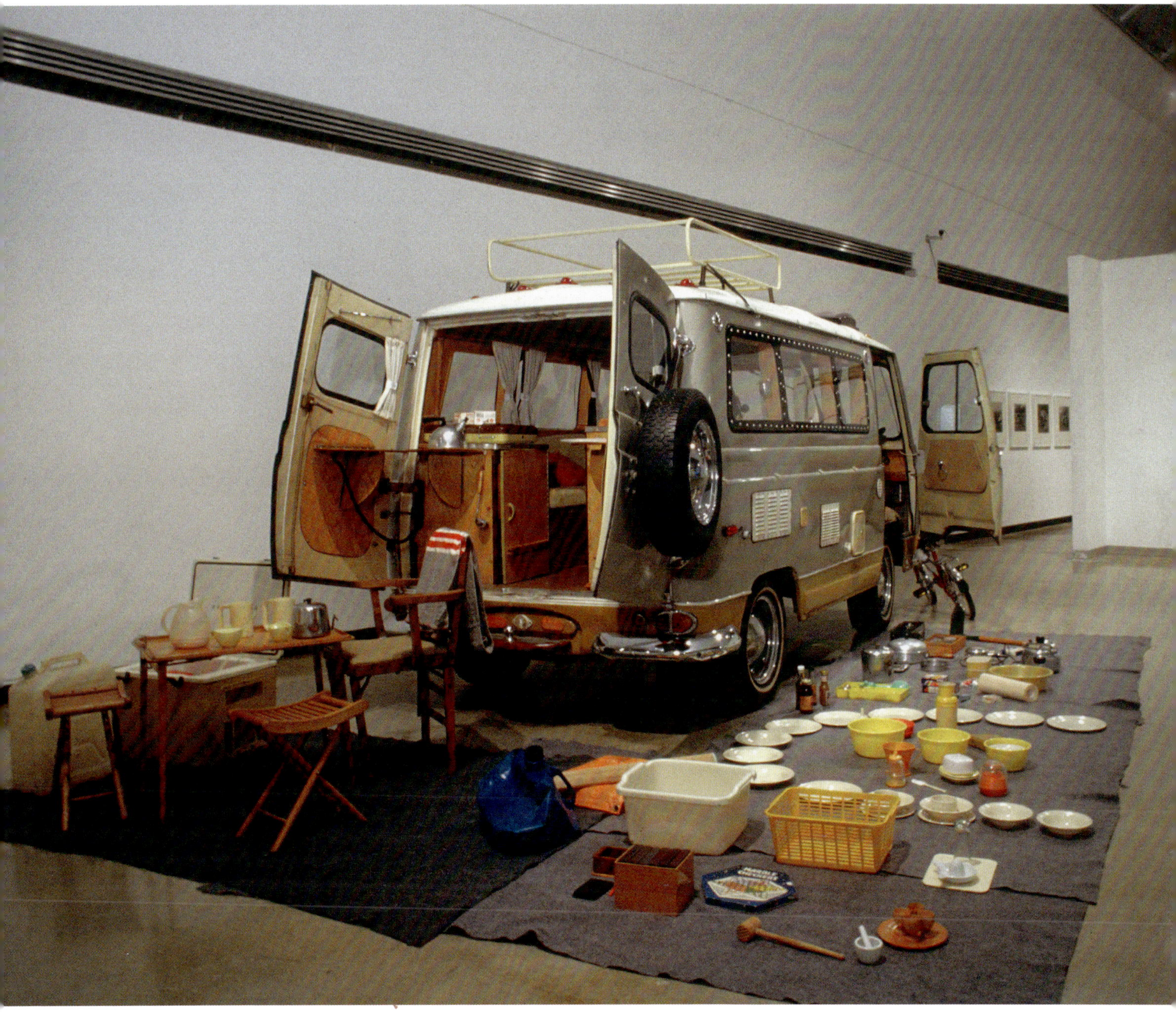

Fred Douglas, *The Van*, 1983, Museum London, London, Ontario. 87/8-0190. John Tamblyn

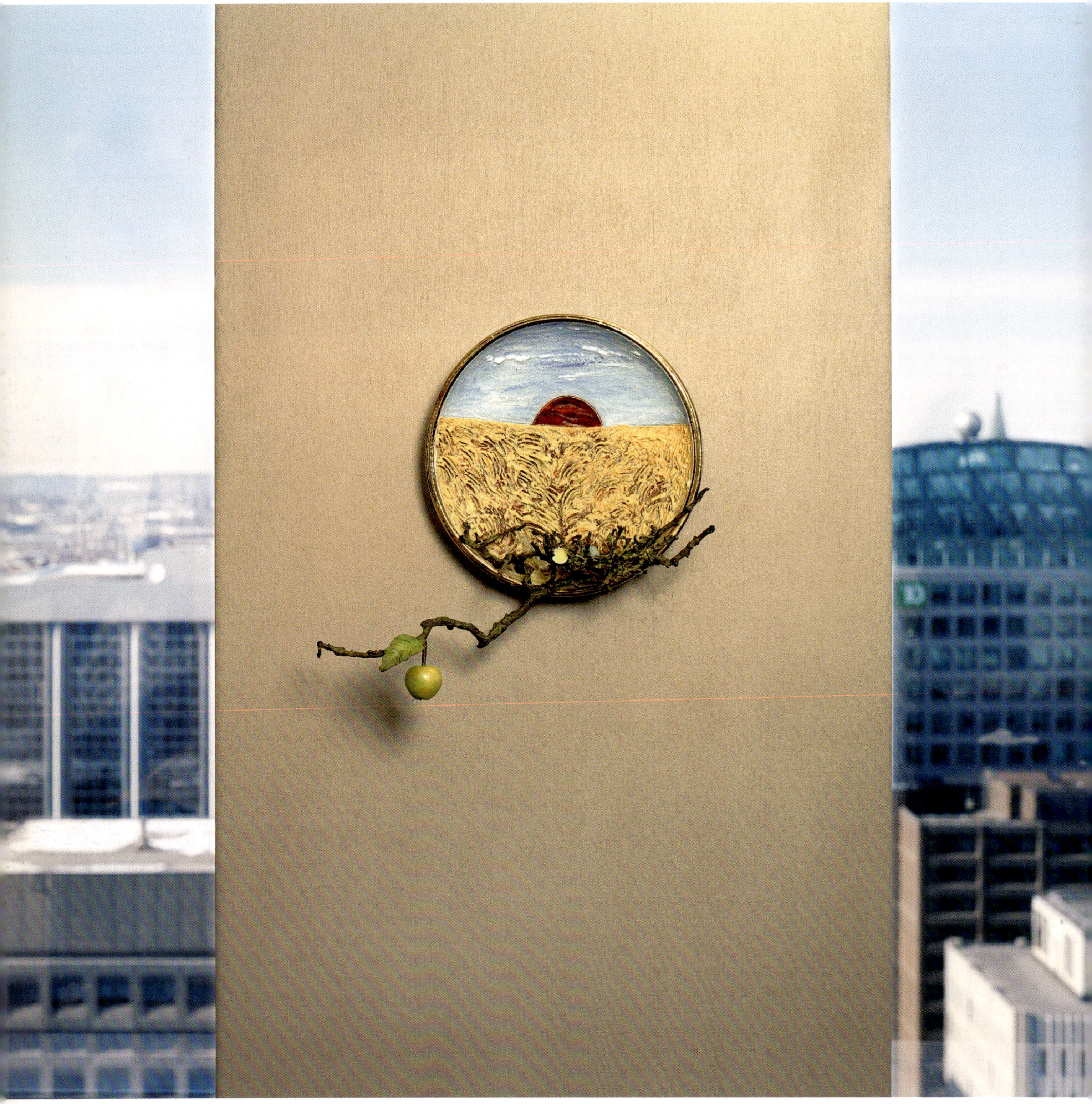

Vic Cicansky, *Pomegranate Sunrise*, 2000, office of the Minister, Finance and Treasury Board (2005) / le bureau du ministre des Finances et du Conseil du Trésor (2005). 04/5-0008. Lipman Still Pictures

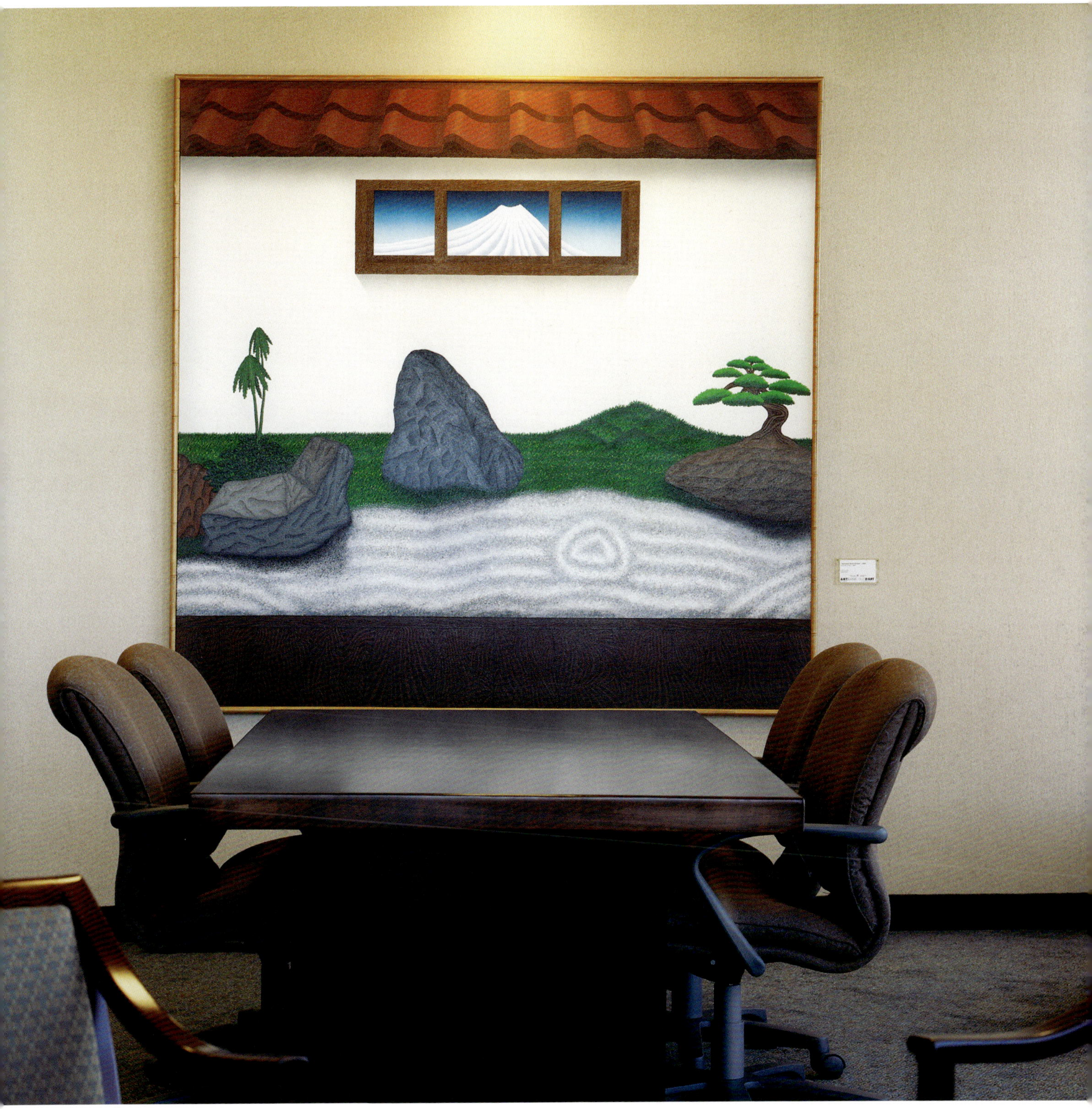

Jerry R. Didur, *Japanese Sand Garden*, 1985, office of the Minister, Finance and Treasury Board (2005) / le bureau du ministre des Finances et du Conseil du Trésor (2005). 86/7-0225. Lipman Still Pictures

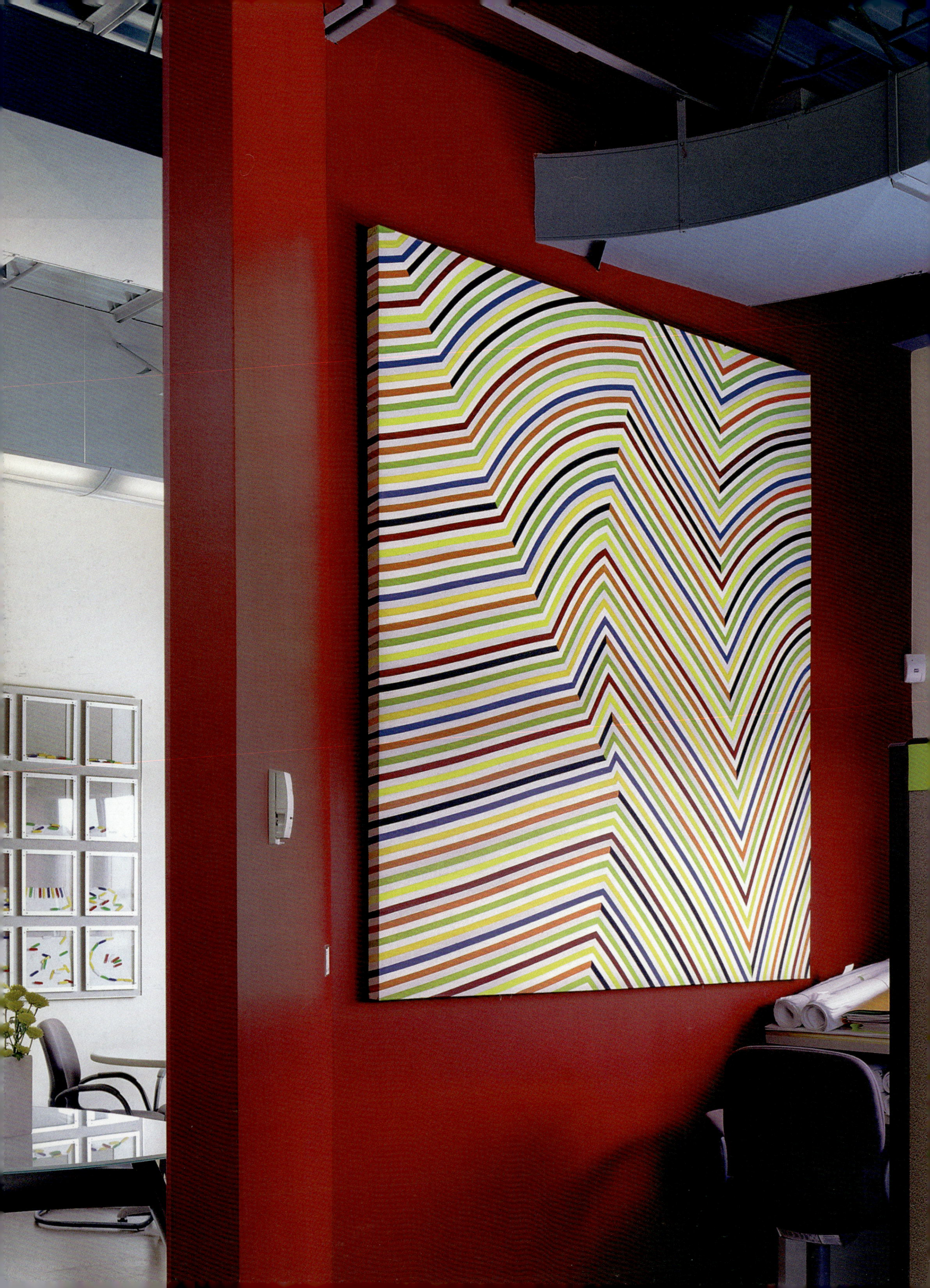

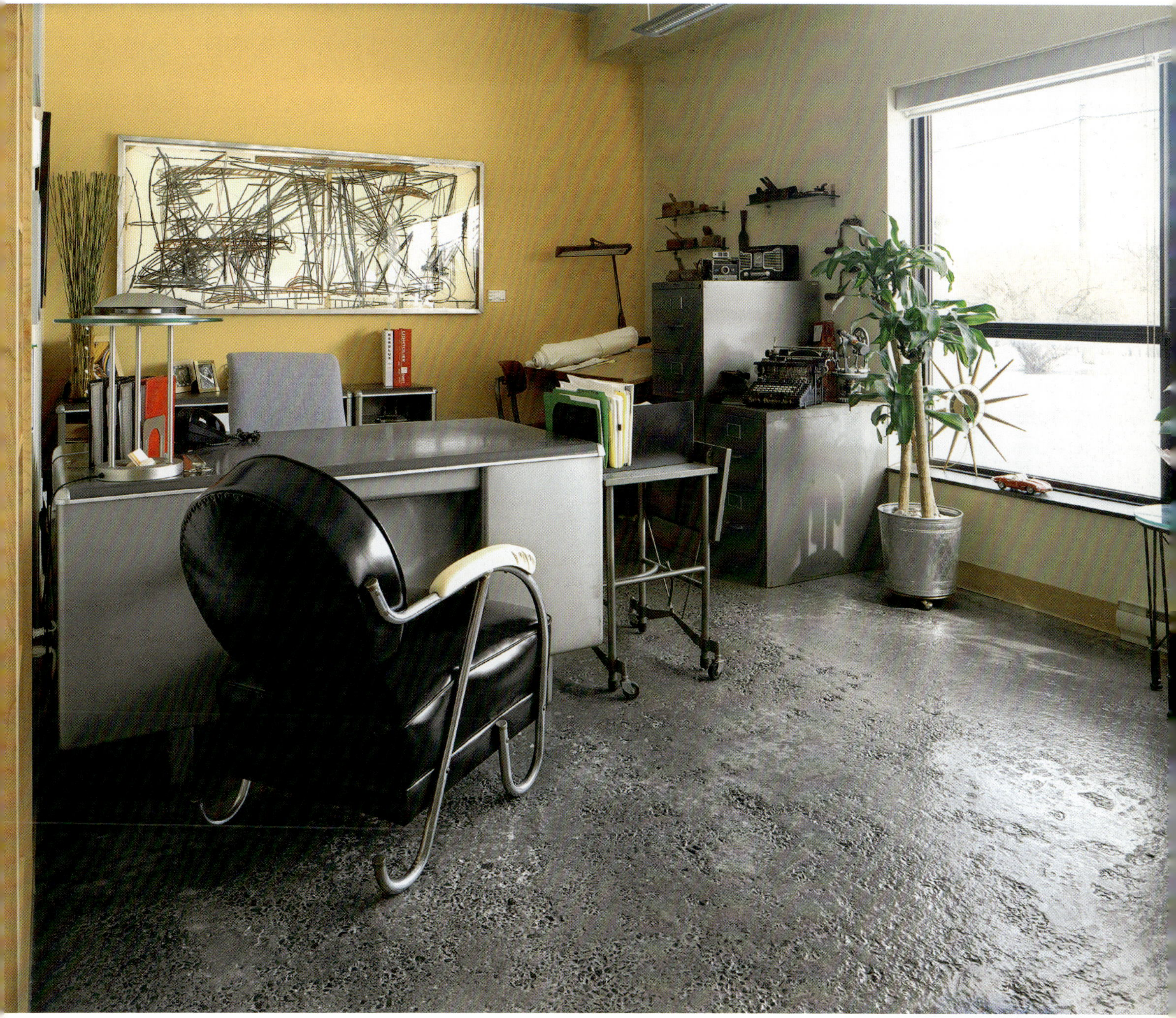

Henry Saxe, *Numero 3*, 1984, Daoust Construction (2005). 84/5-0387. Lipman Still Pictures

left / à gauche :
Marcel Barbeau, *Rétine ma jolie*, 1969, Daoust Construction (2005). 72/3-1732. Lipman Still Pictures

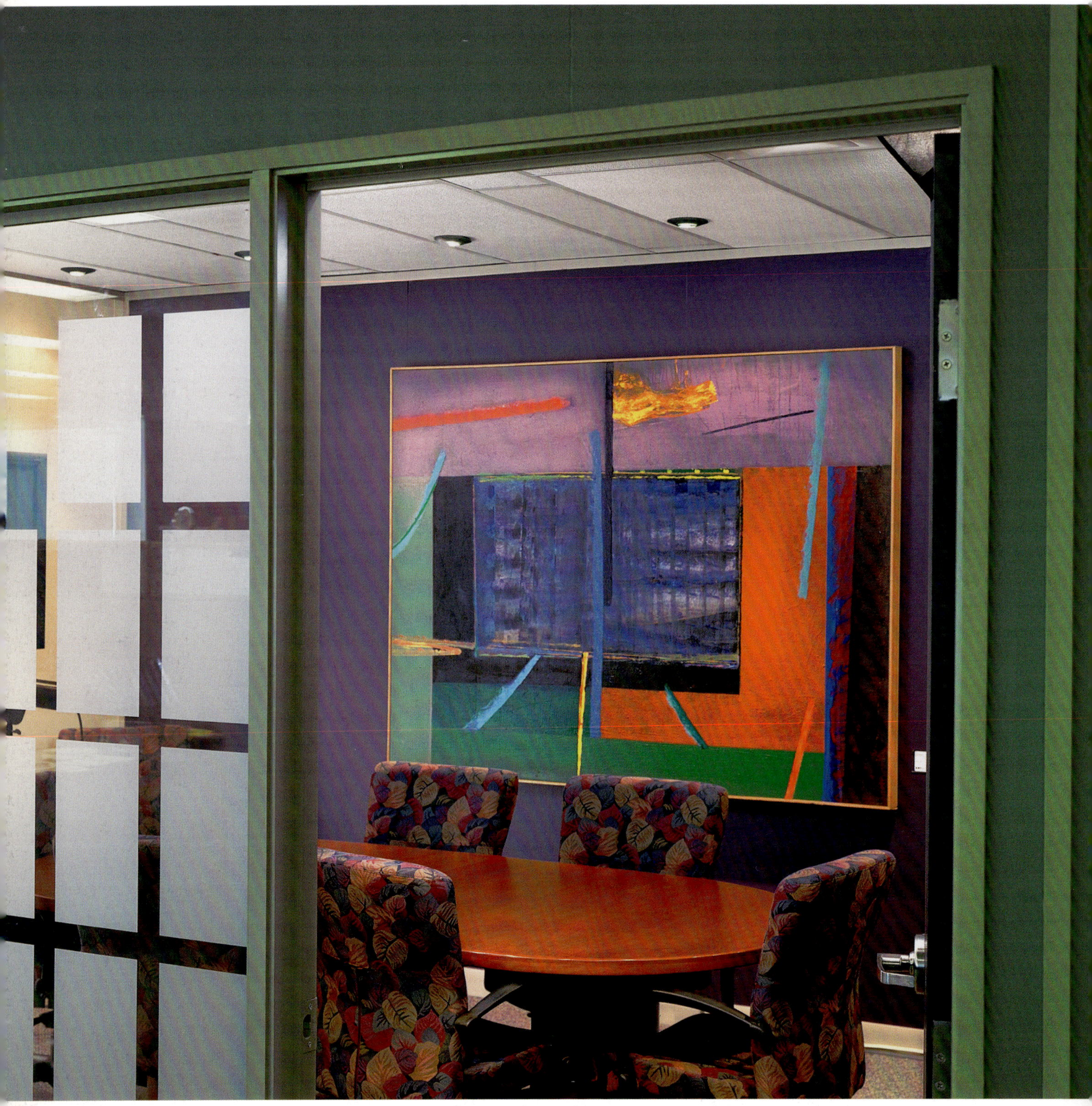

Nancy Hazelgrove, *Northgate*, 1979, Finance and Treasury Board / Finances et Conseil du Trésor (2005).
80/1-0275. Lipman Still Pictures

right / à droite :
Bryan J. Maycock, *168 Visible Comfits*, 1972, Daoust Construction (2005). 73/4-1441. Lipman Still Pictures

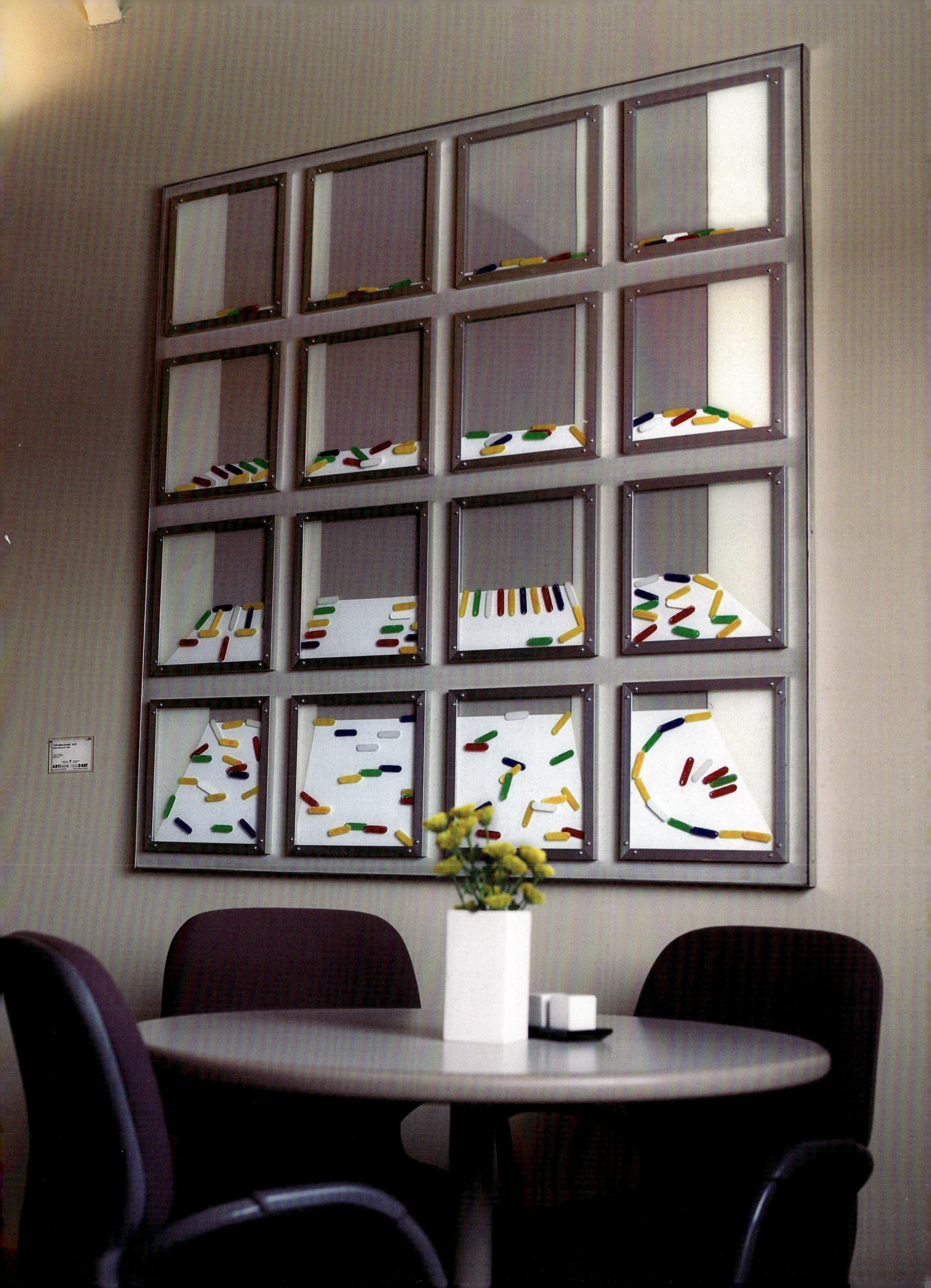
ARTBANK
DART

Contributors

Victoria Henry became the Director of the Art Bank in 1999, when it was making a concerted effort to become self-sufficient for the first time since its inception. Her experience in the arts, culture, business, and marketing have helped her build the Art Bank to what it is today, a Canadian success story. She graduated from the University of Toronto in Fine Art in 1967 and for the next eight years lived, worked, and collected material culture objects in India and Zambia. She returned to Canada in 1975 and opened the Ufundi Gallery in Ottawa. In 1992, she closed the gallery, finished her masters degree in Canadian Studies from Carleton University, and worked as an independent curator. In 1993, she was asked to help establish the Commercial Enterprises Division of the Canadian Museum of Civilization, a role she played until the Canada Council for the Arts appointed her Director of the Art Bank in 1999. She has published *From Icebergs to Iced Tea*, co-curated with Shelley Niro (Thunder Bay Art Gallery, 1994), *The Big 30*, the catalogue of an exhibition of works by Mark Marsters (Ufundi Gallery, 1985), and *A Slice of Life: Betty Davison Retrospective* (Ufundi Gallery, 1987). She has worked as a volunteer with many arts related organizations, primarily in fundraising, and served as Chair of the Cultural Leadership

Collaborateurs

Victoria Henry est devenue directrice de la Banque d'œuvres d'art en 1999, lorsque celle-ci déployait un effort concerté en vue d'atteindre le seuil de rentabilité pour la première fois depuis sa création. Son expérience dans les domaines des arts, de la culture, des affaires et du marketing l'a aidée à faire de la Banque ce qu'elle est aujourd'hui, une réussite canadienne. Mme Henry a obtenu son diplôme en beaux-arts de l'Université de Toronto en 1967 et, durant les huit années qui ont suivi, elle a vécu et travaillé en Inde et en Zambie, où elle a collectionné des objets de culture matérielle. Elle est revenue au Canada en 1975 et a ouvert la Ufundi Gallery à Ottawa. En 1992, elle a fermé sa galerie, terminé sa maîtrise en études canadiennes à l'Université Carleton et travaillé à titre de conservatrice indépendante. En 1993, le Musée canadien des civilisations lui a demandé d'aider à mettre sur pied sa Division des entreprises commerciales, rôle qu'elle a joué jusqu'à ce que le Conseil des Arts du Canada la nomme directrice de la Banque d'œuvres d'art en 1999. Elle a publié *From Icebergs to Iced Tea*, en collaboration avec Shelley Niro (Thunder Bay Art Gallery, 1994) ; *The Big 30*, catalogue d'une exposition de Mark Marsters (Ufundi Gallery, 1985) ; et *A Slice of Life: Betty Davison Retrospective* (Ufundi Gallery, 1987). Elle a travaillé comme bénévole pour

Committee for the City of Ottawa from 1993 to 1997.

Peggy Gale is an independent curator and critic based for many years in Toronto. She studied art history at the University of Toronto and Università degli Studi in Florence, Italy. Since the mid-1970s, she has published regularly in journals and museum publications both internationally and in Canada. She is a respected member of the International Association of Art Critics and the Writers Union of Canada. Contemporary art issues are her primary concern, and she specializes in time-based works including video and film, performance, installation works, and resulting hybrids. Her recent publications include an essay on Donigan Cumming for *Moving Pictures*, published to accompany Cumming's exhibition at the Museum of Contemporary Canadian Art, Toronto (2005) and the substantial anthology *Artists Talk, 1969-1977*, which she edited for NSCAD Press (2004). She was the Canadian commissioner for the XIV Bienal Internazional de Sao Paolo and for the XII Biennale de Paris, as well as commissioner for the Third International Video Biennale in Fukui City, Japan. Peggy Gale is the recipient of the 2006 Governor General's Award in Visual and Media Arts.

Pierre Landry, an art historian and consultant, enjoys linking art to history, music and culture in general. A freelance researcher and writer since 2000, he teaches art history and museology at the department of Visual Arts, University of Ottawa. Landry was employed by the National Gallery of Canada from 1984 to

de nombreuses organisations vouées aux arts, principalement à des fins de financement, et elle a présidé le Comité du leadership culturel de la Ville d'Ottawa de 1993 à 1997.

Peggy Gale est conservatrice indépendante et critique. Établie à Toronto depuis de nombreuses années, elle a étudié l'histoire de l'art à l'Université de Toronto et à la Università degli Studi à Florence, en Italie. Depuis le milieu des années 1970, elle publie régulièrement dans des revues et des publications muséologiques, tant à l'étranger qu'au Canada. Elle est un membre respecté de l'Association internationale des critiques d'art et du Writers Union of Canada. Elle s'intéresse principalement à l'art contemporain et se spécialise dans les œuvres temporelles, dont la vidéo et le cinéma, la performance, les installations et les œuvres hybrides qui en résultent. Parmi ses publications récentes, elle compte un essai sur Donigan Cumming qui accompagnait son exposition *Moving Pictures*, présentée au Museum of Contemporary Canadian Art de Toronto (2005), ainsi que l'importante anthologie *Artists Talk, 1969-1977*, qu'elle a préparée pour NSCAD Press (2004). Elle a été commissaire du Canada à la XIVe Biennale internationale de Sao Paolo et à la XIIe Biennale de Paris, ainsi que commissaire à la 3e Biennale internationale de la vidéo à Fukui, au Japon. Peggy Gale a reçu le Prix du Gouverneur général en arts visuels et en arts médiatiques en 2006.

Pierre Landry, historien de l'art et conseiller artistique, aime faire le lien entre l'art et l'histoire, la musique et la culture en général. Chercheur et écrivain pigiste depuis 2000, il

2000, first as associate curator of Canadian Art and then, from 1997, as head of the New Media Studio. He edited the exhaustive catalogue of the National Gallery's collection of Canadian art, which includes 16,500 works by 2,265 artists. This catalogue was published in print in two volumes (1988, 1994) and as a boxed set of three CD-ROMs (1997). Intrigued by the potential of the Internet, Landry was responsible for Cybermuse, launched in 1999, and his work includes "Canada in WWII," a history of the Canadian participation in World War II created for the Web site of the Juno Beach Centre (www.junobeach.org, 2003). He contributed the wall panels for the major exhibition *Claudel & Rodin, A Fateful Encounter* (Musée national des beaux-arts du Québec, 2005), and he is the author of *La collection du Musée national des beaux-arts du Québec, Une histoire de l'art du Québec* (2004) and *Prison, auberge et musée, le pavillon Charles-Baillairgé* (2005).

David P. Silcox was a natural choice for writing the introduction to the Art Bank in this celebratory book. Not only was he the first Arts Officer for the Canada Council for the Arts just about the time of the creation of the Art Bank, but he has gained a wealth of experience in his several careers spanning government, education, and the arts. He is an art critic; the author of books about Christopher Pratt, David Milne, and Tom Thomson; he has served as a bureaucrat in all levels of government; and he has chaired many arts-related boards. He is currently the Managing Director of Sotheby's Canada.

enseigne l'histoire de l'art et la muséologie au Département d'arts visuels de l'Université d'Ottawa. M. Landry a travaillé au Musée des beaux-arts du Canada de 1984 à 2000, tout d'abord en qualité de conservateur associé de l'art canadien puis, à partir de 1997, en tant que chef du Studio Nouveaux Médias. Il a dirigé la publication du catalogue exhaustif de la collection d'œuvres canadiennes du Musée des beaux-arts, qui répertorie 16 500 œuvres de 2 265 artistes. Ce catalogue a été publié sous forme imprimée en deux volumes (1988, 1994) et sous forme de coffret de trois CD-ROM (1997). Intrigué par le potentiel d'Internet, M. Landry a été responsable de Cybermuse, un musée virtuel lancé en 1999. Son œuvre comprend « Le Canada et la Deuxième Guerre mondiale », une histoire de la participation canadienne à la Deuxième Guerre mondiale, créée pour le site Web du Centre Juno Beach (www.junobeach.org, 2003). On lui doit les panneaux muraux de l'importante exposition *Camille Claudel et Rodin : la rencontre de deux destins* (Musée national des beaux-arts du Québec, 2005), ainsi que *La collection du Musée national des beaux-arts du Québec : une histoire de l'art du Québec* (2004) et *Prison, auberge et musée, le pavillon Charles-Baillairgé* (2005).

David P. Silcox était un choix tout indiqué pour écrire l'introduction de ce livre en hommage à la Banque d'œuvres d'art. Non seulement il a été le premier agent des arts du Conseil des Arts du Canada au moment où la Banque a été créée, mais il a accumulé une riche expérience au cours de ses diverses carrières exercées dans les domaines de l'administration publique, de l'éducation et des arts. Critique d'art, auteur de livres sur Christopher Pratt,

Jeffrey Thomas, RCA, is a noted photographer and curator and a member of the Onondaga tribe of Six Nations, Ontario. He began his career as a photographer by shooting buildings and monuments of historical significance. His photographs took on a new dimension when he discovered and started to emphasize evidence of Aboriginal people in historical architecture. Each photograph challenges viewers to question their own stereotypes of First Nations and thus creates a starting point for discussion. Among his curatorial works are *Where are the Children? Healing the Legacy of Residential Schools*, National Archives of Canada, 2003; *The Architecture of Indian-ness*, George Eastman House, Rochester, New York, 2002; and *On the Field of Battle: Aboriginal Veterans Through History*, Department of National Defense, Ottawa, 2001. His work and artistic vision were the subject of the film *Shooting Indians: A Journey with Jeffrey Thomas*, presented at the 1997 Toronto International Film Festival.

David Milne et Tom Thomson, il a été fonctionnaire à tous les paliers de gouvernement et président de nombreux conseils liés aux arts. Il est actuellement directeur général de Sotheby's Canada.

Jeffrey Thomas, ARC, est un photographe et conservateur renommé, membre de la tribu onondaga des Six Nations, de l'Ontario. Il a commencé sa carrière de photographe en prenant des photos d'édifices et de monuments patrimoniaux. Ses photographies ont pris une nouvelle dimension lorsqu'il a découvert et commencé à mettre en relief la présence des peuples autochtones dans l'architecture historique. Chaque photographie invite le spectateur à remettre en question ses propres stéréotypes à l'égard des Premières Nations, créant ainsi un point de départ pour une discussion. Parmi les expositions qu'il a préparées figurent *Que sont devenus les enfants ? L'expérience des pensionnats autochtones*, Archives nationales du Canada, 2003 ; *The Architecture of Indian-ness*, George Eastman House, Rochester, New York, 2002 ; et *On the Field of Battle: Aboriginal Veterans Through History*, Ministère de la Défense nationale, Ottawa, 2001. Son œuvre et sa vision artistique ont fait l'objet du film *Shooting Indians: A Journey with Jeffrey Thomas*, présenté dans le cadre du Festival international du film de Toronto de 1997.

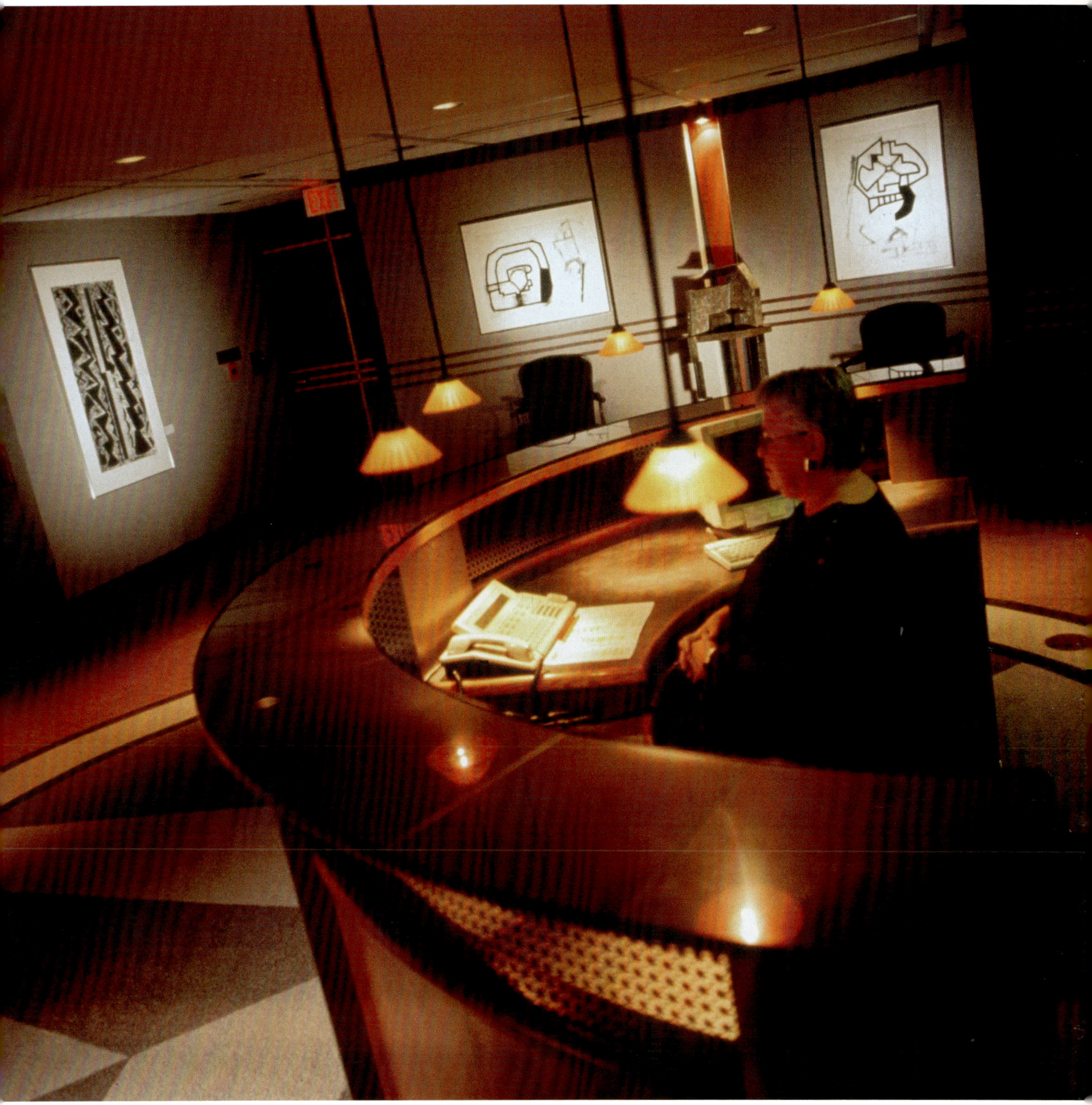

David Bolduc, *Janpath*, 1984; Liliana Berezowsky, two untitled works from the *Tunstall Series*, 1984-1985 / deux œuvres sans titre de la série *Tunstall*, 1984-1985, Perley-Robertson, Hill & McDougall (c. / vers 2000).
84/5-0296

Index

12 High Stack of 4-Bar Mechanisms 8
168 Visible Comfits 129
1929-1984 22
6 Left Limits Added to a Piecewise Linear Developed Manifold 96
9 Left Limits Added to a Developed 5 Manifold Plate 96

A

Adams, Kim 96
Aesthetic decision from the collective 47
Affaires étrangères Canada 74
Ali 84, 88
Alkestis 63
Alligator 67
années soixante au Canada, Les 56
Anniversary Divide 65
Approaching the Redds 14
Archambault, Louis 121, 122
Archambeau, Robert 11
Armoury of the Miss General Idea Pavillion, The 95
Art Bank Art Advisory Committee 52
Art Bank Art Advisory Selection Committee 58
Art Bank Transition Committee 51
Art Gallery of Ontario 52, 106
Art de l'Atlantique sur la Mezzanine, L' 60
Artist Colony 96
Artistes de l'Ontario : œuvres de la Banque d'œuvres d'art du Conseil des Arts du Canada 60
Artists from Ontario: The Canada Council Art Bank Collection 60
Ashoona, Goota 59, 115, 116
Ashoona, Ohito 101
Atlantic Art on the Mezzanine 60
At the Windbreak 87
Autobus descend du rang #4 82
Ayot, Pierre 46, 67, 86, 87

B

Barbeau, Marcel 69, 127
Barkhouse, Mary Anne 59, 75, 76, 104
Baxter, Iain 29, 31, 47
Beam, Carl 34, 75, 92, 106, 108, 111, 113
Beaver 75, 76, 104
Belmore, Rebecca 102
Bentham, Douglas 86, 87
Berezowsky, Liliana 135
Berlanga, Miguel A. 77
Beveridge, Karl 92, 94
Biennale de Venise 102
Bloore, Ron 28
Bobak, Bruno 68, 69
Bolduc, David 135
Bowers, Robert 58, 59, 61
Boyd, James 54
Boyer, Bob 34
Boyle, John 91, 94
Brancusi's Cup 12
Brantford ON 111, 113
Breeze, Claude 29, 30
Brisebois, Marcel 54
Bronson, A.A. 94
Brown, Laing 42, 45

Buffalo NY 106
Burton, Dennis 88, 100
Burtynsky, Edward 39, 43
Burying the Ruler #1 34
Bush, Jack 29, 69
Business of Frightened Desires (or The Making of a Pornographer), The 96

C

Cadieux, Geneviève 73
Caisses de Bière (50) 67
Calgary AB 77, 79
Camp Scene and Spear Fishing 87
Canadian Broadcasting Corporation 39, 116, 117
Canadian Museum of Civilization 58
Cap T (Le tombeau de Charles Ives d'après « The Unanswered Question ») 96
Carr-Harris, Ian 73, 96
Casebook Series 99
Centre national des Arts 27, 60, 102
Chambers, Jack 88, 91
Charrette, Paulette 48, 58
Château Montebello 88
China Diary 76
Cicansky, Vic 124
Cityscape 28
Clarkson, Adrienne 11, 119
Coffee Pot 105
Collyer, Robin 95
Colomb, Christophe 106
Columbus, Christopher 106
Colville, Alex 11
Comité consultatif de sélection d'œuvres d'art de la Banque d'œuvres d'art 58
Comité consultatif en arts visuels de la Banque d'œuvres d'art 54
Comité de transition de la Banque d'œuvres d'art 51
Comtois, Ulysse 9, 29, 69
Condé, Carole 92, 94
Conseil du Trésor 29, 33, 39, 41, 47, 49, 52
Cook, Rande 59
Couple dormant, Le / The Sleeping Couple 71, 72, 73
Cousineau, Sylvain 52
CRAP 58
Creates, Marlene 52, 54
Crown of Thorns (Ritual Series) 90, 92
Cumming, Donigan 95
Curnoe, Greg 29

D

Dagenais, Yves 52
Dalrymple, Neil 14
Daoust, Carl 92
Daoust, Pierre 127
Daoust Construction 57, 65, 126, 127
David, Jacques 63
Detail of Adam and Eve (can't very well be called Naval Disarmament) 98
Dezhan Ejan: Aboriginal Works from the Collection of the Canada Council Art Bank 60, 117
Dhaliwal, Sarindar 76, 77, 78
Diamond, Sara 73
Didur, Jerry R. 125
Don't Lie, Don't Cheat, Don't Be Afraid 95, 96
Donation Policy 121
Donovan, Jane 105
Douglas, Fred 67, 77, 120
Douglas, Tommy 28, 29
Ducote, Camrose 67
Duffek, Karen 75
Dunton, Davidson 45, 48
Dyck, Aganetha 95
Dzama, Marcel 88

E

El-Rassi, Marwan 55
Everett, Catherine 63
Evergon 89, 92
Ewen, Paterson 44, 45, 58
Extinct / Distinct 106, 109

F

Fafard, Joe 83
Falardeau, Pierre 73
Falk, Gathie 11
Favell, Rosalie 112, 113, 115
Ferguson, Bruce 58
Film and Video Resource Centre 55, 58
Finance and Treasury Board 105, 124, 125
Finances et Conseil du Trésor 105, 124, 125
Fisher, Brian 69
Fixing the Mower, 1969 107
Forbidden City Starbucks 77
Foreign Affairs Canada 74
Fortier, André 39, 41, 50
Foulds, Don 56
Foulds, Robert 58, 59
Fox, John 69
Fredericton NB 68
Frenkel, Vera 96
Frobisher Inn 117
Full Circle – Flag Effect 44, 45

G

Gabriel, Katsi'tsakwas Ellen 75
Gagnon, Charles 29, 69
Gallagher and Associates 50, 51
Gananoque ON 58, 60
Garter Belt 88
Gaucher, Yves 29, 46, 68, 69
Geleynse, Wyn 96
General Idea 86, 87, 94, 95
Gerard, Greg 80
Gervais, Raymond 96
Geuer, Juan 51
Ghost 111, 113
Godwin, Ted 47
Goldschmidt, Nicholas 48
Goodale, Ralph 124, 125
Goodwin, Betty 11
Gottlieb, Alan 49
Governor General's Award in Visuals and Media Arts 47, 60, 108, 119
Governor General's Award in Visual and Media Arts 119
Gray, Herb 76
Greer, John 86, 87, 91, 98
Gu Xiong 76

H

Habana, La 66, 76
Halifax NS 73, 77, 79
Handford, Mary 45, 47
Hansen, Jim 87, 92
Harris, Walter 11
Hazelgrove, Nancy 128
Heard, Catherine 95, 99
Hells Bells – The Lord Is Boreing 39, 45
Henry, Victoria 53, 55, 71, 73, 75, 116
Higgins, Steve 92
Hobday, John 11
Hoogstraten, Janis 105
Hooper, Kathy 91
Horn's Blue 58, 59
Houle, Robert 106, 109, 111, 113
Howarth, Glenn 91
Huashan Lu House #11 80
Hughes, E.J. 69
Hunt, Barbara 13
Hurtubise, Jacques 69
Husband and Wife with Shaman Animal Helpers 75, 76, 116, 117

I

I awoke to find my spirit had returned, Plain(s) Warrior Artist 112
Indian Billboard 78
Iqaluit NU 116, 117
Iskowitz, Gershon 36
Isztin, Pedro 66, 76

J

Janpath 135
Japanese Sand Garden 125
Jenkins, Amy 79
Jeune fille au chandail rayé 69, 70
Johannesburg, Afrique du Sud 122
Johannesburg, South Africa 122
Johnson, Al 28, 32, 33, 39

K

Kanashiro, Ron 15
Keeping Score 53
Kent State 87
Kent State University 87
Kigusiuq, Janet 87
Kirby, Bill 47, 48, 49, 50
Kiss This Goodbye 39, 40
Kiyooka, Roy 29, 32
Knudsen, Chris 69
Korai 32
Korper, Olga 52, 54
Kraemar, Franz 48
Kroeger, Arthur 51
Kunuk, Zacharias 73

L

Lamanna, Carmen 45
Landry, Pierre 120
Landscape with Moon 31
Laroche, Yasmine 49
Lefebvre, Jacques 50
Lemire, Suzanne 73
Letendre, Rita 115, 116
Let the Acid Queen Rain: The White Goop Devours All! 34
Lindgren, Charlotte 28
Lindner, Ernst 88
Listening to the Stones 100
Livingston, Alex 53
Loan Program 41, 59
Lochhead, Kenneth 28, 69
Low-Beer, Susan 13

M

M-16 92
Machine to Live In 9
Mackay, Allan Harding 92, 94
Mackenzie, Hugh 91
MacKenzie, Robin 86, 87
Maclean's 97
Mamnguqsualuk, Victoria 87
Man Painting #16 30
Marsters, Mark 55
Martel, André 55
Martin, Raymond 82
Maycock, Bryan J. 128, 129
McEwen, Jean 58, 69
McKinnon, John 9
Mer et Acier 35
Milhalcean, Gilles 73
Millerton 69
Millette, Rodrigue 58
Ministère des Travaux publics et des Services gouvernementaux du Canada 61
Mohawks in Beehives I 111, 113
Molinari, Guido 25, 26, 97
Mondo Cane 94, 95
Monkman, Kent 115, 116
Montpetit, Guy 65
Montréal QC 68, 73, 77, 79
Morris, Michael 29, 32
Morrisseau, Norval 115, 116
Mulroney Series 92, 94
Murray, Robert 57, 58, 59
Musée canadien des civilisations 60
Musée d'art contemporain de Montréal 54, 73
Musée des beaux-arts de l'Ontario 54, 106
Musée des beaux-arts du Canada 28, 47, 56
Musée Smithsonian 117

N

N.E. Thing Company 48
National Arts Centre 27, 60, 102
National Gallery of Canada 28, 56
National Museum of the American Indian 59, 60, 117
Newfoundland Album 87
Nicola 83
Nicolson, Marianne 59, 75, 76, 113, 114
Niro, Shelley 107, 111, 113
Noël, Jean 35
Noir / Blanc 26
Northgate 128
Nova Scotia College of Art and Design (NSCAD) 55, 58, 68, 69, 73
Nude 88
Numéro 3 127

O

Olga Korper Gallery 52, 54
Ontario Street 91
Optimum en noir 29
Orvieto 10
Ottawa Citizen 53, 54, 55
Ottawa ON 25, 32, 42, 54, 55, 57, 58, 60, 67, 69
Ottawa River 58
Ouatouais, rivière des 59

P

Pailles à boire 86
Painting to Match the Couch, A 48
Panneton, André 92
Papatsie, July 75, 77
Partridge, David 121, 122
Partz, Felix 94
Peacock, Jan 73
Pears on Green Glass Plate 81
Pellan, Alfred 69, 70, 121, 122
Pelland, Louise 79
Pelletier, Gérard 32, 33, 41
Penny, Evan 84, 88
Perley-Robertson, Hill & McDougall 133
Personnages 121, 122
Peterson, Warren 92
Pietropaolo, Vincenzo 90, 92
Pitsiulak, Annie 60, 62, 117
Pitsiulak, Lypa 59, 60, 62, 75, 76, 116, 117
Play 105
Pollex, Hélène 58
Pomegranate Sunrise 124
Pootoogook, Kananginak 87
Porteous, Timothy 48
Porter, Doug 73
Portrait of Am'yaxid 75, 76, 114
Poulin, Roland 39, 42
Pratt, Mary 81
Prent, Mark 93, 95
Prix du Gouverneur général en arts visuels et en arts médiatiques 11, 47, 60, 108, 119
Programme d'aide aux acquisitions spéciales 41, 50
Programme d'expansion de la clientèle 41
Programme de prêts 41
Programme de rachat 41, 42, 49
Public Works and Government Services Canada 61
Purchase Program 50
Purificazione 77

Q

Queen's Park ON 60
Qui s'élève dans son ombre 42

R

Rabinowitch, David 86, 87
Rabinowitch, Royden 96
Ranch Vista with Field, Fan and Gate 37
Redinger, Walter 22, 56
Regina SK 52, 54, 106, 107
Renwick, Arthur L. 110, 113

Repurchase Program 41, 42, 49
Rétine ma jolie 127
Reynolds, Al 58, 59
Rideau Hall 9, 11, 12, 13, 14, 15
Ristvedt, Milly 69
Rivard Le Moyne, Suzanne 11, 27, 29, 32, 33, 39, 41, 46, 47, 48, 50, 60, 62
Roberts, Goodridge 69
Robertson, John 49
Rombout, Luke 32, 33, 41, 42, 46, 51, 52, 69
Ross, Fred 91
Roux, Jean-Louis 11, 53

S

Sadler, John 49
Sans titre (Bowers) 58, 61
Sans titre (David) 63
Sans titre (Evergon) 89
Sans titre (Kanashiro) 15
Sans titre #2 (Hoogstraten) 58, 61
Sans titre (Face / wolves) (Mamnguqsualuk) 87
Sapp, Allen 106, 107, 115, 116
Saul, John Ralston 11, 119
Saxe, Henry 127
Schnubb, Pierre 79
Schoppel, Amanda 12
Section de l'Asie et du Pacifique d'Affaires étrangères Canada 74
Self-Portrait 51
Sending and Receiving – Crosswalk and After 25
Série E-Sex Machine No. 6 65
Serpentine Sedna 101
Shanghai Cultural Development Foundation 122
Shebageget, Frank 59, 115, 116
Shipbreaking #3, Chittagong, Bangladesh 43
Si Marie avait su . . . 46
Sirman, Robert 20
Sixties in Canada, The 56
Small Dresses 13
Smith, Gordon 69
Smith, Michael 65
SNC Lavalin 58, 59
Snow, Michael 25, 29, 32, 97
Somalia / War Artist #2 92, 94
Special Purchase Assistance Program 41, 50
Spermatogenesis #1 56
Spiral Strength 56, 58, 59
Steinman, Barbara 71, 72
Stephenson, Don 49

T

Tanabe, Takao 11, 69
Teitelbaum, Matthew 52, 54
Thauberger, David 52, 54
Thawing Out 93
There Is No Room for a Moon 13
Thomas, Jeffrey 59
Thomson, Dr. Shirley 53
Tiede, Victor 39, 45
To Rest and to Dream 102
Tod, Joanne 39, 40
Togiak 57, 58, 59
Toronto ON 60, 62, 76, 77, 79, 95, 106
Tousignant, Claude 29
Town, Harold 29, 32
Transformation Song 77
Transport Canada / Transports Canada 121, 122
Treasury Board 28, 32, 39, 41, 45, 49, 51
Tunstall Series, 1984-1985 135

U

U-Split 31
Unexplained, The 106, 108
Untitled (Bowers) 58, 61
Untitled (David) 63
Untitled (Evergon) 89
Untitled (Kanashiro) 15
Untitled #2 (Hoogstraten) 105
Untitled (Face / wolves) (Mamnguqsualuk) 87
Uplands F 36
Urquhart, Tony 11, 27, 54

V

Van, The 67, 70, 77, 120, 122
Vancouver Art Gallery 42, 45
Vancouver BC 42, 45
Venice Biennale 102

W

Washington DC 59, 60, 62, 117
Watts, Connie 59, 105
Wei 74, 76
Whiten, Colette 92, 94
Whittome, Irene F. 73
Wieland, Joyce 28, 29, 32
Wilson, York 121, 122
Wo-Qui-Ni (Roman Nose) 110
Wood, Alan 37
Woods, Linus 115, 116
Wyse, Alex 42

X

Xiong, Gu 77

Y

Yeh, Pao Quang 74, 76
York University 32
Young, Dennis 68, 69
Young, Robert 32
Youngs, Chris 41, 47

Z

Zelenak, Ed 31
Zemans, Joyce 49, 50
Zontal, Jorge 94